Ingrid Böttcher (Hrsg.)
# Kreatives Schreiben

Herausgeber der Reihe

**Gabriele Cwik**
ist Schulrätin in der Schulaufsicht der Stadt Essen und zuständig für Grundschulen.

**Dr. Klaus Metzger**
Schulamtsdirektor, ist Fachlicher Leiter des Staatlichen Schulamtes Aichach-Friedberg in Schwaben/Bayern.

---

**Die Herausgeberin dieses Bandes**
**Dr. Ingrid Böttcher** lehrte am Institut für Sprach- und Kommunikationswissenschaft der RWTH Aachen. Ihre Arbeitsschwerpunkte sind Kreatives Schreiben, Schreibdidaktik und Schreibforschung.

**Die Autorinnen**
Theresia Ackva
Carmen Berend
Prof. Dr. Gabriele Kniffka
Monika Kuchenwald
Carolin Speckgens
Dr. Karin Vach

Lehrerbücherei GRUNDSCHULE

Ingrid Böttcher (Hrsg.)

# Kreatives Schreiben

**Cornelsen**

Projektleitung: Gabriele Teubner-Nicolai, Berlin
Redaktion: Anja Sieber, Berlin
Herstellung: Brigitte Bredow/Regina Meiser, Berlin
Reihengestaltung: zweiband.media, Berlin
Satz/Layout: Markus Schmitz, Büro für typographische Dienstleistungen, Altenberge
Umschlaggestaltung: Torsten Lemme, Berlin
Umschlagfoto: Adobe Stock/Ramona Heim
Bild- und Quellennachweis: S. 65: Franz Fühmann, Die dampfenden Hälse der Pferde im Turm von Babel © Hinstorff Verlag GmbH, Rostock 2005; S. 91, 97, 99: © VG Bild-Kunst, Bonn 2013; S. 93: Nancy Graves Foundation / © VG Bild-Kunst, Bonn 2013; S. 140: Rechengeschichte von Ester aus: Die Grundschulzeitschrift, Ausgabe 92, Friedrich Verlag Seelze, 1996; S. 142/143: Martin Auer, Kim denkt, aus: Ders., Was niemand wissen kann. Beltz Verlag, Weinheim und Basel 1991 (Programm Beltz & Belberg, Weinheim)

www.cornelsen.de

10. Auflage, 3. Druck 2023

© 2010 Cornelsen Verlag Scriptor GmbH & Co. KG, Berlin
© 2019 Cornelsen Verlag GmbH, Berlin

Das Werk und seine Teile sind urheberrechtlich geschützt.
Jede Nutzung in anderen als den gesetzlich zugelassenen Fällen bedarf der vorherigen schriftlichen Einwilligung des Verlages.
Hinweis zu §§ 60a, 60b UrhG: Weder das Werk noch seine Teile dürfen ohne eine solche Einwilligung an Schulen oder in Unterrichts- und Lehrmedien (§ 60b Abs. 3 UrhG) vervielfältigt, insbesondere kopiert oder eingescannt, verbreitet oder in ein Netzwerk eingestellt oder sonst öffentlich zugänglich gemacht oder wiedergegeben werden.
Dies gilt auch für Intranets von Schulen.

Druck: AZ Druck und Datentechnik GmbH, Kempten

ISBN 978-3-589-05154-0

PEFC-zertifiziert
Dieses Produkt stammt aus nachhaltig bewirtschafteten Wäldern und kontrollierten Quellen
PEFC/04-31-2260    www.pefc.de

# Inhalt

**Vorwort** . . . . . . . . . . . . . . . . . . . . . . . . . . . . . . . . . . . . . . . . . . . . . . . . . . . . . . 7

**1 Grundlagen kreativen Schreibens** . . . . . . . . . . . . . . . . . . . . . . . . . . . . 9
*Ingrid Böttcher*
1.1. Kreatives Schreiben – Geschichte, Konzepte, Merkmale . . . . . . . . . . . . . . . . . . 9
1.2. Kreatives Schreiben und Schreibdidaktik . . . . . . . . . . . . . . . . . . . . . . . . . . 15
1.3. Kreatives Schreiben und Schreibforschung . . . . . . . . . . . . . . . . . . . . . . . 18

**2 Methoden des kreativen Schreibens** . . . . . . . . . . . . . . . . . . . . . . . . . 22
*Ingrid Böttcher*
2.1. Was leisten kreative Methoden? . . . . . . . . . . . . . . . . . . . . . . . . . . . . . . . . 22
2.2. Sechs Methodengruppen . . . . . . . . . . . . . . . . . . . . . . . . . . . . . . . . . . 23
   – Assoziative Verfahren . . . . . . . . . . . . . . . . . . . . . . . . . . . . . . . . . . . . 24
   – Schreibspiele . . . . . . . . . . . . . . . . . . . . . . . . . . . . . . . . . . . . . . . . . . 24
   – Schreiben nach Vorgaben, Regeln und Mustern . . . . . . . . . . . . . . . . 25
   – Schreiben zu und nach (literarischen) Texten . . . . . . . . . . . . . . . . . . 26
   – Schreiben zu Stimuli . . . . . . . . . . . . . . . . . . . . . . . . . . . . . . . . . . . . 27
   – Weiterschreiben an kreativen Texten . . . . . . . . . . . . . . . . . . . . . . . 27

**3 Organisation und Struktur kreativen Schreibunterrichts** . . . . . . . . . . . . 29
*Ingrid Böttcher*
3.1. Kreatives Schreiben im Unterrichtsalltag . . . . . . . . . . . . . . . . . . . . . . . . . . 29
3.2. Die Schreibwerkstatt . . . . . . . . . . . . . . . . . . . . . . . . . . . . . . . . . . . . . . 30
3.3. Die Schreibecke . . . . . . . . . . . . . . . . . . . . . . . . . . . . . . . . . . . . . . . . . 32
3.4. Vom Einstieg ins kreative Schreiben und wie es weitergeht . . . . . . . . . . 35
3.5. Veröffentlichen und Präsentieren . . . . . . . . . . . . . . . . . . . . . . . . . . . . . 38

**4 Kreatives Schreiben in den Fächern** . . . . . . . . . . . . . . . . . . . . . . . . . . 41
4.1. Deutsch – eigene Schreibkompetenzen entwickeln und bewerten
   (Ingrid Böttcher) . . . . . . . . . . . . . . . . . . . . . . . . . . . . . . . . . . . . . . . . . 41
4.2. Kunst – Schreiben zu Bildern und im Museum (Ingrid Böttcher) . . . . . . . 80
4.3. Musik – Unsagbarem Ausdruck geben (Carolin Speckgens/Ingrid Böttcher/
   Theresia Ackva) . . . . . . . . . . . . . . . . . . . . . . . . . . . . . . . . . . . . . . . . . 102
4.4. Religion – sein Leben zur Sprache bringen (Monika Kuchenwald) . . . . . . . 113
4.5. Sachunterricht – die Welt erkunden und beschreiben (Carolin Speckgens) . . 123
4.6. Mathematik – zu Zahlen und Strukturen schreiben (Carmen Berend) . . . . . 133

| 5 | Kreatives Schreiben im projektorientierten Unterricht – das Beispiel „Wasser" | 144 |
|---|---|---|
| | *Carolin Speckgens* | |
| 6 | **Medienbezogenes kreatives Schreiben** | 162 |
| | *Karin Vach* | |
| 7 | **Kreatives Schreiben bei Deutsch als Zweitsprache – die Chancen nutzen** | 174 |
| | *Gabriele Kniffka* | |

**Literatur** ............................................................ 184

**Methodenregister** ............................................... 191

# Vorwort

Zu Beginn des 21. Jahrhunderts ist das kreative Schreiben „angekommen": in der Schreibdidaktik aller Schulformen und -fächer, den diversen Studiengängen der Universitäten, der Lehreraus- und -fortbildung, den Lehrplänen, den Bildungsstandards, aber auch in den unterschiedlichen Berufsfeldern und der Wirtschaft.

Die Anforderungen an die Schlüsselkompetenz Schreiben steigen ständig. Schreibenlernen gehört heute mehr denn je zu den zentralen Aufgaben des Sprachunterrichts in der Grundschule. Der Erwerb der Schreibkompetenz ist ein langer Entwicklungsprozess, der aus Schreibanfängern allmählich kompetentere Schreiber macht: die sich schreibend verständigen, sich schreibend Wissen aneignen, sich schreibend ihrer selbst vergewissern und schreibend ihre Kreativität entfalten. Schreiben als komplexe Handlung ist geprägt durch strukturschaffende und struktursprengende, durch assoziativ-kreative und kognitive Phasen. Kreatives Schreiben fokussiert den kreativen Prozess des Schreibens. Kreative Schreibaufgaben sollten daher sowohl kreativ-assoziative als auch kognitive Phasen integrieren. Um erfolgreich vielfältige Schreibaufgaben bewältigen zu können, sollten sich Schreibanfänger und professionelle Schreiber sowohl produktiver Schreibstrategien als auch kreativer Methoden bedienen. Viele Methoden motivieren stark und haben einen großen Trainingseffekt für das Schreiben im Allgemeinen und für den kreativen Prozess des Schreibens im Besonderen.

In unserem Buch stellen wir das kreative Schreiben konzeptionell unter sprach- bzw. schreibdidaktischem und fächerübergreifendem Aspekt dar. Diese schon 1999 vertretene Position (Erstausgabe) ist in der Neuausgabe überarbeitet, erweitert, ergänzt und in den heutigen fachdidaktischen Diskurs eingeordnet. Überlegungen zu einem kompetenzorientierten Unterricht und dem Bezug des kreativen Schreibens zu den Bildungsstandards werden in den jeweiligen Fächern, aber vor allem in den Ausführungen zum Deutschunterricht diskutiert (Kap. 4).

Kapitel 1 verweist auf die Grundlagen kreativen Schreibens. Es skizziert neben dem zugrundeliegenden Kreativitätsbegriff die Geschichte, Konzepte, Merkmale und Prinzipien des kreativen Schreibens. Vor allem aber ordnet es das kreative Schreiben ein in den Zusammenhang der modernen Schreibforschung und Schreibdidaktik, wo es als prozessorientiert und individualisierend charakterisiert wird, da es insbesondere die Schreibmotivation stärkt und damit entscheidend die Schreibentwicklung fördert.

Die prozessorientierte Schreibdidaktik, mit ihrer Betonung der einzelnen Schreibphasen, lässt sich nur schülergerecht bzw. lernerorientiert unter dem Einsatz vielfältiger Schreibmethoden realisieren. In Kapitel 2 wird die Vielfalt und Struktur der kreativen Methoden wie auch deren systematische Gliederung in sechs Methoden-Gruppen vorgestellt. Auswahlkriterien für den Einsatz der Methoden und deren Zuordnung zu den einzelnen Fächern im Methodenregister geben dem Buch die Funktion eines Handbuchs.

In Kapitel 3 über die Organisation und Struktur kreativen Schreibunterrichts beschreiben wir den Unterrichtsalltag, Einstieg ins kreative Schreiben und optimale Realisierungsformen wie Schreibwerkstatt und Schreibecke sowie auch Formen der Präsentation und Dokumentation der Schreibprodukte der Schüler.

Kreatives Schreiben in den Fächern (Kap. 4) kennzeichnet kreatives Schreiben in seiner integrativen Funktion: Kreatives Schreiben ist zugleich Lernmedium und Lerngegenstand, sowohl in einem lernbereichs- und fächerübergreifenden als auch im projektorientierten Unterricht (Kap. 5). Es fördert die Schreibkompetenz, basierend auf Sachkompetenz. Die Kinder erfahren durch vielfältige Schreibanregungen, dass Schreiben sich lohnt und für sie bedeutsam ist. So differenzieren sie allmählich ihre Schreibkompetenz und finden im Schreibprozess ihre eigene, kreative Sprache. Für sie wird Bearbeiten und Bewerten ihrer kreativen Textprodukte sinnvoll und immer selbstverständlicher – dies zeigen wir u. a. im Fach Deutsch.

Wie aber gestaltet sich kreatives Schreiben in einem gemeinsamen Unterricht von muttersprachlich deutschen Kindern und Schülern, die Deutsch als Zweitsprache lernen und gefordert sind, gleichzeitig mit dem Erwerb der Sprache auch durch diese zu lernen? Kapitel 7 zeigt Wege und Chancen auf, durch kreative Schreibarrangements die nötige Spracharbeit zu intensivieren.

Auch Grundschüler müssen unter den gesamtgesellschaftlich höheren Anforderungen und Bedingungen an die „neuen" Formen des Schreibens herangeführt werden. Medienbezogenes kreatives Schreiben (Kap. 6) bietet einen Ansatz dafür, Kindern schreibend einen Zugang zu den Medien zu eröffnen und ihre Medienkompetenz zu fördern.

Das Buch ist aus der Unterrichtspraxis, der universitären Lehre und der Lehreraus- und -fortbildung entstanden. Es möchte Lehrer und Ausbilder, aber auch Studierende und Lehramtsanwärter ermutigen, schreibend kreative Prozesse zu erproben – an sich und den ihnen anvertrauten Kindern!

Aachen, Mai 2010
*Ingrid Böttcher*

# Grundlagen kreativen Schreibens

*Ingrid Böttcher*

## 1.1 Kreatives Schreiben – Geschichte, Konzepte, Merkmale

Kreatives Schreiben – ein Selbstverständnis heute! So der Eingangssatz der Erstausgabe 1999 – damals eher Wunsch als Faktum. Heute, nach mehr als zehn Jahren, ist das kreative Schreiben „angekommen": in der Schreibdidaktik aller Schulformen und -fächer, in den diversen Studiengängen der Universitäten (Bothe 2005, 22 ff. und Gesing 2006, 14 f.), der Lehreraus- und -weiterbildung, den Lehrplänen, den Bildungsstandards, aber auch in unterschiedlichen Berufsfeldern (Jakobs u. a. 2005 und Perrin 2005) und der Wirtschaft (z. B. bei Verlagen, Banken, Kulturinstitutionen, Theologischen Akademien etc., Ortheil 2005, 74 f.). „Kulturen des Schreibens sind nicht weniger vielfältig als das gesamte Patchwork menschlicher Kulturen" (Mattenklott 2007, 11). Mit der Veränderung unserer Kommunikationskultur unterliegt die Schriftkultur einem radikalen Wandel. Noch niemals war unsere Welt so verschriftet wie heute. Sowohl Gesellschaft wie auch Individuum bestimmen den Wert, Sinn und Nutzen von Schrift und Schreiben.

Die Anforderungen an die Schlüsselkompetenz Schreiben steigen ständig, und die Beherrschung dieser Kulturtechnik bestimmt nach wie vor grundlegend den Erfolg für private und berufliche Kommunikationsprozesse. „Schreibenlernen gehört heute mehr denn je zu den zentralen Aufgaben des Sprachunterrichts der Grundschule. Schreiben lernen wir, indem wir Texte verfassen und bearbeiten. Schreibenkönnen bedeutet, sich mithilfe von Texten zu verständigen." (Böttcher/Becker-Mrotzek 2003, 7 f.). Auch Grundschüler müssen unter den gesamtgesellschaftlich höheren und vielfältigeren Bedingungen an die „neuen Formen" des Schreibens herangeführt werden. Vertraute Textsorten müssen erweitert, kreative Schreibaufgaben und Schreibvorhaben (z. B. Geschichtenbücher, multimediales Präsentieren, Portfolio, …) mit den neuen Medien trainiert werden (Baurmann/Pohl 2009, 162 ff.). Kreatives Schreiben, als eine besondere Form des Schreibens, fördert und trainiert den kreativen Prozess des Schreibens und eröffnet einen neuen „grundlegenden Zugang zum Schreiben" (Spinner 1993, 21). Es bietet neue Perspektiven, Ziele und Konzepte und vor allem andere Motivations-, Förderungs- und Verfahrensstrukturen an.

Im Folgenden skizzieren wir den Kreativitätsbegriff, die Geschichte, das Konzept und die Merkmale, den Bezug des kreativen Schreibens zu Schreibdidaktik und Schreibforschung. Den Zusammenhang zwischen kreativen Schreibaufgaben und Bildungsstandards diskutieren wir in den Ausführungen zum Deutschunterricht. Die Methoden und die Organisation des kreativen Schreibunterrichts werden in eigenen Kapiteln dargestellt.

## Zum Kreativitätsbegriff

„Kreativität ist eine universelle Eigenschaft menschlichen Handelns und Denkens. Die Fähigkeit, Neues zu schaffen und damit die Bahnen biologischer Vorbestimmung durch eine selbst geschaffene Kultur zu ersetzen, ist ein Wesensmerkmal der Menschheit" (KRUSE 1997, 15). Im Kontext von Gesellschaft und Wirtschaft ist Kreativität längst global zu einer Zauberformel geworden: Nur wer kreativ, d. h. innovativ ist, kann bestehen. Entsprechend ist das Wort auch ein Alltagswort geworden. In der umfangreichen Literatur zur Kreativität wird immer wieder der Versuch unternommen, das Schillernde des Begriffes zu umschreiben.

*Kreativität hat immer eine gesellschaftliche und individuelle Dimension*

In der Bedeutung von Kreativität schwingt immer ein Teil der verwandten Begriffe, wie z. B. Originalität, Spontaneität, Innovativität, Produktivität, Inspiration und Fantasie mit. Viele Definitionen, Zielvorstellungen und Merkmale des kreativen Schreibens operieren genau mit diesen Umschreibungsbegriffen. Insgesamt lässt sich aber die Vielfalt der Begriffsbestimmungen auf einige Grundmuster reduzieren. Ich erwähne diejenigen, die für das kreative Schreiben relevant sind:

„Kreativität ist ein Persönlichkeitsmerkmal, für das bei allen Menschen die Disposition vorliegt und das folglich bei jedem Menschen gefördert werden kann" (POMMERIN 1996, 50).

„Kreativität bezieht sich auf das Denken und Handeln sowie auf das Produkt dieses Denkens und Handelns. Wir bezeichnen eine Handlung oder ein Produkt aus folgenden Gründen als kreativ:
- wenn das Produkt neuartig und wertvoll ist,
- wenn der Weg, der zum Produkt führt, neuartig ist,
- wenn wir etwas auf neuartige Weise wahrnehmen, fühlen, erkennen oder denken" (BRODBECK 1995, 30).

Kreativ sein bedeutet also, Neues zu schaffen, ob materiell oder gedanklich. Neu muss dies nicht unbedingt für die gesamte Menschheit sein, sondern lediglich für das Individuum, das kreativ ist. Auch in diesem Sinne ist Kreativität sowohl von der gesellschaftlichen als auch der individuellen Seite zu betrachten.

**Kreatives Schreiben von der Antike bis heute**
Der kreativ-experimentelle Umgang mit Sprache ist Teil einer sehr langen Tradition. Sie lässt sich in der Geschichte des Schreibens dokumentieren (Mattenklott 1979, Mosler/Herhclz 1991, von Werder 1992, Fritzsche 1989) und mit den Selbstzeugnissen professionell Schreibender belegen (Koelbl 1998, Auffermann 2009). So haben Schriftsteller aller Zeiten entweder überlieferte kreative Techniken ausprobiert oder selbst neue erfunden, um sich die Angst vor dem leeren Blatt zu nehmen.

Formen des kreativen Schreibens gehen bis in die Antike zurück, wo bereits Sprachspiele wie das Akrostichon verwendet wurden. Angeregt von den Schreibspielen der antiken Rhetorik pflegten im 18./19. Jahrhundert sowohl die höfisch-aristokratische Gesprächskultur des Barock als auch die literarischen Salons der deutschen Romantik die literarische Geselligkeit. Die Spiele dienten zunächst dem Vergnügen. In der zweiten Hälfte des 18. Jahrhunderts fanden der Reihum-Roman sowie autobiografische Formen, z. B. Tagebuch- und Briefeschreiben weite Verbreitung. Die biografischen Schreibformen signalisierten in der Zeit der politischen Unterdrückung des Bürgertums im Biedermeier über das Vergnügen hinaus emanzipatorische Tendenzen. Die Reformpädagogik zu Beginn des 20. Jahrhunderts betonte in unterschiedlichen Ansätzen das freie und kreative Schreiben, beispielhaft sei hier Freinet erwähnt. Vor dem Hintergrund von Dada und Surrealismus entstanden experimentelle und z. T. an der Psychotherapie orientierte Schreibtechniken, u. a. Sprachcollagen, écriture automatique und Traumtexte. Die internationale Künstlergruppe OULIPO entwickelte in den 50er- und 60er-Jahren Schreibmethoden mit streng mathematisierten Regeln, wie z. B. das Schneeball-Verfahren.

„Der Begriff des ‚Kreativen Schreibens' ist eine Analogiebildung zum amerikanischen ‚creative writing', das dort Übungen im literarischen und essayistischen Schreiben bezeichnet." (Bothe 2005, 23 f. und Bräuer 1996) Seit Jahrzehnten wird kreatives Schreiben als reguläres Schulfach und eigenständiger Studiengang an fast allen amerikanischen Universitäten gelehrt. Unter Rückgriff auf die Elemente der europäischen und amerikanischen Tradition entstanden in den 70er- und 80er-Jahren in Deutschland außerschulische Schreibbewegungen. Diese gewannen im Verlauf der durch „Subjektivierungs- und Intimisierungstendenzen" (Spinner 1993, 17) gekennzeichneten 80er-Jahre weitere Popularität. In VHS-Kursen, Literaturwerkstätten, Frauengruppen, Arbeitslosentreffs, in der Jugendarbeit oder privaten und kirchlichen Initiativen schreiben seither immer mehr Laien immer mehr fiktionale Texte. Es war eine Zeit für immer neue Schreibimpulse und Sammlungen methodischer Arrangements. Mit dem Einfluss dieser außerschulischen Tendenzen und im Zuge der Wiederentdeckung des reformpädagogischen Konzeptes des freien Aufsatzes konnte dann auch im schulischen Bereich eine *Didaktik des kreativen Schreibens* an grundlegender Bedeutung gewinnen. Die 90er-Jahre brachten eine Phase der Etablierung und Ausarbeitung des Ansatzes, der jedoch noch immer weitgehend dem poetischen/literarischen Schreiben und der literarischen Geselligkeit (MATTENKLOTT 1979 und 2007) verhaftet blieb. SPINNER (2000, 2005), BÖTTCHER (1999, 2002), BECKER-MROTZEK/BÖTTCHER (2003, 2006) ordneten dagegen das kreative Schreiben in den Gesamtzusammenhang der Schreibdidaktik und Schreibforschung ein.

In Deutschland wurden an Universitäten die ersten Projekte (Aachen: Projekt Kreatives Schreiben, 1989), Schreibzentren (z. B. KRUSE, RUHMANN), Lehrstühle und Studiengänge für kreatives Schreiben (Leipzig 1995/Hildesheim 1998, vgl. ORTHEIL 2005) eingerichtet.

**Konzepte, Merkmale und Prinzipien**
In den folgenden Ausführungen beziehe ich mich verstärkt auf die beiden mit MICHAEL BECKER-MROTZEK entstandenen Veröffentlichungen von 2003 und 2006.

*Konzepte im fachdidaktischen Diskurs*

In den letzten Jahren ist mit der Integration und Fundierung des kreativen Schreibens im Deutschunterricht, im Unterricht vieler Fächer und an Universitäten als auch durch die Ausdifferenzierung in unterschiedliche Adressatengruppen und Verwendungszusammenhänge der fachdidaktische Diskurs ständig weitergeführt worden (BOTHE 2005). Im Folgenden werden die derzeit relevanten Schwerpunkte kurz skizziert:

Für den universitären, literarisch-professionellen Bereich stellt POROMBKA 2009 fest, dass das „neue kreative Schreiben" einem größeren Paradigmenwechsel folgt. Es grenze sich ab von dem alten sozial- oder kulturpädagogisch ausgerichteten Programmen zur literarischen Selbstfindung oder Freizeitgestaltung, „um die Arbeit am Text und damit die Effekte, die am Text und mit dem Text entstehen, wenn man schreibt" (ebd., 167). Die an vielen Universitäten eingerichteten Schreibzentren verwenden in Lehre und Training des wissenschaftlichen Schreibens viele Schreibanlässe und Methoden des kreativen Schreibens, vor allem die zur assoziativen Ideengenerierung und Planung.

In der Fachdidaktik im schulischen Bereich findet sich das kreative Schreiben sowohl in der Sprach-(Schreibdidaktik) als auch Literaturdidaktik (produktive Verfahren). Es ordnet sich ebenso in viele Unterrichtskonzeptionen ein, für die die fächerübergreifende Förderung der Kreativität ein wesentliches Ziel ist. In unserem Zusammenhang betrachten wir die Entwicklung innerhalb der Schreibdidaktik, in der sich kreatives Schreiben auch an literarische Schreibmuster anlehnt (SPINNER 2005b).

Die Frage, ob kreatives Schreiben eine eigene Schreibdidaktik ist, wird unterschiedlich beantwortet. SPINNER (2005a) bejaht dies und begründet sein Konzept mit den von ihm entworfenen Grundprinzipien (s. unten) Irritation, Expression und Imagination (ästhetische Wahrnehmung und Imitation). Die Kritiker des kreativen Schreibens verneinen die Eigenständigkeit. Sie lehnen den Ansatz nicht ab, sondern betrachten ihn als eine bereichernde bzw. erfolgreiche „methodische Variante" des Schreibunterrichts (FIX 2006, ESTERL 2007, KRUSE 2007, MERZ-GRÖTSCH 2010).

Die Kritik konzentriert sich auf folgende Aspekte:
- Kreative Texte werden zu selten bewertet und überarbeitet. Es besteht die Gefahr, dass grundlegende Schreibkompetenzen zu wenig entwickelt werden. Dieser Aspekt rückt mit den Diskussionen um die Bildungsstandards verstärkt ins Zentrum.
- Anregungen, Methodenauswahl und Schreibimpulse sind zu beliebig. Kreatives Schreiben wird abgedrängt in die pädagogische Kuschelecke und in unverbindliche Freiräume; es bedient den „Rückzug ins Private".
- Der Begriff des kreativen Schreibens suggeriert, dass alle anderen Schreibarten nicht kreativ sind.

Mit den folgenden Ausführungen im Buch möchten wir den Kritikpunkten Rechnung tragen und unser Konzept darstellen – unabhängig von der Frage nach der Eigenständigkeit. Die weitere Entwicklung und die ausstehenden empirischen Untersuchungen zur „Wirksamkeit" des kreativen Schreibens bleiben abzuwarten.

Im Folgenden werden die allgemein dem Konzept zugrunde liegenden Merkmale und Prinzipien zusammenfassend skizziert: Alle Konzepte des kreativen Schreibens basieren auf der Grundannahme, dass jeder Mensch ein kreatives Potenzial besitzt, das auch sprachliche Kreativität umfasst. Dieses kann durch Fördern und Üben realisiert werden. In diesem Sinne ist kreatives Schreiben auch ein Handwerk, das man erlernen kann. Die Methoden des kreativen Schreibens können sowohl zur Entwicklung genereller, berufsgerichteter Schreibkompetenzen als auch zur Schreibförderung im schulischen Kontext eingesetzt werden (BÖTTCHER/CZAPLA 2002, JAKOBS 2005). Um erfolgreich vielfältige Schreibaufgaben bewältigen zu können, sollten sich Schreibanfänger und professionelle Schreiber sowohl produktiver Schreibstrategien als auch kreativer Methoden bedienen. Viele Metho-

*Merkmale und Prinzipien*

den provozieren ein spontanes, ungelenktes Assoziieren und eröffnen damit die Sicht auf neue Ideen und Schreibansätze. Sie fördern die Flüssigkeit des Formulierens und locken den Schreiber geradewegs in einen Schreibfluss hinein (S‍pinner 1998), d. h., sie haben einen großen Trainingseffekt für das Schreiben allgemein und für den kreativen Prozess des Schreibens im Besonderen.

Ein weiteres herausragendes Charakteristikum des kreativen Schreibens ist, dass es „mehr als andere Zugänge zum Schreiben die ganze Person erfasst" (S‍pinner 1993, 21). Es verbindet kognitive, emotionale und imaginative Prozesse. Die von S‍pinner (1993, 2000, 2005a/b) auf dieser Basis entwickelten drei Prinzipien – *Irritation, Expression, Imagination* – bestimmen die je eigene Konstruktion der Methoden und Schreibarrangements.

*Prinzip Irritation*

Das Prinzip der *Irritation* ermöglicht divergentes Denken. Dies bedeutet, nicht nur Routinen und eingefahrenen Denkbahnen zu folgen, sondern diese in einem kreativen Prozess zu überwinden, sodass neue und überraschende Lösungen gefunden werden. Dieses Ausbrechen aus bekannten Mustern und Normen wird durch einen spielerischen Umgang mit Sprache erleichtert. Deshalb gehören Sprachspiele, Nonsenstexte und das Schreiben zu surrealen Texten zum Repertoire des kreativen Schreibens. Auch beim Schreiben zu literarischen Mustern (z. B. Anfang zu einer Geschichte erfinden) kann das Prinzip der Irritation zu fantasievollen und originellen Ergebnissen führen. Das Irritierende stellt in derartigen Schreibaufgaben gleichzeitig Befreiung und Herausforderung dar. Die Befreiung besteht im Ausbrechen aus den gewohnten Normen und die geistige Herausforderung darin, dass dies in einem Problemlöseprozess realisiert wird, indem die Verbindung zwischen einander fremden Elementen geschlagen wird. Entsprechend müssen kreative Schreibaufgaben eine Balance zwischen „strukturschaffenden und struktursprengenden Komponenten" (M‍olitor-L‍übbert 1984, 10 ff.) schaffen und ermöglichen. Kreativität entwickelt sich aus dem Gegensatz zwischen Spontaneität und Regelhaftigkeit.

*Prinzip Expression*

Das zweite Prinzip der *Expression* versteht Kreativität vor allem als Ausdruck des individuellen Selbst, bedeutet subjektiv-authentischer Ausdruck (S‍pinner 1993, 17). Dieser Ansatz dominiert bis heute die jüngere Didaktik des kreativen Schreibens. Er wird viel in außerschulischen Bildungseinrichtungen und in den die literarische Geselligkeit pflegenden Gruppierungen (M‍attenklott 1979) bevorzugt eingesetzt. Der Schreiber entfaltet und entdeckt schreibend seine Individualität. So soll die bei vielen anzutreffende Entfremdung vermieden werden. Geeignet sind dazu meditative und assoziative Verfahren als Zugang zu Erinnerungen und (Tag-)Träumen.

Das dritte Prinzip ist das der *Imagination*. Spinner (2000) sieht hierin ein inneres Vermögen, das die beiden Pole Kognition und Imagination verbindet. „Eine solch produktive und kreative Art des Schreibens liegt allen Schreibtätigkeiten zu Grunde, bei denen die Inhalte durch kognitive Eigenleistungen des Schreibers ... bzw. der Schreiberin in irgendeiner Weise verändert und neu formuliert werden" (Molitor-Lübbert 1998, 207). In der imaginativen und gestaltenden Wahrnehmung drückt sich auch eine ästhetische Qualität (Spinner 2005a) aus. Das Einsetzen der Imagination, der Einbildungskraft, intendiert und gewährleistet, dass beim kreativen Schreiben nicht nur subjektives Denken und Empfinden ausgedrückt wird, sondern dass der Schreiber einen Standortwechsel vornimmt, sich in vorgestellte Situationen versetzt und andere Perspektiven einnimmt. Es geht um eine kreative Umsetzung der inneren Sprache nach Wygotsky, „der Sprache unseres Denkens" (Spinner 1993, 19). Methodisch wird dies z. B. durch sinnliche Erfahrungen wie Fantasiereisen und Schreiben zu Bildern und durch perspektivistisches Schreiben umgesetzt. „Das Prinzip der Imagination verbindet und überhöht gleichzeitig die beiden Prinzipien der Irritation und Expression", indem es auf kreative und produktive Weise neue und unerwartete Räume eröffnet.

*Prinzip Imagination*

Unter konzeptionellen Aspekten kann man folgendes *Fazit* ziehen: Kreatives Schreiben kann derzeit als Sammelbegriff für Schwerpunkte verschiedener Konzepte verstanden werden. Es ist eher den identifikationsstiftenden und persönlichkeitsbildenden Funktionen des Schreibens und der Fokussierung des kreativen Prozesses beim Schreiben verhaftet. Dem steht mehr ein systematisches und geplantes Schreiben, also eine mehr pragmatisch und kognitiv geprägte Funktion des Schreibens, gegenüber (Merz-Grötsch 2000, 146 f.). Kreative Schreibaufgaben sollten daher sowohl kreativ-assoziative als auch systematische Phasen integrieren (vgl. Abraham/Kupfer-Schreiner 2a).

*Kreatives Schreiben betont den kreativen Prozess*

## 1.2 Kreatives Schreiben und Schreibdidaktik

Schreibenlernen und die Entwicklung der schriftsprachlichen Kompetenzen bedürfen der Vermittlung und Aneignung in der Schule. Lesen- und Schreibenkönnen ist nicht nur ein wesentliches Ziel des Unterrichts, sondern ohne diese Fähigkeiten ist schulisches Lernen überhaupt nicht denkbar. Die Kritik am Aufsatzunterricht als der traditionellen Art des Schreibenlernens in der Schule wurde in den 70er-Jahren deutlich akzentuiert. Sie löste eine Reihe von neuen aufsatzdidaktischen Entwicklungen sowie eine „Didaktik des Textschreibens" bzw. „Schreibdidaktik" aus. Im Folgenden werden die wichtigsten Entwicklungen skizziert, um die Position des kreativen Schreibens als schreibdidaktisches Konzept zu verdeutlichen.

Das kennzeichnende Merkmal des traditionellen Aufsatzunterrichts ist die Vermittlung von Darstellungsformen: „Schreibunterricht war Aufsatzunterricht, und eingeübt wurden die Erzählung, der Bericht, die Beschreibung und die Schilderung" (BAURMANN/LUDWIG 1996a, 3). Noch heute ist er vielfach die gängigste Art des Schreibunterrichts in allen Schulformen und hat „mit der aktuellen Debatte um die Bildungsstandards wieder eine Aufwertung erfahren, da die Merkmale von Textsorten relativ leicht zu normieren sind" (FIX 2006, 115). Die Gefahr dabei ist, dass nur das gelehrt und beurteilt wird, was schnell standardisiert werden kann. Konzepte mit offeneren und kreativen Schreibaufgaben geraten in die Kontroverse – nicht zuletzt, weil ihnen vorgeworfen wird, Überarbeitungen kaum durchzuführen und dass Bewertungen angeblich nicht möglich wären (ABRAHAM 2005, 66; FIX 2006, 115f.).

*Unterschiede zwischen dem traditionellen Aufsatzunterricht und dem kreativen Schreibunterricht*

Der traditionelle Aufsatzunterricht und kreatives Schreiben unterscheiden sich grundlegend. Beim traditionellen Aufsatzunterricht werden die Kriterien der Produktion und Bewertung nur in sprachlichen und schulorientierten Normen und inhaltlichen Aspekten gefunden. Das kreative Schreiben ist dagegen geprägt durch den Anregungs- und Anleitungscharakter seiner Methoden, die Vielfalt der Schreibanlässe mit der Betonung des Schreibprozesses und seinen individuellen Bedingungen und dem kreativen Umgang mit sprachlichen und traditionellen Normen.

Als ersten wesentlichen Schritt zur Abkehr vom traditionellen Unterricht entwickelte in den 70er-Jahren die Aachener Didaktiker-Gruppe das Konzept des kommunikativen Aufsatzunterrichts. **Kommunikatives Schreiben** wollte „Texte für Leser" (BOETTCHER u. a. 1973) produzieren, die eingebunden in möglichst reale Schreibsituationen die Kinder für das gesellschaftliche Leben qualifizierten. Obwohl der Ansatz in den folgenden Jahren vielfach kritisiert wurde, war er ein wichtiger Anstoß für die Entwicklung einer wissenschaftlichen Schreibdidaktik.

Diesem mehr curriculumtheoretischen Ansatz folgten in den 80er-Jahren die mehr bildungstheoretisch geprägten Formen (BOETTCHER 1982), wie das „freie" und „kreative Schreiben" und das „literarische", „heuristische" und „prozessorientierte Schreiben". Gemeinsam ist allen die Betonung des Schreibprozesses und der Schreiberpersönlichkeit sowie deren Schreibentwicklung.

Das **freie Schreiben** geht zurück auf den französischen Reformpädagogen CÉLESTIN FREINET und wurde vor allem in den 80er-Jahren in der Grundschule von SENNLAUB (1980) wiederbelebt. Er plädierte für ein expressives, an Erlebnissen orientiertes Schreiben in Schreibsituationen, die sich durch das entscheidende Merkmal der „Freiheit" auszeichnen. Vor allem SPITTA (1992) hat diesen Ansatz mit dem Aspekt des Besprechens und Überarbeitens von freien und kreativen Texten in *Schreibkonferenzen* weitergeführt.

Freies Schreiben wird häufig gleichbedeutend mit kreativem Schreiben oder in Kombination beider Begriffe verwendet. Das Verhältnis von freiem und kreativem Schreiben spielt auch noch heute in der grundschuldidaktischen Diskussion und in den Lehrplänen eine große Rolle. Zwischen beiden Formen ist eine deutliche Akzentverschiebung zu bemerken: „frei" bezieht sich in erster Linie auf Ort, Zeit, Thema und Form; „kreativ" bezieht sich auf die arrangierten oder angeleiteten Zugänge zum Schreiben, die die kreativen Prozesse auslösen. *Verhältnis von freiem und kreativem Schreiben*

**Literarisches Schreiben** und kreatives Schreiben unterscheiden sich in ihrer Zielorientierung. Kreatives Schreiben greift häufig auf die Grundmuster literarischen Schreibens (z. B. eine bestimmte Gedichtform) und auf literarische Texte als Muster zurück, um sie dem eigenen Schreiben der Kinder verfügbar zu machen und damit die Schreibentwicklung zu fördern. Literarisches Schreiben benutzt umgekehrt die kreativen Methoden (z. B. assoziative Verfahren oder Schreibspiele), um im handlungs- und produktionsorientierten Umgang mit Texten über die Produktion zu einer besseren Rezeption der Texte zu kommen. Entsprechend wird in den aktuellen Lehrplänen kreatives Schreiben im Bereich des Literaturunterrichts aufgeführt. Zusammenfassend stellt SPINNER (2005b, 110) fest: „Kreatives Schreiben lehnt sich an literarische Schreibmuster an, ist aber nicht notwendigerweise ein Schreiben zu literarischen Texten." Und weiter: „Das Schreiben zu literarischen Texten ist also nur eine Teilmenge des kreativen Schreibens." *Von der Produktion zur Rezeption und umgekehrt*

Die Tendenzen der 80er-Jahre werden unter dem Begriff des **personalen Schreibens** zusammengefasst. Es handelt sich nicht um eine neue Konzeption, sondern um einen Sammelbegriff.

Zu Beginn des 21. Jahrhunderts finden sich weiterhin alle genannten Konzeptionen in der Unterrichtspraxis. Für die aktuelle Schreibdidaktik und die institutionellen Vorgaben in Bildungsplänen und Anforderungen in Bildungsstandards sind drei Ansätze prägend und werden in den jeweiligen Fachdidaktiken genannt, z. B. unterteilt FIX (2006) in *kreativ – prozessorientiert – integrativ*. MERZ-GRÖTSCH (2010) bleibt ebenfalls bei der Dreiteilung und ersetzt kreativ durch *schülerorientiert*. Der Schreibunterricht – auch der kreative, wird zunehmend auch als *kompetenzorientiert* konzipiert

*Kreatives Schreiben ist schülerorientiert, individualisierend und integrativ*

(vgl. z. B. Rösch 2005, Becker-Mrotzek/Böttcher 2006 und ebenso auch Baurmann/Pohl 2009). In den bisherigen Ausführungen wie in den nachfolgenden wird deutlich: Kreatives Schreiben ist schülerorientiert, weil im Schreibprozess individualisierend und differenzierend. Kreatives Schreiben versteht sich als besonders prozessorientiert (vgl. ausführlich nächstes Kapitel). Das Kapitel „Kreatives Schreiben in den Fächern" hebt seine integrative Funktion hervor: Kreatives Schreiben ist Lerngegenstand und Lernmedium in einem lernbereichs- und fächerübergreifenden Unterricht – es fördert die Schreibkompetenz basierend auf Sachkompetenz!

## 1.3 Kreatives Schreiben und Schreibforschung

Die Schreibforschung entstand Anfang der 70er-Jahre in den USA und Kanada aus einer gesellschaftlich-politischen Entwicklung heraus. Seit Mitte der 80er-Jahre spielt die Schreibforschung mit ihren Schwerpunkten Schreibprozess- und Schreibentwicklungsforschung im deutschsprachigen Raum eine bedeutende Rolle in der Konzeption einer prozessorientierten Schreibdidaktik. Schreiben – im Sinne von Textproduktion – wird als eine komplexe Handlung mit problemlösendem Charakter begriffen. Zum Schreibprozess werden im Allgemeinen die Schritte des Planens, Formulierens und Überarbeitens gerechnet, die rekursiv ablaufen, d. h. ineinandergreifend und beliebig wiederholbar. Es ist allerdings kein linearer Prozess. Als weitere Faktoren bestimmen situative, motivationale und – immer stärker in den Blick genommen – emotionale, soziale und kreative Komponenten sowie das Wissen und die Fähigkeiten des Schreibers den Textproduktionsprozess. Wie oben erwähnt, steht nicht der fertige Text, sondern der Prozess, der zum Textprodukt hinführt, im Mittelpunkt von Forschung und Schreibdidaktik. Entsprechend ist nicht die Einübung einiger Aufsatzformen das Unterrichtsziel, sondern die vielseitige Entfaltung der Schreibkompetenzen junger Menschen. Im Schreibunterricht wird kompetenzorientiert gelernt und gelehrt.

### Schreibprozess

*Kreatives Schreiben ist prozessorientiert*

Kreatives Schreiben als eine besondere Form des Schreibens ist ebenfalls prozessorientiert. Es lässt sich jedoch stärker von diesem Prozess leiten, steuert ihn weniger bewusst, als dies in der Schreibforschung für das allgemeine Schreiben gesehen wird. Andererseits lassen sich den Teilprozessen des Schreibens kreative Methoden wie die zur Planung (Cluster etc.) oder zur Weiterarbeit im Sinne eines kreativen Überarbeitens (S. 69 f.) zuordnen.

Diese Methoden transportieren aus sich heraus, also implizit, das Wissen um den Schreibprozess. Durch ihre häufige und vielfältige Anwendung wird der Vorgang allmählich und in einem ganzheitlichen Sinne zunehmend bewusster. Das Vorlesen und Besprechen der kreativen Texte in der Gruppe fördert in besonderem Maße die Reflexion des Schreibprozesses. Neue Zusammenhänge werden entdeckt und hergestellt. Hierin besteht die heuristische oder epistemische Funktion des Schreibens. Schreiben ist nicht nur ein Problemlöseprozess, sondern auch ein kreativer Prozess. Ein wiederholter Wechsel zwischen der Schaffung von Freiräumen und Vorgabe einer klaren Struktur ermöglicht einerseits Kreativität und bedingt andererseits Reflexivität des Schreibens (Molitor-Lübbert 2002 und Böttcher/Czapla 2002). Bei kreativen Schreibaufgaben sollten sowohl kreativ-assoziative als auch systematische Phasen integriert werden (Abraham/Kupfer-schreiner 2007, 19 f.). Weitere Zusammenhänge von Schreibprozess und kreativem Schreiben werden in den anderen Kapiteln dargestellt.

## Schreibentwicklung

In der Forschung zum Erwerb und zur Entwicklung der Schreibfähigkeiten hat es in den letzten Jahrzehnten grundlegende Veränderungen gegeben. Der Begriff der prozessorientierten Schreibdidaktik verweist nicht nur auf den *Prozess des Schreibens*, sondern auch auf den *Prozess der Entwicklung*. Die Schreibkompetenz entfaltet sich in einem langen Entwicklungsprozess, der sich über viele Jahre hinzieht. Anfang (6–8 Jahre) und Höhepunkt des Schreibens (20–23 Jahre) sind relativ unumstritten; (fach-)spezifische Fähigkeiten werden sogar lebenslang erworben.

*Schreibentwicklung ist ein lebenslanger Prozess*

Beim Erwerb der Schreibkompetenz wird unterschieden zwischen *Schriftspracherwerb*, bezogen auf die Grundschulzeit, und *Schreiberwerb*. In der Unterrichtspraxis überschneiden sich beide, und bei den Schreibern sind individuell erhebliche Unterschiede zu beobachten. Der Schriftspracherwerb bezieht sich auf das Wissen über Orthographie, Syntax und den Umgang mit dem neuen Medium der Schrift. Beim Schreiberwerb geht es um Wissen über Textsorten und -muster, die Orientierung am Leser, die Möglichkeit, den eigenen Schreibprozess zu steuern und Routinen zu entwickeln (Becker-Mrotzek 2007, 26).

In Anlehnung an das grundlegende Schreibentwicklungsmodell von Bereiter (1980) sind viele didaktisch orientierte Modelle konzipiert worden, so zunächst Baurmann/Ludwig (1986), dann Becker-Mrotzek (1997, 2006), und schließlich Abraham/Baurmann u. a. (2007, 10), auf das ich mich im Folgenden beziehe:

|   | Teilkompetenzen des Schreibens (nach BEREITER 1980) | Teilprozesse des Schreibens (nach WROBEL 1995) |
|---|---|---|
| 1. | Geschriebene Sprache produzieren (*assoziatives Schreiben*) Ideen und Einfälle finden (*assoziatives Schreiben*) | Inskribieren (Aufschreiben) Thematisch-inhaltliches Planen |
| 2. | Beherrschen von Schreibkonventionen (*normbewusstes Schreiben*) | Formulieren, Überprüfen/Revidieren, Planen der Schreibhandlung |
| 3. | Sich adressatenorientiert verhalten (*kommunikatives Schreiben*) | Formulieren, Planen der Schreibhandlung |
| 4. | Geschriebenes differenziert beurteilen (*vereinigtes Schreiben*) | Überprüfen/Revidieren |
| 5. | Schreiben als Mittel des Denkens einsetzen (*epistemisches Schreiben*) | Planen, Formulieren, Überprüfen/Revidieren |

*Der Schreibprozess verläuft nicht linear*

Das Modell versucht eine mögliche Zuordnung der Teilkompetenzen (was kann ich?) zu den Teilprozessen (was tue ich?) bei dem Verfassen von Texten. Die Zusammenstellung zeigt, dass Planen, Formulieren und Überarbeiten nicht schlicht aufeinander folgen (ebd., 10), d. h., im Einzelfall kann die Entwicklung anders als in den Modellen laufen – verlangsamt, beschleunigt oder eben auch in anderer Reihenfolge. Im Gegensatz dazu wird häufig in den Bildungsplänen und Bildungsstandards der sukzessive Ablauf der Teilprozesse suggeriert. Ebenso dürfen die entworfenen Modelle nicht missverstanden werden als absolute Normen, an denen die Leistungen des jeweiligen Kindes oder Jugendlichen gemessen werden könnten. Eine solche Sichtweise würde vor allem den didaktischen Blick auf die Texte gerade von Schreibanfängern verstellen. Nicht in jedem Text werden alle Teilsysteme realisiert. Abhängig ist dies in hohem Maße von der Schreibaufgabe, der unterrichtlichen Förderung und den individuellen Umständen bzw. jeweiligen Schreiberfahrungen der Kinder und Jugendlichen.

In diesem Sinne ist die Schreibentwicklung kein autonomer Reifungsprozess, sondern „eher eine Funktion der Schreiberfahrungen und des Lernalters als des Lebensalters". Dafür sprechen die relativ großen Entwicklungsspannen innerhalb einzelner Altersgruppen" (BECKER-MROTZEK 1997, 306). Oder anders formuliert: „Schülertexte sind Ergebnis von Lernprozessen: Ergebnis zurückliegender Lernprozesse (der Erfahrung, der Beobachtung anderer Texte), die im Schreiben ihren Niederschlag finden, und Ergebnis von Prozessen, die sich im Akt des Schreibens vollziehen, in der Notwendigkeit, eine Struktur für die Schreibidee zu finden, Beziehungen zu formulieren" (DEHN 1996, 177, auch aktuell 2007).

Für das *kreative Schreiben* lässt sich in Bezug auf die Ergebnisse der Schreibforschung feststellen:

- Die zentrale Bedeutung der Initiierung des Schreibprozesses durch Schreibanlass und Methoden wird überdeutlich. Vor allem das kreative Schreiben bietet genau die Möglichkeiten, die das Kind individuell zu einem bestimmten Zeitpunkt braucht. Darüber hinaus stellt es günstige Voraussetzungen für die Schreibentwicklung durch häufiges, vielfältiges und entspanntes Schreiben – allein oder in der Gruppe – bereit. Es stärkt das Vertrauen in die eigene Schreibfähigkeit und damit allgemein die Schreibentwicklung.

*Schreibprozess initiieren*

- Mit dem spielerischen Üben und dem immer bewussteren Anwenden der Methoden werden gezielt Teilkompetenzen der Schreibkompetenz erworben. Dies sind insbesondere das Planen und Überarbeiten von Texten und die Orientierung am Leser: Fähigkeiten, die sich den in manchen Schreibentwicklungsmodellen gemachten Altersangaben zufolge erst nach dem Grundschulalter ausbilden. Die Förderung der Schreibentwicklung durch das kreative Schreiben geht so weit, dass Entwicklungsschritte schon früher gemacht und gewisse Aspekte des Schreibens schon früher realisiert werden können – in gewisser Weise werden dadurch Entwicklungsmodelle aufgebrochen. Möglich scheint dies dadurch zu sein, dass das Schreiben in der konkreten Erfahrungswelt der Kinder geschieht, diese in die kreativen Schreibanlässe und Methoden einbindet und in der besonderen Förderung des kreativen Prozesses zum Ausdruck bringt.

*Schreibentwicklung fördern*

- Kreatives Schreiben stärkt dadurch in besonderem Maße die Schreibmotivation. Sie ist entscheidend an der Schreibentwicklung beteiligt. Ein möglichst vielfältiges Angebot an Schreibanlässen und möglichst komplexe, in reale Schreibsituationen eingebettete und vielschichtig angelegte kreative Schreibaufgaben (MERZ-GRÖTSCH 2010, 42 f.) sind erforderlich, damit Kinder die Erfahrung machen können, dass Schreiben etwas mit ihnen selbst und ihrer persönlichen Lebenssituation zu tun hat. Diese Schreibmotivation im Speziellen kann sich auf die die Schreibmotivation im Allgemeinen übertragen.

*Schreibmotivation stärken*

# 2 Methoden des kreativen Schreibens

*Ingrid Böttcher*

*Methodenkompetenz durch kreatives Schreiben*

Methoden erschließen Themen und Sachverhalte und helfen Probleme zu lösen. Daher erleichtert Methodenkompetenz Lehrern und Schülern das Unterrichten und Lernen, ja macht dieses erst konkret. „Methoden können nicht vom Unterrichtskontext isoliert betrachtet werden, sie sind abhängig von den konkreten Zielen und den dahinterstehenden didaktischen Überlegungen." (FIX 2006, 147) Die prozessorientierte Schreibdidaktik, mit ihrer Betonung der einzelnen Schreibphasen, lässt sich nur schülergerecht bzw. lernerorientiert unter Einsatz vielfältiger Schreibmethoden realisieren. Diese Methodenfokussierung (MERZ-GRÖTSCH 2000, 246 ff.) hat sich u. a. auf das kreative Schreiben positiv ausgewirkt. So findet man heute in vielen Schreibdidaktiken, neuen Sprachlehrwerken, Studienmaterialien in der Lehrerausbildung und anderen universitären Studiengängen eine Vielfalt an „Kreativitätstechniken" zum Vorbereiten, Durchführen und Nachbereiten des Schreibens. Grundsätzlich lassen sich beinahe alle Methoden für jedes Schreibalter verwenden. Unterschiede sind in der Art der Vermittlung oder der Anleitung, der didaktischen Reduzierung je nach Lernziel, Alter der Kinder und besonders in dem ausgewählten Basismaterial (z. B.: Welcher Stimulus, welcher literarische Text, welche Musik, welches Bild ist für die Kinder geeigneter als z. B. für junge Erwachsene) zu sehen.

## 2.1 Was leisten kreative Methoden?

Die hier vorgestellten kreativen Methoden sind jahrelang erprobt. Sie genügen folgenden für die Grundschule relevanten Auswahlkriterien:

- Schreibmethoden fördern die Freude am Schreiben und erhöhen und stärken die Schreibmotivation. Nicht nur die *Angst vor dem leeren Blatt* können sie nehmen und den kreativen Prozess des Schreibens initiieren, sondern vor allem eine erwartungsvolle und neugierige Schreibhaltung zum eigenen Schreiben provozieren: Von der Ideenfindung über die Planungsphase, von dem Schreiben des Textes bis zu seiner Präsentation und Überarbeitung muss diese Schreibhaltung tragfähig bleiben.
- Schreibmethoden müssen deshalb ungewöhnlich, faszinierend, stimulierend und fantasievoll sein. Sie müssen *der eigenen Sichtweise des Kindes auf seine Welt* und seiner eigenen Wirklichkeit entgegenkommen, aber

auch das Hineintauchen in andere Wirklichkeiten, Perspektiven herausfordern. Erst Thema oder Schreibanlass, individuell vorgegeben oder gemeinsam gefunden, machen das Schreiben konkret. Die Schreibwünsche der Kinder sollten hierbei eine stärkere Beachtung finden.
- Schreibmethoden sollen adäquat der jeweiligen Schreibaufgabe und dem jeweiligen Schreibanlass sein, d. h., möglichst *ganzheitliche, sinnenhafte und individuelle Lernerfahrungen* ermöglichen. Dadurch wird eine Schreibhaltung angebahnt, die offen ist für das Einbeziehen verschiedener (Fach-)Aspekte, also integratives Lernen. Die kreativen Methoden stellen so ein grundsätzliches *Lernmedium* und eine grundlegende Lernmethode in allen Fächern dar.
- Schreibmethoden unterstützen ein *kooperatives Arbeiten* und ein positives lernbegünstigendes Gruppenklima. Dies wird sowohl durch das Schreiben in der (Klein-)Gruppe, der Schreibwerkstatt und dem Austausch über die Texte angeregt.
- Schreibmethoden eröffnen für ungeübte und geübte, für leistungsstarke und -schwache Kinder vielfältige *Lernchancen*. Viele Methoden fördern das Schreiben in kleinen Schritten bezogen auf zwei Aspekte:
  – Kleine, kurze Texte (z. B. *Elfchen*) stehen gleichwertig neben längeren ausformulierten (z. B. *Zaubergeschichten*). Jedes Kind kann das Maß seines Schreibprozesses und -produktes wählen und nutzen. Viele Methoden, vor allem die kooperativen, wie z. B. das *Cluster* oder *Über den Rand hinaus schreiben*, bieten eine selbstregulierende innere Differenzierung.
  – Zugeordnet den einzelnen Phasen des Schreibprozesses – Planen/Aufschreiben/Überarbeiten – trainieren einige kreative Schreibverfahren diese Phasen aus ihrer methodischen Struktur heraus.

## 2.2 Sechs Methodengruppen

Die Verfahren des kreativen Schreibens werden in sechs Gruppen unterteilt: *Assoziative Verfahren – Schreibspiele – Schreiben nach Vorgaben, Regeln und Mustern – Schreiben zu und nach (literarischen) Texten – Schreiben zu Stimuli – Weiterschreiben an kreativen Texten.*

Diese sechs Gruppen stellen eine Art systematischer Strukturierung der Methoden des kreativen Schreibens dar. Dieses Raster ist sowohl für die Primar- als auch die Sekundarstufe geeignet, alle Verfahren sind in unterschiedlichen thematischen Zusammenhängen und allen Fächern zu verwenden. Selbstverständlich lassen sich die meisten Methoden auch miteinander in Schreibaufgaben bzw. Schreibarrangements verbinden. Sie lassen sich allerdings auch nicht immer in den jeweiligen Gruppen trennscharf beschreiben. Es gibt einige Überschneidungen.

## Assoziative Verfahren

*Assoziatives Schreiben als Basis*

*Assoziative Verfahren* eröffnen schnell die Schreibpraxis. Sie spenden und vernetzen Ideen, geben ein Thema oder einen Leitfaden vor. Sie führen dazu, dass Gedanken, Vorstellungen, Bilder, Erinnerungen, Gerüche, Farben ... schreibend eine individuelle Gestalt annehmen. Häufig werden sie in gelenkter Form angewendet, um Schreibhemmungen vorzubeugen oder sie zu überwinden. Trotz ihres meist **spielerisch-experimentellen Charakters** (*Cluster, Wörterbörse* ...) beinhalten sie sehr wohl Planungselemente. So stellen sich z. B. beim Cluster als einem *strukturierten Ideennetz* nicht nur das eigene Thema und die eigene Schreibintention ein, sondern häufig darüber hinaus so etwas wie die Gliederung eines Themas oder sogar eines Textes. Der Zusammenhang von kognitiven und kreativen Prozessen beim Schreiben (S. 14) wird hier besonders deutlich.

Assoziative Verfahren können aber auch mehr **meditativ** angelegt sein, um ein Anknüpfen an unbewusste Wahrnehmungen und Assoziationen zu aktivieren (z. B. *automatisches Schreiben/Wahrnehmungsverfahren*).

Auch die *Fantasiereise* ist unter die assoziativen Verfahren zu fassen. Angeleitet von einer anderen Person, geht es bei der Fantasiereise zwar stärker um das Eindenken in fremde, fantastische Welten. Dabei stellen sich jedoch in entspannter meditativer Haltung u. a. eine Fülle von Assoziationen ein, die dann die Grundlage des weiteren gestalterischen Verfahrens sind.

Assoziative Verfahren bilden in Schreibarrangements oft die erste Phase des Schreibprozesses, um in einer zweiten Phase die gewonnenen Ideen und Themen in gestaltenden oder strukturierten Verfahren weiterzuverarbeiten (S. 47, 49).

**Spielerisch-experimentelle** Assoziationsverfahren: Cluster und Gegensatz-Cluster ☐ automatisches Schreiben ☐ Schreiben zu Reizwörtern ☐ Wörterbörse ☐ Akrostichon ☐ Abecedarium ☐ Wörterfinden ☐ bildliche Assoziationen (z. B. Weg) ☐ sternförmiges Denken

**Meditative** Assoziationsverfahren: Fantasiereise ☐ Metaphern-Meditation ☐ Wahrnehmungsübungen/Fokussieren

## Schreibspiele

Der Begriff wird häufig zusammenfassend für alle kreativen Schreib-Methoden und -Arrangements gebraucht (vgl. z. B. Mosler/Herholz 1991, Fritzsche 1989 und Mattenklott 1979). Wir verwenden den Begriff in zweierlei Hinsicht. Einmal im Sinne der *literarischen Geselligkeit*, d. h., für die Schulklasse ist es eine *schreibende Geselligkeit* bei (alltäglichen) lustvollen Schreibanlässen (z. B. statt Morgenkreis ein gemeinsamer Schreibanfang des Unterrichts) oder bei besonderen Anlässen wie Elternnachmittag (gemeinsames Schreiben von Kindern und Erwachsenen), Projektwoche, Klassenfahrt u. Ä., zum anderen im Sinne der Schreibwerkstättenarbeit (vgl. S. 29). In diesem Sinne werden nur jene kreativen Verfahren unter dieser Kategorie gefasst, die das gemeinsame Verfassen eines Textes oder die gemeinsame Weiterarbeit an einem Text betonen. Genau diese Verfahren fördern und erleichtern den Einstieg ins kreative Schreiben bei Schülergruppen, die erst spät mit dem kreativen Schreiben anfangen, z. B. im dritten oder vierten Schuljahr.

*Texte gemeinsam verfassen und weiter bearbeiten*

**Schreibspiele**: Geschichten reihum □ Geschichten erwürfeln □ Gedichte reihum □ Wörter finden: Klopfwörter, Wörtersack, Wörterkiste/Wörterkoffer □ Schatz-Regal □ Landschaftsmalerei

### Schreiben nach Vorgaben, Regeln und Mustern

Kreatives Schreiben ist immer auch ein *angeleitetes Schreiben*, das dialektisch mit Begrenzungen und Spontaneität arbeitet. Deshalb bedienen sich viele Anleitungen zu den kreativen Methoden

*Kreatives Schreiben ist immer angeleitetes Schreiben*

- inhaltlicher Vorgaben: z. B. Thema, Satzanfang
- formaler Kriterien: z. B. des Sprachgebrauches, aber auch visueller Aspekte wie beim Akrostichon: Die Buchstaben eines Wortes untereinandergeschrieben bilden den Anfang einer Textzeile
- struktureller Regeln: z. B. Elfchen, Schneeballgedicht
- literarischer und textorientierter Muster: z. B. Rondell, Kurzroman

Durch die Verfahren wird das Schreiben stärker als *Lerngegenstand* denn als Lernmedium betont. Gelenkter als bei den assoziativen Verfahren stellen sie neue Schreibtechniken und vielfältige Ausdrucksmöglichkeiten zur Verfügung. Die Kinder sind so nicht nur auf eigene Erfahrungen, Wahrnehmungen und Assoziationen angewiesen. Diese Schreibaufgaben helfen eigene Gestaltungsmöglichkeiten zu entfalten, im Idealfall sogar eigene Regeln, Muster, Vorgaben zu erfinden. Kritisch bemerkt ABRAHAM (2005, 66), dass aus heutiger schreibdidaktischer Sicht „die Lernenden *nicht* zur originellen Formulierung und zur Klischeevermeidung" angehalten werden sollen. Vielmehr läge die Authentizität des Schreibens nicht am Anfang, sondern am Ende einer langfristig angelegten „Stilarbeit". Die Lust am Spiel mit Stilen sei wieder zu fördern. Das Schreiben zu diesen Verfahren lässt sich als ein *strukturorientiertes Schreiben* bezeichnen. Die Kinder erproben produktiv zahlreiche sowohl lyrische als auch erzählerische Techniken und Kunstmittel, aber sie erproben sie nicht am und mit dem literarischen Text (WALDMANN 1988; BOTHE/WALDMANN 1992). Es gibt vielfältige Überschneidungen mit der vierten Gruppe.

**Schreiben nach Vorgaben, Regeln und Mustern:** Gedicht mit allen Sinnen ☐ Zeilenumbrechen ☐ Schneeballgedicht ☐ Elfchen ☐ serielles Schreiben ☐ Akrostichon ☐ Rondell ☐ Schreiben zu mathematischen Vorgaben ☐ Kurzroman ☐ Geschichten zu Wörtern ☐ metaphorisches Schreiben ☐ assoziative Texte begrenzen ☐ Textreduktion

**Schreiben zu und nach (literarischen) Texten**
Geprägt durch das Konzept des produktions- und handlungsorientierten Umgangs mit Texten fördern die kreativen Schreibmethoden dieser Gruppe das kreative als auch das literarische Schreiben. Sowohl in einem produktiven Literaturunterricht als auch in einem literarisch-kreativen Schreibunterricht wird mit (literarischen) Texten als Anregung zum Selberschreiben gearbeitet. Die Schreibdidaktik folgt hier dem Prinzip des imitativen Schreibens bzw. Lernens (SPINNER 2005a, 88 f.). Und dies in zweifacher Hinsicht: Einerseits gibt der Text Regeln und ein Muster vor, mit dem in besonderer Art etwas aussprechbar wird. Starke Überschneidungen zur dritten Gruppe werden hier deutlich. Andererseits fordern der ästhetisch-literarische Charakter und die poetische Sprache der Texte dazu heraus, sich probehandelnd in andere Wirklichkeiten, andere Perspektiven hineinzubegeben und sich von ihnen forttragen zu lassen. Auch Kinder können sich schon auf diesen imitativen Schreibprozess entsprechend ihren unterschiedlichen Schreibkompetenzen einlassen. Sie können nicht nur Texte zu Ende schreiben, umformen (z. B. eine Geschichte in ein Gedicht), sondern auch perspektivisch schreiben, z. B.: die Ich-Form einnehmen, wenn sie als Anna (zu PETER HÄRTLING *Ben liebt Anna*) Ben einen Brief schreiben.

**Methoden des Schreibens zu Gedichten:** Zeilen füllen/Löchertexte ☐ Textreduktion ☐ zu Ende schreiben ☐ zusammensetzen/erweitern ☐ Schreiben nach dem „ersten Satz" eines Kinderbuches ☐ Löchertexte ☐ über den Rand hinaus schreiben ☐ sukzessives Ergänzen von Satzanfängen ☐ perspektivisches Schreiben: Ich-/ Du-/Er-Form ☐ Werbetexte, Rechengeschichten, Rezepte, Bilderbücher

*Von der Imitation zur Imagination*

## Schreiben zu Stimuli

Sich anregen, *stimulieren* zu lassen beim Schreiben ist jedem Schreibenden lieb. Die Funktion der Stimuli ist eindeutig und klar als Reizmittel, Ansporn, Anregung definiert.

Stimuli werden in Reize, die von innen her wirken (Kaffee, Alkohol, ...), und solche, die von außen wirken, unterschieden. Für die Grundschuldidaktik eröffnet sich eine schier unerschöpfliche Vielfalt an Möglichkeiten sowohl vom schreibenden Kind aus betrachtet, aber auch als arrangiertes Lernangebot aus didaktisch-methodischer Sicht: beginnend beim Schreibklima, der Atmosphäre, den Schreibbedingungen durch Orte, Landschaft, Kunstwerke, Bilder, Gegenstände, Musik, Malen, Bewegen, Tanzen, ja, sogar mathematische Begriffe und Zahlen (vgl. S. 133 ff., Kapitel Mathematik) und endend bei Wörtern, Texten, Satzanfängen. Sie alle regen von außen zum Schreiben an, geben keine sprachlichen Gedankenbahnen vor. Sie provozieren spontane Assoziationen, Fantasie und Imagination und regen das sprachliche kreative Umsetzen an. Im Sinne der Ganzheitspsychologie werden innere Kräfte aktiviert und tiefenpsychologisch auch unbewusste Wahrnehmungen hervorgeholt. Das Schreiben zu Stimuli bietet einen größeren Freiraum als die gestalterischen Verfahren. Effektiv ist die Verbindung mit assoziativen Verfahren, weil diese in dem Wechselspiel zwischen Schreibstimulus und Schreiber leichter die Wörter, die Sprache helfen finden.

*Verbindung mit assoziativen Verfahren*

**Schreiben zu Stimuli**: Musik ☐ Bild ☐ Musik und Bild ☐ Tanz/Bewegen ☐ Tanz/Bewegen und Musik ☐ Gegenstände ☐ selbstgemachtes Bild ☐ vier Elemente, z. B. Wasser ☐ Landschaft, z. B. Insel ☐ Orte, z. B. Museum ☐ Fantasiereise ☐ mathematische Begriffe/Zahlen/Größen ☐ Textzeilen ☐ Wörter

**Schreibarrangement**: Schreiben nach der „Museumsmethode" (MERZ/GRÖTSCH 2010, 141 f.)

## Weiterschreiben an kreativen Texten

Wie lässt sich an kreativen Texten arbeiten? Wie können und sollen die vielen erstellten Texte be- oder überarbeitet werden? Hier nur ein zusammenfassender kurzer Überblick über die Methoden (ausführlich S. 67 f.).

Zur Weiterarbeit an und Bearbeitung von kreativen Texten gibt es **kreative und kriterienorientierte Verfahren**. Die Verfahren können individuell und in der Gruppe kooperativ und dialogisch verwendet werden. Die **kreativen Bearbeitungsverfahren** sind sowohl Textproduktionsverfahren (also auch in den zuvor dargestellten Methoden-Gruppen zu finden) als auch

*Textproduktions- und Revisionsverfahren*

gleichzeitig Revisionsverfahren. Das bedeutet, die gleiche Methode, die zur Produktion eines Textes führt, kann auch seine Bearbeitung ermöglichen. Vielfältig und für die Schreibenden sehr motivierend sind diese Verbindungen. Das Kind kann zunehmend alleine oder mit seinen Mitschülern die Verfahren zur weiteren Textbearbeitung auswählen, experimentierend an seinen Texten oder denen der anderen ausprobieren und die so überarbeiteten Texte zur Bewertung der Schülergruppe vorstellen. Eigene Schreibarrangements werden zusammengestellt, um einen Text insgesamt zu erkennen und zu bewerten: von den ersten Assoziationen (z. B. *Wörterbörse*), von Ideennetzen (z. B. Cluster) über das Auswählen weniger Wörter, verwendet in einem ersten Kurztext zur verdichteten Aussage bis zur endgültigen oder auch vorläufig letzten Fassung in einem gestalteten Text z. B. durch Zeilenumbrechen (S. 58).

Die **kriterienorientierten Verfahren** haben einen ähnlich experimentellen Charakter wie die kreativen Verfahren. Sie eignen sich daher besonders für die intensive Bearbeitung kreativer Texte. Die benutzten Kriterien können sich auf die Hörer-/Leserwirkung, die Schreibaufgabe, die schriftlichen Normen, die Entsprechung zum Thema oder die Intention des Schreibers beziehen. Die Lehrerin alleine oder mit den Kindern gemeinsam legt die zu verwendenden Kriterien fest.

Unterschiede in der Kriterienauswahl ergeben sich auch jeweils aus den verschiedenen Methoden. So benutzt die *Textlupe* (S. 75) andere Kriterien als z. B. das Verfahren *Spezialisten* (S. 73).

**Weiterschreiben an kreativen Texten**: sukzessives Ergänzen von Textanfängen ☐ Textreduktion ☐ Zeilen umbrechen ☐ Rondell ☐ über den Rand hinaus schreiben ☐ Textlupe ☐ Spezialisten ☐ Weiterarbeit in Stationen ☐ Operieren mit Textteilen

# Organisation und Struktur kreativen Schreibunterrichts

*Ingrid Böttcher*

Kreatives Schreiben ist an keine besondere Form der Unterrichtsorganisation gebunden. Jedoch lassen sich schwerpunktmäßig drei Organisationsformen unterscheiden:
- als durchgängige Unterrichtsaufgabe und grundlegende Methode im Unterrichtsalltag und in allen Fächern
- als Schreibwerkstatt
- als Schreibecke

Vor allem *Schreibwerkstatt* und *Schreibecke* sollen hier ausführlicher vorgestellt werden, da zum Aspekt der durchgängigen Unterrichtsaufgabe schon einiges gesagt worden ist. Ebenso wird in den unterschiedlichen Fächern dieser Gesichtspunkt immer wieder thematisiert. Hier nur noch einige wenige grundsätzliche Anmerkungen.

## 3.1 Kreatives Schreiben im Unterrichtsalltag

Zwar sind Schreibwerkstatt und Schreibecke die optimalen Organisationsformen des kreativen Schreibens, doch nicht der gesamte Schreibunterricht und nicht jeder Schreibanlass lässt sich in Schreibwerkstätten organisieren und nicht überall eine Schreibecke einrichten. Aus diesem Grunde sollen die kreativen Schreibprozesse beim alltäglichen Unterrichten ein durchgängiges Prinzip sein, das sich unter bestimmten Rahmenbedingungen und in kleinen methodisch strukturierten Schritten realisiert. Merkmale, Funktionen und Methoden sowohl der Schreibwerkstättenarbeit als auch der Schreibecke werden in veränderter und der jeweiligen Schul- bzw. Klassensituation angepasster Form aufgegriffen.

*Kreatives Schreiben in kleinen, methodischen, strukturierten Schritten organisieren*

> **Einige Beispiele:**
> Zum Einstieg in ein neues Thema – in jedem Fach möglich – entwickeln die Kinder in einem *Cluster* ihre Ideen. Dies kann die Grundlage für eine schriftliche Weiterarbeit als auch für die Vorbereitung auf ein Kreisgespräch sein. Mündliche und schriftliche Kommunikation verzahnen sich so; der lernbereichsübergreifende Aspekt wird konkret.
> Oder: Zum Abschluss des Themas *Dritte Welt* im fächerübergreifenden Unterricht einer 4. Klasse fassen die Kinder ihre Lernergebnisse nicht in einem sachlich bestimmten Text zusammen, sondern in einem kreativen *Elfchen*.

Je nach Klassen- und Schulsituation als auch nach Lernbiografie von Kindern und Lehrern ist es sinnvoll, den Unterrichtsalltag schrittweise kreativ zu verändern. Immer wieder eingeführte kleine methodische Veränderungen des Schreibprozesses eröffnen Kindern große Lernchancen, langfristig das eigene Schreiben selbstverantwortlich zu gestalten.

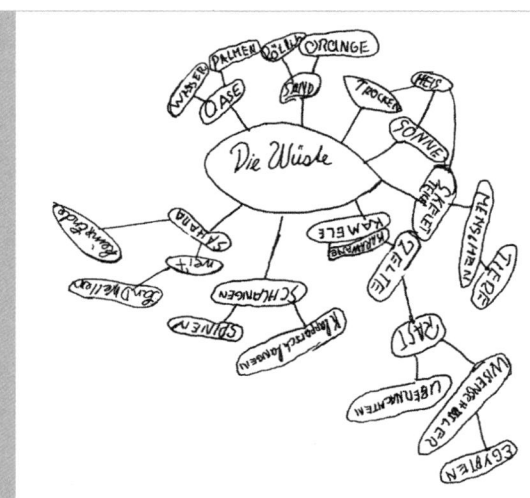

*Reza, Anfang 4. Schuljahr*

| | |
|---|---|
| Leben | Wasser |
| die Menschen | wir haben |
| die Menschen leben | viel Wasser – Afrika |
| die Menschen leben oft | hat nicht genug Wasser |
| leblos | Durst |
| *Manuel* | *Claudia* |

## 3.2 Die Schreibwerkstatt

*Das Handwerkliche betonen*

Die Schreibwerkstatt ist eine optimale Realisierungsmethode des kreativen Schreibens. Sie vermittelt mit dem Begriff *Werkstatt* das Handwerkliche, Technische, Experimentelle des Schreibens. In einer angstfreien und lustbetonten Atmosphäre bekommt das Schreiben in der Werkstatt *Ernstfallcharakter*.

Materialien, Methoden und das Wissen um ihre Handhabung machen für die Kinder das Schreiben erlernbar. Unterstützt durch individuelle Förderung und einfühlsame Beratung durch die Werkstattlehrerin, die Schreiblehrerin, lernt das Kind, schrittweise besser zu schreiben. Die Wirkung seiner Texte spiegelt sich in den Beobachtungen, dem Austausch in der Schreibgruppe und deren Kommentaren und konstruktiven Vorschlägen. Das gemeinsame Schreiben trägt nicht nur dazu bei, bessere Texte zu schreiben. Der Schreibprozess wird bewusster wahrgenommen, und eigene Schwächen und Stärken werden genauer erkannt. Die im gemeinsamen Schreiben erworbenen Fähigkeiten und Erkenntnisse wirken sich positiv auf spätere Schreibaufgaben aus, die alleine bewältigt werden müssen. In der Schreibwerkstatt kann sowohl individuell als auch kooperativ geschrieben werden. Kooperativ kann das gemeinsame Verfassen eines Textes (produktiv-kooperativ) und das gemeinsame Reagieren (reaktiv-kooperativ) auf den Text eines anderen bedeuten. *Reihum-Gedichte* oder *Reihum-Geschichten* sind z. B. kreative Methoden, die das gemeinsame Schreiben eines Textes fördern. Sie eignen sich besonders als Einstieg in die Schreibwerkstättenarbeit.

*Individuell und kooperativ schreiben*

Besondere Merkmale der Schreibwerkstatt sind:
- räumliche Abgrenzung zum alltäglichen Unterricht und zum Schreibunterricht
- Einrichtung des (Klassen-)Raumes mit Materialien, Stimuli, Methodenkästen usw., oder eine Schreibecke ist vorhanden
- freie Sitzordnung und Gruppensitzordnung
- der 45-Minuten-Takt ist durchbrochen; andere, in jedem Fall größere Zeiteinheiten; keine Hausaufgaben; individuelle Schreibzeit
- angstfreie Atmosphäre; keine Zensuren – aber: kreatives Bewerten
- schreibunsichere und -unmotivierte Kinder, aber auch die Lehrerin schreiben; Rolle des Lehrenden ändert sich
- behutsames und respektvolles Umgehen mit den Texten der anderen
- niemand wird gezwungen, vorzulesen

## Die Rolle der Schreiblehrerin

Die kreative Schreiblehrerin sollte sowohl Erfahrungen mit der eigenen Kreativität als auch mit dem eigenen Schreiben gemacht haben. Gelegenheiten dazu bieten Schreibwerkstätten verschiedenster Art, auch z. B. in Lehrerfortbildungen.

Kreative Prozesse bei sich selbst zuzulassen, eigene kreative Schreibkompetenzen zu entwickeln, kreative Methoden auszuprobieren, das Bewusstsein für den eigenen Schreibprozess zu schärfen und Erfahrungen mit dem

Schreiben in Gruppen zu machen, dies alles befähigt, Schreibprozesse und -produkte der Kinder besser zu verstehen und kompetent zu begleiten. Eine Atmosphäre des Verstehens und Vertrauens fördert sowohl die Kreativität als auch die Schreibentwicklung der Kinder.

*Kindertexte einfühlsam kommentieren und bewerten*

Die Schreiblehrerin initiiert den Schreibprozess und gibt Hilfestellung. Lehrende und Lernende bilden eine Schreibgemeinschaft, in der Texte miteinander geschrieben, vorgestellt, vorgelesen, bewertet und weiterbearbeitet werden. Die Freude am Schreiben sollte auch die Lehrerin ausstrahlen, sie wirkt ansteckend. Die Lehrerin hat selbst erfahren, dass sie in jedem Text auch ein wenig von sich selbst preisgibt: Die Texte der Kinder sind einfühlsam und vorsichtig zu kommentieren und produktiv zu bewerten.

## 3.3 Die Schreibecke

In einem kompetenzfördernden Schreibunterricht, der die individuellen und geschlechtsspezifischen Unterschiede beachtet, bietet besonders die Schreibecke viele Möglichkeiten (BAURMANN/POHL 2009, 92). Die Vorzüge der Leseecke sind bekannt; sie provoziert die Lust am Lesen und gibt Raum für individuelle Leseneigungen. Lesen kann man nur Geschriebenes – in Büchern, in Texten. Und: Lesen lernen Kinder am besten durch Schreiben. Warum nicht also auch eine Schreibecke? Oder vielleicht auch beides miteinander verbunden oder sich ergänzend.

*Raum geben für individuelle Schreibwünsche*

In der Leseecke sind die Bücher, in deren imaginierte Welt die Kinder sich einschreiben wollen, z. B. mit umgeschriebenen Textstellen aus der Perspektive einer Figur. Oder umgekehrt. In der Schreibecke werden die selbstverfassten Texte zu eigenen Büchern gebunden und zum Lesen in die Regale der Leseecke gestellt. Die Schreibecke gibt der spontanen Lust am Schreiben und gleichzeitig seinem handwerklichen Charakter Raum. Nicht selten haben Kinder Lust, jetzt und sofort etwas zu schreiben, sich zurückzuziehen, für sich zu sein, um schreibend ihre Gedanken zu entwickeln. Kreatives Schreiben braucht die Freiheit zur Entscheidung für die Kreativität.

Die Schreibecke erfüllt vier Funktionen:
- Sie gibt spontanen individuellen Wünschen Raum.
- Sie bietet einen „schreiber-differenzierten" Klassenunterricht und Raum für anregende Weiterarbeit am Text und das Vorlesen der Texte (ebd., 91).
- Sie stellt für freie Arbeit ebenso wie für
- die Schreibwerkstatt ein Depot mit Materialien und Schreibaufgaben zur Verfügung.

## Ausstattung

Als **Schreibort** soll sie eine mit den Kindern gemeinsam gestaltete, anregende und ästhetisch ansprechende Atmosphäre haben. Gleichzeitig muss sie so praktisch möbliert sein, dass Schreibwütige gleich loslegen können. Es sollten ein oder zwei fantasievoll gestaltete Schreibtische und am besten auch ein Stehschreibpult vorhanden sein. Ferner Tische und Regale für Schreibgeräte und Schreibmaterialien:

**Schreibgeräte** sind Bleistifte und Buntstifte verschiedener Stärken, Federn mit verschiedenfarbigen Tinten, Stempelkästen und eine Freinet-Druckerei, Computer mit (idealerweise) einem Farbtintenstrahldrucker.

**Schreibmaterialien** sind der Schreibuntergrund. Sie sollten möglichst zum Schreiben anregen, Orientierung bieten und individuelle Gestaltung ermöglichen. Kinder lassen sich durch bunte Blätter, verschieden große und eingebundene Bücher oder Hefte, durch unterschiedliche Linien und ungewöhnliche Formate für die materielle Seite des kreativen Schreibens sensibilisieren. Kinder orientieren sich vor allem zu Beginn des Schreibens an dem, was vor ihnen liegt.

Animieren und ermutigen zum Schreiben lassen sich Kinder natürlich besonders durch ausgesuchte **Schreibstimuli**, die in der Schreibecke gut platziert sein müssen (Regale, Tische, Pinnwand, Kästen usw.). Denkbar sind

- **Kästen** mit Muscheln, Steinen und anderen von den Kindern gesammelten Naturmaterialien.
- ein **Schatz-Regal**: Kinder sind Sachensammler und Schatzsucher. Auf dem Schulweg, zu Hause, überall finden sie Gegenstände, die sie lieben und die sie zum Geschichtenerzählen anregen. Ein Schatz-Regal bündelt die fantasierende und schreibende Energie (Merz-Grötsch 2010, 162). *Und so wird es gemacht*: Jedes Kind braucht einen Schuhkarton. Die Kartons werden aneinandergeklebt, die Innenseiten bemalt oder beklebt. Wenn das Regal fertig ist, wird es in der Schreibecke aufgestellt oder aufgehängt. Jedes Kind legt einen Lieblingsgegenstand hinein, der auch wieder ausgetauscht werden kann. Nach und nach schreibt jedes Kind seine Geschichte zu seinem Gegenstand auf ein farbiges Blatt, rollt es zusammen, umwickelt es mit einer Schnur und legt es ins Regal. Wer will, kann die Schatzgeschichten der anderen lesen, vorlesen, weiterschreiben und Antwort-Geschichten entwerfen.
- **Karteikästen, Mappen, Kästen, Pinnwände zum Aufbewahren von Bildmaterial**: Das können Postkarten, Fotos, Ausschnitte aus Zeitschriften, Kalender, Kunstdrucke usw. sein. Als brauchbar hat sich eine the-

matische Zuordnung erwiesen, z. B. alles Bildmaterial zum Thema *Baum, Haustüre, fantastische Häuser* oder *Fortbewegungsmittel.* Das Ordnen wird mit den Kindern gemeinsam vorgenommen. Es bietet reichlich Anlass, im Gesprächskreis die Zuordnung zu begründen, Geschichten dazu zu erzählen oder zu erfinden, usw. Außerdem können die thematischen Zuordnungen wechseln, neue hinzugenommen werden oder direkt zum Unterrichtsthema passend Themen-Tische eingerichtet werden.

> **Beispiel für ein Schreibarrangement**: Die Klasse möchte zum Thema *Haustiere* im Sachunterricht ein eigenes *Hunde-Buch* erstellen. Es werden Lexika, Sachbücher und -texte, Zeitungsmaterial (aktuelle Berichte, Meldungen), Bilder und Bücher sowie Geschichten und Gedichte zum Thema gesammelt und präsentiert. Die Lehrerin erarbeitet mit den Kindern ein Inhaltsverzeichnis. Diesem zugeordnet werden Schreibaufgaben, mit entsprechendem Material kombiniert. Jedes Kind ist angehalten, mindestens eine Schreibaufgabe seiner Wahl für das gemeinsame Buch zu übernehmen, kann aber natürlich auch mehr tun.

- **Bilderbücher, Bildwörterbücher** und **Kinderbücher** (S. 64 ff.), die besonders geeignet sind für selbsttätige Zugänge und spielerisch-experimentelles, produktives Umgehen mit literarischen Texten (wie z. B. das Unterrichtsmaterial zum kreativen Schreiben und Erzählen zum Kinderbuch von Elisabeth Stiemer „Spaß im Zirkus Tamtini", s. Böttcher/ Schröder 2005). Zunächst sollten im Deutschunterricht die verschiedenen methodischen Möglichkeiten des Umgangs erarbeitet werden. In einem zweiten Schritt werden dann die entsprechenden methodischen Anleitungen bzw. Schreibaufgaben groß- (DIN A5 oder A4) und sehr übersichtlich auf farbige Kartons geschrieben und mit Folie überzogen.

*Sammlung kreativer Schreibaufgaben*

- Eine solche Sammlung von kreativen **Schreibaufgaben** (Metzger 2008) ist das Herzstück einer Schreibecke. Zu den Schreibaufgaben gehören alle schon erarbeiteten kreativen Methoden und Anregungen. Die Schreibaufgaben können alphabetisch geordnet – Nebeneffekt: Kinder lernen das alphabetische Zuordnen – in einem Karteikasten aufbewahrt werden. Alternativ lässt sich analog mit dem Computer verfahren. Sie können in einer entsprechenden Auswahl bei den einzelnen Materialien oder Themen-Tischen liegen oder thematisch geordnet im Computer abgerufen werden. Oder die Kinder brauchen sie nur als methodische Erinnerungshilfe und nach Bedarf als Anregung, wenn sie selbst keine eigene oder bessere Idee haben. Weitere Schreibaufgaben ergeben sich aus verbaler Anleitung und handlungsorientiertem Material.

**Zwei Beispiele:**
**Material zum Geschichtenerwürfeln**: Vier ca. 5 cm große Holzwürfel, eine Palette von grünen, roten, gelben, blauen Klebepunkten (ca. 2,5 cm Durchmesser) sind Ausgangsmaterial. Zuerst wird das Spiel in Sechsergruppen gespielt. Jedes Kind hat von jeder Farbe einen Klebepunkt (= 4) und erfindet zwei Personen, einen Ort und eine Handlung. Am Ende dieser ersten Runde ist jeder der vier Würfel mit sechs Punkten beklebt.

Nun darf nacheinander jedes Kind die vier Würfel werfen und erwürfelt sich damit die Personen, den Ort und die Handlung für seine Geschichte. Nach einer Zeit können die Punkte ausgetauscht werden.

**Material für einen Kurzroman**: Das Verfahren ist als **Kurzroman** oder **Sukzessives Ergänzen von Satzanfängen** an mehreren Stellen (vgl. S. 98) beschrieben. Für die Arbeit in der Schreibecke stehen vier Dosen bereit, gefüllt mit verschiedenen, farbigen Streifen mit Satzanfängen (s. unterstrichene Wörter im Schülertext).

Die Satzanfänge sind teils von der Lehrerin, teils von den Kindern geschrieben. Will das Kind seinen Kurzroman schreiben, zieht es zunächst aus der Dose 1 den ersten Satzanfang und schreibt den Satz sofort auf seinem Geschichten-Blatt zu Ende. Das Gleiche geschieht mit Dose 2 usw. Der Kurzroman muss in vier Sätzen eine abgeschlossene Geschichte sein, der zuletzt noch eine Überschrift bekommt.

Die Kinder können die Streifen beliebig ergänzen und auch gemeinsam schreiben. Abwechselnd liest und schreibt dann mal das eine und mal das andere Kind.

---

Der Dieb
Es war einmal ein kleiner Hund.
Plötzlich lief er zur Metzgerin und klaute sich eine Wurst.
Sie lachte über den Dieb.
Fröhlich lief der Hund aus dem Laden, weil er keinen Ärger bekommen hatte.
*Schülertext 2. Schuljahr*

## 3.4 Vom Einstieg ins kreative Schreiben und wie es weitergeht

Grundlegende Sprachtätigkeiten wie Lesen und Schreiben sind schwierig zu erwerben. Dem Lesen wird mehr der Genuss, dem Schreiben mehr die Anstrengung zugeordnet. Kreatives Schreiben versucht, die Kinder zu dieser Anstrengung zu motivieren und ihnen beim Schreiben(-lernen) Freude zu vermitteln.

Mit Sprache zu experimentieren, sie selbsttätig zu entdecken, ihre Schönheit, ihren Witz sowie ihren Klang und Rhythmus zu genießen soll nicht nur gestattet sein, sondern muss anerkannt und gefördert werden. Nur in

*Kinder schreiben gerne*

einer angstfreien Atmosphäre werden keine Schreibhemmungen aufgebaut. Grundsätzlich schreiben Kinder gerne (Baurmann/Pohl 2009, 92), haben Vertrauen in ihr eigenes Können und keine Angst vor Normverstößen. Letztere sind ihnen noch nicht als solche bewusst und bilden von daher noch keine Scheren in den Kinderköpfen. Diese Schreibfreude nicht nur zu wecken, sondern vor allem zu erhalten ist wesentliches Ziel des kreativen Schreibunterrichts.

Der Einstieg ins kreative Schreiben soll so früh wie möglich mit dem Schreiben eigener Formulierungen und Texte beginnen, auch schon im 1. Schuljahr (Dehn 2007). Vielfältige Anlässe bieten den Kindern von Anfang an Gelegenheit, so oft wie möglich zu schreiben. Dabei muss jedoch anerkannt werden, dass nicht jedes Kind zu jeder Zeit schreiben will und kann. Die Schreibanlässe und -methoden sollen zunächst einmal kleine und einfache Schreibaufgaben beinhalten (Becker-Mrotzek/Böttcher 2006, 60 f.). Im 1. Schuljahr sind das z. B. Schlüsselwörter oder ein Schlüsselsatz zu einem vorgelesenen Bilder- oder Kinderbuch. Die kurzen schriftlichen Äußerungen stehen gleichberechtigt neben längeren Textproduktionen. Beide Varianten werden als je eigener, in sich vollständiger Text gewürdigt.

*Kleine Schritte und individuelle Hilfe*

Die Begrenzung der Schreibaufgabe und gelegentlich auch der Schreibzeit gilt in jedem Falle für die Kinder der 1. und 2. Schuljahre. Aber auch noch für alle Kinder im 3. und 4. Schuljahr bedeutet dieser kleinschrittige Weg Ermutigung und individuelle Hilfe. Gerade schreibschwächere Kinder brauchen kleine Schreibaufgaben, die die Anforderungen überschaubar und erfüllbar machen und ihre individuelle Schreibentwicklung und -fähigkeit berücksichtigen (vgl. Kritik an den Anforderungen für die Grundschule in den Bildungsstandards, Baurmann/Pohl 2009, 94).

Für schreibbegabte Kinder (und dies gilt auch unabhängig vom Alter) müssen schwierigere Schreibaufgaben in attraktiven umfassenderen Schreibarrangements zur Verfügung gestellt werden (evtl. in der Schreibecke). Sie fordern stärker die Selbstständigkeit im Lösen der Aufgabe, im sprachlichen Ausdruck, im Textaufbau und geben weniger an Struktur oder produktiven Begrenzungen oder Hilfen vor (Spinner 1994).

Im 1. und 2. Schuljahr kommt es also im Wesentlichen darauf an, die Kinder auf ihrem mühevollen Schreiblern-Weg zu ermutigen, jeden noch so kleinen Text zu würdigen und ihnen Anstöße zur weiteren Schreibarbeit zu geben. Alle Kinder möchten ihren Text als bedeutsam erleben und beachtet wissen. Sie möchten ihn präsentieren. Dies kann im gegenseitigen Vorlesen in Kleingruppen oder vor der Klasse geschehen.

Da die Texte rechtschriftlich meist schwer von anderen zu entziffern sind, sollte bei einer schriftlichen Präsentation die Lehrerin am besten die kleinen Texte orthografisch korrekt mittels Computer abschreiben und kopieren. Sie können dann mit dem Originaltext (z. B. im schülereigenen Textbuch) zusammen veröffentlicht werden.

In den beiden ersten Klassen ist das Ziel aller Bemühungen das Schreiben selbst. Weder ausdrückliche Planungs- noch Überarbeitungsprozesse sind von den Kindern dieses Alters zu leisten. Wohl aber können sie allmählich mit entsprechenden assoziativen Methoden (z. B. *Wörterbörse*) und Methoden zur Weiterarbeit (z. B. *Zeilenumbrecher*) auf den mehrschrittigen (und bewussten) Weg des Schreibprozesses – Ideen finden/planen, gestaltendes Schreiben, überarbeiten – geführt werden.

Je jünger das Kind ist, desto weniger adressatengerecht und kommunikations-adäquat kann es schreiben. Es schreibt assoziativ, kontext- und ichbezogen, und damit ist häufig nur ihm das Geschriebene verständlich. Kriterium für ein behutsames Besprechen des Textes nach dem Vorlesen ist die Verständlichkeit des Textes. Gemeinsam, d. h. entweder mit der Schülergruppe oder mit der Lehrerin im Dialog, wird nach verständlichen Ausdrücken, einem nachvollziehbaren Handlungsablauf gesucht. Gefundene Formulierungen werden probeweise eingesetzt. Die Wertung des Textes und eine positive Rückmeldung führen das Kind Schritt für Schritt in die kritische Distanz zuerst zu dem Text des anderen und schließlich zum eigenen.

*Kinder Schritt für Schritt in die kritische Distanz zum Text führen*

Ist dieser Schritt im Ansatz, auch emotional, akzeptiert und vollzogen, lassen sich konkretere methodische Maßnahmen durchführen: Aus dem erstellten *Cluster* zu einem Thema sucht das Kind z. B. die fünf wichtigsten Wörter aus. Sie sind die Kernwörter für einen dann zu erstellenden Text. Der erste bewusste Planungsschritt ist vollzogen. Anschließend wird der Text von der Lehrerin sehr groß auf Wortkarten geschrieben (Leerkarten sind vorhanden). Im Kreisgespräch oder in der Kleingruppe wird nach dem Vorlesen der auf Wortkarten geschriebene Text ausgelegt und auf gemeinsam erarbeitete Vorschläge hin umgestellt, ergänzt, ersetzt, verschoben. Das Schreiberkind entscheidet, welche Vorschläge es im Sinne einer Weiterarbeit bzw. Überarbeitung akzeptiert.

In den Klassen 3 und 4 wird dieser eingeschlagene Weg mit allen zuvor beschriebenen Aspekten weiterverfolgt. Die Phasen des Schreibprozesses werden nun mit den Methoden des kreativen Schreibens initiiert und entsprechende Kombinationen in Schreibaufgaben und -arrangements nicht nur weiter ausgebaut, sondern vor allem auch bewusster gemacht. Positives wird erfragt und herausgestellt: Warum wirkt dieser Text so anregend? Wa-

*Phasen des Schreibprozesses bewusster machen*

rum ist die sprachlich-stilistische Formulierung so gelungen? Warum ist dieser Handlungsablauf in der Geschichte so in sich rund und verständlich?, usw. Im Zentrum steht jetzt das Sprechen und Nachdenken über den eigenen und fremden Text und Möglichkeiten der Weiterarbeit (S. 68 f.).

## 3.5 Veröffentlichen und Präsentieren

In den Bildungsstandards im Kompetenzbereich „Schreiben – Texte verfassen" wird als weiterer Schreibanlass gesondert hervorgehoben: „Lernergebnisse geordnet festhalten und für eine Veröffentlichung verwenden" (KMK 2005, 14 f.). Damit wird die integrative Funktion des Verfassens von Texten nicht nur für den Bereich des Deutschunterrichts, sondern für das Lernen in allen Fächern betont. Die unten aufgelisteten Möglichkeiten spiegeln die fächerintegrativen als auch die neuen, medialen Formen des Schreibens wider (S. 162). In der Grundschule gehört beim Veröffentlichen und Präsentieren der Texte der Mut zum nicht Perfekten, zum Entwurf, zur Markierung auf einem langen Weg. Dies sollte auch immer wieder in Elternversammlungen geklärt werden.

*Wirkung des Textes an der Reaktion der anderen prüfen*

**Veröffentlichen** ist in einem prozessorientierten Konzept des Schreibens die letzte Phase des Herstellungsprozesses: Entwerfen, Planen, evtl. Über-/Bearbeiten und Veröffentlichen. Veröffentlicht werden heißt, den ersten Entwurf einem Partner, der Gruppe oder der Klasse vorzulesen, ihn der Wahrnehmung der anderen Schreibenden auszusetzen und seine Wirkung an der Reaktion der anderen zu prüfen. Veröffentlichen heißt auch, in gezielten und organisierten Sozialformen und Methoden den Text den anderen Schreibenden zur Diskussion zu stellen. Nicht zuletzt heißt Veröffentlichen, den vertrauten, intimen und geschützten Raum der Schreibgruppe zu verlassen und den Text einer Öffentlichkeit zu präsentieren, die den konkreten Schreiber, die Schreibaufgabe und Schreibintention nicht kennt.

> **Beispiel für die Benutzung des Internets**
>
> „Ein Fahrrad bei ebay® verkaufen."
>
> Schreibanlass und Schreibaufgabe sind: einen Gegenstand innerhalb eines Anzeigentextes so zu beschreiben, dass er bei ebay® zum Verkauf angeboten werden kann. Die Klasse kann dann zu Hause und im Unterricht die Wirkung ihres Angebots – und damit ihres Textes – beobachten (Merz-Grötsch 2010, 122 f.).

Der Text verliert so den Kontext seiner Entstehungsgeschichte. Er steht nur noch für sich und wird nach allen Kriterien der Schriftsprachlichkeit bewertet. Der *Ernstfall* ermöglicht dem Kind, zu erfahren, ob sein bearbeiteter Text „überzeugender auf Leser/Hörer wirkt, die Schreibaufgabe den schriftsprachlichen Normen entspricht, die Erwartungen des Verfassers umfassender erfüllt" (BAURMANN/LUDWIG 1996, 18) und die Art der Präsentation ankommt. Kinder sind motivierter, alle Phasen des Schreibprozesses (einschließlich auch der des Überarbeitens) ernsthaft zu durchlaufen, wenn sie erfahren, dass „es für Geschriebenes einen einsehbaren Schreibzweck und interessierte Leser gibt" (ebd., 19). Sie sollten so früh wie möglich an „authentische Lernszenarien" gewöhnt werden (BECKER-MROTZEK/BÖTTCHER 2006, 195 f.).

*Authentische Lernszenarien*

Kinder können ihre Texte in schriftlichen, medialen und mündlichen Kommunikationsformen, an unterschiedlichen Orten, in vielfältigen Anlässen und Situationen mit je anderen Adressaten usw. *veröffentlichen und präsentieren.*

Die folgende Liste ist mit Lehrerinnen in Fortbildungsveranstaltungen zusammengetragen worden:

### 1. Mündliche Formen: Lesen – Vorlesen
- Klassen-Vorlesen
- Gruppen-Vorlesen
- Lesestube/-treff
- Lesebühne
- Literarische Geselligkeit
- Vorlese-Abend für Eltern und Lehrer
- Lesenacht
- Vortrag mit selbstgemachten Instrumenten/Musikcollagen usw.

### 2. Schriftliche Formen
- Bücher (für jede und jeden, für die Klasse, als Geschenk), Leporello, Kalender
- Poesiealbum (die schönsten eigenen Texte nehmen)
- Lesezeichen mit Akrostichon zum eigenen Namen
- Litfaßsäule
- Wände (Schulhaus), Mobile
- Info-Plakate
- Schreiben auf dem Schulhof
- Gedichte-Wand
- Glückwunsch-, Grußkarten herstellen
- Gedichte-Bauchladen

- Gedichte-Karten
- Collagen
- Umriss vom eigenen Körper oder Schattenriss vom eigenen Kopf (Ich-Texte hineinschreiben)
- Ausstellung zu Themen und Texten
- Klassenschreibtagebuch
- Schulzeitung
- Homepage
- Portfolio

**3. Arbeiten mit Multimedia**
- Schreiben am Computer
- digitale Bildbearbeitung
- Beamer-Präsentation
- Feature erstellen (Ton/Video)

**4. Projekttage/Schulfest**

# Kreatives Schreiben in den Fächern

In den folgenden Kapiteln gehen wir der Frage nach, inwieweit kreatives Schreiben die Schreibkompetenzen der Grundschüler in einem integrativen, fächerübergreifenden Unterricht fördert.

Sprache ist in allen Fächern Lernmedium und Lerngegenstand zugleich. Es ist die Basis allen Lernens. Sprach- und damit Schreibkompetenzen helfen dem Schüler nicht nur, sich zu verständigen, sondern sich auch sein fachliches Wissen bewusstzumachen, darzustellen und anzuwenden. Schreibkompetenz ist immer aufs Engste mit der Sachkompetenz verknüpft (BECKER-MROTZEK/BÖTTCHER 2006, 59 f.). Indem das Kind schreibend lernt, lernt es auch das Schreiben. Durch sein Schreiben wird das Wissen generiert. Die Fächer bieten eine große Anzahl von Schreibanlässen und authentischen Schreibaufgaben. Vor allem jüngere Schüler bedürfen konkreter lebensnaher Formen des Lernens in sozialen Handlungszusammenhängen, so z. B. in Projekten, Schreibwerkstätten oder großen Schreibvorhaben (FIX 2006, 122 ff.). Kindern gelingen ihre Texte dann besonders gut, wenn sie sich auf ihr Wissen stützen können. Kreatives Schreiben bietet „entfaltendes", individuelles Schreiben, d. h. Schreiben zum Zwecke der Wissensbildung, der Entfaltung von Kreativität und zur Verarbeitung von Erfahrung. Es bereichert die Fächer durch methodisch „bewusst gestaltete(n) Inszenierung von Schreibsituationen" (SPINNER 1993, 18). Durch gezielt eingesetzte Verfahren und Schreibanlässe gestaltet das Kind kreativ schreibend sein Wissen, auch das spezifisch fachliche.

*Schreibkompetenz mit Sachkompetenz verknüpfen*

## 4.1 Deutsch – eigene Schreibkompetenzen entwickeln und bewerten

*Ingrid Böttcher*

Bildungspläne und Bildungsstandards der Länder (KMK 2004) weisen dem Fach Deutsch die Schlüsselrolle bei der Vermittlung von Schreib- und Textproduktionskompetenzen zu. Es hat die Aufgabe, die schriftsprachlichen Basiskompetenzen zu vermitteln, von denen die anderen Fächer profitieren. In den Bildungsstandards Deutsch für die Grundschule wird explizit zwischen Lernaufgaben und Aufgaben für Kinder am Ende der Klasse 4 unterschieden. Im Bereich „Schreiben – Texte verfassen" wird verlangt, dass die Kinder Texte und Textteile sowohl zu vorgegebenen als auch zu selbstgewählten Inhalten, Themen und Schreibanlässen verfassen, sich über ihre

*Kreatives Schreiben und Bildungsstandards*

Texte verständigen, sie bewerten, überarbeiten und veröffentlichen. Damit sind sowohl Schreibkompetenzen – analog den Phasen des Schreibprozesses (Planen, Formulieren, Überarbeiten) – als auch Textproduktionskompetenzen gemeint. In dem Kompetenzfeld „Texte schreiben" werden „zentrale Eigenschaften von Textprodukten sowie bestimmte Textfunktionen und Schreibanlässe thematisiert" (BAURMANN/POHL 2009, 7 f.). Erst am fertigen Schreibprodukt, am erstellten Text lässt sich ablesen, inwieweit Kinder über die betreffenden Fähigkeiten verfügen.

Texte zu schreiben ist für Grundschüler ein komplexer Lernprozess, der keine selbstverständliche Anforderung darstellt. KRUSE (2007, 137 f.), BECKER-MROTZEK (2004) und BAURMANN/POHL (2009) fordern von einem kompetenzorientierten Schreibunterricht, dass er den schrittweisen Aufbau der Schreibkompetenzen und die sozialkognitiven Entwicklungsstufen der Schüler beachtet. Das bedeutet, die Kompetenzanforderungen an ein für die Grundschüler angemessenes Niveau und den Schreibunterricht vor allem an den didaktischen Prinzipien der Reduktion von Komplexität und Stufung der Schwierigkeiten anzupassen. Der Schreibunterricht sollte die Kinder in ihrer Motivation zum Schreiben und Texte-Verfassen stärken, ihre Individualität und die Ausbildung ihrer Identität fördern. Die Kinder erfahren durch eine Vielfalt von Schreibanregungen, dass Schreiben sich lohnt und für sie (und die Gesellschaft) bedeutsam ist. Persönlich wichtige oder sogar existenzielle Themen fordern ihren individuellen Ausdruck. Die Kinder differenzieren so allmählich ihre Schreibkompetenz und finden im Schreibprozess ihre eigene, vor allem kreative Sprache.

Viele Standards und Zielvorstellungen des Kompetenzbereichs „Schreiben – Texte verfassen" gelten ebenso für kreatives Schreiben und für einen kreativ gestalteten Schreibunterricht, wie die Übersicht zeigt:

| Texte planen | Texte schreiben | Texte überarbeiten |
|---|---|---|
| • Schreibabsicht, Schreibsituation, Adressaten und Verwendungszusammenhang klären<br>• Sprachliche und gestalterische Mittel und Ideen sammeln: Wörter und Wortfelder, Formulierungen und Textmodelle | • Verständlich, strukturiert, adressaten- und funktionsgerecht schreiben: Erlebtes und Erfundenes; Gedanken und Gefühle; Erfahrungen<br>• Lernergebnisse in Portfolios festhalten<br>• Nach Anregungen (Texte, Bilder, Musik) eigene Texte schreiben | • Texte an der Schreibaufgabe überprüfen<br>• Texte auf Verständlichkeit und Wirkung überprüfen<br>• Texte bzgl. der äußeren und sprachlichen Gestaltung hin optimieren<br>• Texte für die Veröffentlichung aufbereiten und dabei auch die Schrift gestalten |

In einem „guten" kreativen Schreibunterricht gelingt es, die Schreibaufgaben in „motivationaler und affektiver Hinsicht ansprechend zu gestalten" und damit die angestrebte Schülerorientierung zu erreichen (Bremerich-Vos 2009, 26 f.). Kreatives Schreiben ermöglicht in besonderem Maße die Entwicklung individueller prozessbezogener Schreibkompetenzen in Verbindung mit grundlegenden und vielfältigen Methoden (vgl. Grundlagen). In seinen Vorgaben, Anleitungen und Kontexten lenkt es das Texteschreiben in unterschiedlicher – auch teils spielerischer – Form. Die kreativen Schreibanlässe und Schreibaufgaben machen aufmerksam auf verschiedene Textfunktionen, die ihrerseits wieder auf Textarten verweisen. Zum Beispiel in der Ausdrucksfunktion auf erzählende Texte (S. 60 f.) oder das Benennen von Gedanken und Gefühlen oder Bitten und Wünsche in poetischen Schreibversuchen der Kinder (S. 52 f.). In den kreativen Verfahren des Bearbeitens und Bewertens (S. 68 f.) erkennen und trainieren die Kinder wichtige Kriterien von Textarten und Mitteln schriftlicher Gestaltung, die sie im nächsten eigenen Text oder bei der Reaktion auf die Texte der anderen ausprobieren (Bildungsplan Grundschule Deutsch, Hamburg, 2003, oder Lehrplan Deutsch, Grundschule NRW 2008 der Kernlehrplan Deutsch, Grundschule, Saarland 2009).

## Kreative Schreibanlässe und Schreibaufgaben

Kreatives Schreiben betont den kreativen Prozess beim Schreiben und legt besonderen Wert auf den Einsatz von Schreibanlässen und Methoden, die diesen Prozess auslösen. Die Schreibanlässe geben hilfreiche Impulse und Strukturen vor (s. u.), die allerdings nicht zu komplex sein dürfen, da sie sonst für das Kind einen unüberwindbaren Widerstand bilden und zu Schreibblockaden führen. Andererseits helfen den Schreibenden „irritierende" Schreibimpulse (S. 14, Merkmale), um eigene Schreibaufträge zu finden und mit unterschiedlichen Textideen ihre Textentwürfe zu produzieren. Diese Lösungsentwürfe müssen im Schreibprozess ständig im Sinne einer Problemlösung überprüft werden. Dabei gibt es nie eine eindeutige Lösung, kein „Richtig" und „Falsch". Das Verfassen von Texten ist immer ein kreatives Problemlösen (Fix/Melenk 2002, 35 f.).

Kreative Schreibaufgaben, häufig integriert in komplexen Schreibarrangements, führen über die Beherrschung der Teilprozesse Planen – Verfassen – Überarbeiten zu einem ausgearbeiteten Text. Im Sinne der individuellen Förderung wie ebenso der Reduktion der Komplexität der Aufgaben sollten aber auch begrenzte kreative Teilaufgaben gestellt werden. Dabei können von den Kindern sowohl Teiltexte verfasst als auch Teilprozesse wie

*Einfache und komplexe Schreibaufgaben*

z. B. planendes Assoziieren geübt werden, indem sie Wörter finden und Ideen für ihre Texte strukturieren und vernetzen. Wodurch aber lassen sich Anforderungsniveau oder Schwierigkeitsgrad unterschiedlicher Schreibaufgaben bestimmen? Hilfreich dabei ist die von BECKER-MROTZEK/BÖTTCHER (2006, 60 f.) eingeführte Unterscheidung von „einfachen" und „schwierigen" Schreibaufgaben. Einfach sind jene, die „im Rückgriff auf vorhandenes Wissen" gelöst werden, z. B. über die Wörterbörse mit relativ unsortierten eigenen Ideen und Einfällen, oder über eine „einfache Geschichte". Schwierige Aufgaben hingegen erfordern, dass bei der Textproduktion „Gewusstes ... unter einer bestimmten Perspektive verändert wird", z. B. ein Gedicht nach Regeln („Schneeball") zu verfassen oder „komplexere Geschichten" zu Ende schreiben. Auf den Seiten 77 f. werden die Kriterientabellen zur Bewertung vorgestellt.

In den folgenden Kapiteln wird gezeigt, wie unterschiedliche Kompetenzstufen der Kinder an ausgewählten Schreibanlässen und Schreibaufgaben unterschiedlichen Schwierigkeitsgrades erreicht und von ihnen bewältigt werden können. Sie
- finden Wörter und vernetzen Ideen,
- gestalten Gedichte und erzählen Geschichten,
- bearbeiten und bewerten ihre eigenen Texte.

Die Zuordnung der Methoden zu den ineinandergreifenden Phasen des Schreibprozesses wird nach und nach von den Kindern bewusster vollzogen. Vor allem das Planen und Überarbeiten erfahren die Kinder als die Schreibhandlung vorantreibende Tätigkeiten. Sie werden damit auch erlernbar, was die beigefügten Beispiele veranschaulichen.

### Wörter finden – Ideen entwickeln

Schreiben beginnt im Kopf: Assoziationen stellen sich ein, Ideen entwickeln sich, vernetzen sich miteinander, und die Wörtersuche beginnt. Kreative Methoden helfen, die sprachliche Basis für den Formulierungsprozess zu finden, sie vertreiben die Angst vor dem leeren Blatt und eröffnen neue Perspektiven für Planung und Gestaltung von Texten. Gerade Kinder, die in ihrer Schreibentwicklung noch sehr dem spontanen und assoziativen Schreiben verhaftet sind, erhalten mit den assoziativen Methoden vernetzte und sprachliche Strukturen an die Hand. Es ist für sie in der Regel ein eher unbewusst ablaufender Prozess, der seine planerische Dimension aus der Methode heraus entwickelt. Wenn Kinder mit solchen Arbeitsmöglichkeiten vertraut sind, können sie zunehmend selbst entscheiden, welche assoziativen Methoden der Ideenstrukturierung oder Themenfindung sie vor der

Phase des Aufschreibens und Formulierens benutzen möchte. Häufige Anwendung, vielfältiger Einsatz und damit auch spielerisches Üben sichern den Lerneffekt im Schreiben.

Die Methoden sind sehr spielerisch, gesellig, und eröffnen schnell und ohne Belastung die Schreibsituation. Sie ermöglichen den Kindern, auf ungewohnte Art zu einer zufälligen Kombination von Wörtern zu kommen. Der Schreibprozess erhält dadurch viel Spannung und Eigendynamik. Es ist eine Art von kooperativem Schreiben: Kein Kind ist verantwortlich für die besondere Wortwahl und -kombination, keiner fühlt sich mit seiner Fantasie allein. Deshalb fällt auch das Vorlesen der Texte leicht.

*Kreative Methoden eröffnen schnell die Schreibsituation*

Die folgenden Methoden eignen sich besonders zum Einstieg ins kreative Schreiben, zum alltäglichen Training von Textteilen und zum Schreiben von einfachen erzählenden Texten.

Klopfwörter
Die Kinder sitzen in Gruppen von fünf bis zehn Teilnehmern und haben ein leeres Blatt vor sich. Jeder ist einmal der „Klopfer". Das erste Kind aus der Schreibgruppe klopft, und alle merken sich das Wort, das ihnen in diesem Moment durch den Kopf geht. Nun diktieren alle Kinder nacheinander dem Klopfer ihr Wort. Jetzt wird der Nächste „Klopfer". Am Ende hat jeder – je nach Gruppengröße – fünf bis zehn Wörter auf seinem Blatt. Mit allen Wörtern wird innerhalb eines festgelegten Zeitraums ein Text hergestellt (BRENNER 1990, 48).

Wörtersack
Die Kinder erhalten einen aus farbigem Karton ausgeschnittenen Sack und die Aufgabe, für eine längere Reise ihre wichtigsten Wörter aufzuschreiben und in den Sack zu füllen. Angekommen am Reiseziel (z. B. einsame Insel, Berghütte) werden sie dann mit diesen Wörtern eine Geschichte schreiben. Jedes Kind füllt nun den Sack mit zehn Lieblingswörtern, bindet ihn oben zu und gibt den Sack an seinen linken Nachbarn weiter. Dieser schreibt, nachdem er

*Wörtersack von Julia*

alle Wörter gelesen hat, noch ein letztes zusammenfassendes, ergänzendes oder kontrastierendes Wort dazu und reicht den Sack zurück. Das vom Nachbarkind hinzugefügte Wort muss in der Überschrift der Geschichte enthalten sein. In Kapitel „Medienbezogenes kreatives Schreiben" (S. 166) wird analog ein Wörterboot vorgestellt.

### Wörterkoffer

Ein Koffer (Rucksack, Korb usw.) wird von den Kindern mit frei assoziierten Wörtern auf Wortkarten geschrieben oder besser noch mit realen Gegenständen von zu Hause bestückt. Jedes Kind darf nun drei Wortkarten oder drei Gegenstände herausnehmen und dem Nachbarn auf den Tisch legen. Seine Geschichte muss alle drei Wörter oder Gegenstände enthalten. Eine Überschrift vervollständigt die Geschichte am Ende.

### Akrostichon

Das Akrostichon ist ein antikes Schreibspiel, ähnlich wie das **Abecedarium**. Die Buchstaben eines Wortes senkrecht untereinandergeschrieben bilden jeweils den Anfang eines neues Wortes, Satzes oder einer Wortreihe. Das vorgegebene Wort hat die Funktion eines Themas. Durch assoziatives, aber auch gezieltes Denken unter einem bestimmten Zusammenhang werden Wörter gefunden und kombiniert. Eine verdichtete Aussage in einem gestalteten Text ist das Ergebnis. Einzuordnen wäre das Akrostichon auch unter die Kategorie *Schreiben eines Gedichtes nach formalen Kriterien oder Regeln*. Das Beispiel (S. 47) entstand nach einem Atelierbesuch bei einem belgischen Maler. Zurück in der Schule verfasste jedes Kind ein Akrostichon zu seinem beim Besuch gefundenen Wort: Maler, Farbe, Hodiamont, Katze, Kunst, Mosaik, Werke. Alle Texte wurden zu einem Buch gebunden und dem Maler als Dankeschön geschickt.

### Automatisches Schreiben

In meditativer Stille sitzen die Kinder mit gezücktem Stift vor einem leeren Blatt. Der Schreibstart beginnt frei, mit einem selbstgewählten oder einem vorgegebenen Thema. Dies kann ein Reizwort, eine Frage, ein kurzer Satz oder eine Zeile aus einem literarischen Text sein – aber auch Musik, ein Bild, Gerüche oder ein Gegenstand. Ab Schreibstart soll innerhalb eines bestimmten Zeitraums dem assoziativen Fluss oder Film im Kopf folgend unaufhörlich geschrieben werden. Sollte der Assoziationsfluss stocken, so wird das zuletzt geschriebene Wort so lange wiederholt, bis er wieder in

Gang kommt. Nach ca. drei bis zehn Minuten stoppt die Lehrerin das Schreiben.

Die Ursprünge der „écriture automatique" gehen auf die Psychologie zurück, ANDRÉ BRETON übertrug das Konzept auf die Literatur. BRETON und die Surrealisten betrachteten das automatische Schreiben als „ein Denk-Diktat ohne jede Kontrolle durch die Vernunft" (BRETON 1977, 26). Es dürfen sowohl Sätze, Satzstücke, Wortketten, einzelne Wörter geschrieben als auch Fehler gemacht werden; es soll folglich nicht auf die Regeln der Orthografie, der Grammatik und der Interpunktion geachtet werden.

Die Methode wird verwendet, um den Schreibstart zu erleichtern oder um Schreibblockaden abzubauen. Durch den unterbewusst gesteuerten Schreibfluss erhält der Schreiber neue Ideen bzw. neue Kombinationen von Ideen oder Assoziationen. Teilweise werden so auch unterbewusste Eindrücke und Erlebnisse verarbeitet. Für Kinder hat das schnelle unkontrollierte Schreiben darüber hinaus noch die Funktion des *Warmschreibens*. Eingebaut in den täglichen Unterricht ist es eine unerschöpfliche Quelle für neue Ideen, unerwartete Bilder und kreative Versprachlichungen. Haben die Kinder sich erst an das Ungewöhnliche des Verfahrens gewöhnt, möchten sie es bald nicht mehr missen und werden es selbstständig als Schreibeinstieg und Ideenspender an.

Weiterarbeiten kann man mit den automatischen Texten, indem
- ein Wort – das beste, wichtigste, liebste – unterstrichen und zum Thema für einen lyrischen oder erzählenden Text wird;
- wenige (3–5) Wörter unterstrichen werden. Dies sind die **Kernwörter**, die in einem anschließenden Text weiterverarbeitet werden (S. 45);
- eine größere Auswahl von Wörtern (10–15) unterstrichen wird und diese als Kernwörter das assoziative und/oder planerische Gerüst eines lyrischen Textes werden (S. 53, Textreduktion);
- eine ausgesuchte Zeile oder ein markierter Satz der erste in einem Rondel wird.

**Wörterbörse**

Jedes Kind erhält ein Blatt, in dessen Mitte oder am oberen Rand ein Thema steht. In vorgezeichneten Kästen (6–10) notiert es schnell und gut leserlich seine Assoziation in einem Wort (Verben, Adjektive, Nomen). Anschließend legt es seine Wörterbörse zum Austausch auf den Tisch. Jeder liest die Wörterbörsen der anderen und sucht sich ein Wort oder auch mehrere aus und notiert sie auf einem Blatt. Die ausgesuchten Wörter können sowohl eigene als auch fremde sein, oder eigene Wörter dürfen nicht verwendet werden. Die getauschten Wörter sind das Ausgangsmaterial für einen kleinen Text – „einfache Schreibaufgabe" – zu einem ausgewählten Thema.

Die Wörterbörse ist eine Ideenbörse, in der eigene Ideen und fremde Assoziationen zu einem Thema getauscht werden. Sie hilft jedem Kind, über seinen eigenen begrenzten Wortschatz hinaus neue Sprachbilder aufzunehmen. Deutlich werden bei diesem Verfahren die unterschiedlichen Schreibtypen:

- Einige Kinder haben schon beim Ausfüllen der Wörterbörse ihren Text-Plan fest im Kopf; sie sammeln nur noch die eigenen Wörter oder tauschen nur die, die dazu passen.
- Andere Kinder lassen sich beim Tausch von einem besonderen Wort anregen, entwickeln daraus eine Text-Idee und sammeln dann nur dazu passendes Wortmaterial.
- Wieder andere Kinder greifen nur zu ungewöhnlichen, für sie neuen und nicht zusammenpassenden Wörtern; sie beginnen spontan mit dem Schreiben des Textes und lassen sich dabei von dem provokativen Wortmaterial auf immer neue Wege führen.

*Nadja*

Die Tauschsituation bringt nicht nur Bewegung, sondern zusätzlich viel Motivation in die Gruppe.

Mit dem nebenstehenden Beispiel ist Ende des 2. Schuljahres eine Schreibwerkstatt eingeführt worden, um zu erfahren, welche Schreibbedingungen Kinder dieses Alters sich wünschen. Schreibend sollten sie etwas über sich selbst und die anderen, aber auch über das Schreiben an sich erfahren. Beim Vorlesen der Texte ergab sich ein sehr nachdenkliches, aufschlussreiches Gespräch über das eigene Schreiben, das nicht ohne Folgen für die Arbeit in der Schreibwerkstatt geblieben ist.

## Cluster

Das Verfahren (cluster: engl. = Büschel, Gruppe, Anhäufung) ist von Rico in ihrem Buch *Garantiert schreiben lernen* ausführlich beschrieben worden. Es ist „ein nicht lineares Brainstorming-Verfahren" (Rico 1984, 27), bei dem sich aus der Methode heraus ein strukturelles Ideennetz entwickelt. Das Cluster stellt sowohl neue oder miteinander neu kombinierte Ideen und Assoziationen zur Verfügung als auch in den Assoziationsbüscheln eine Gliederung des Themas (S. 51).

Das Verfahren lässt sich einzeln oder in der Gruppe durchführen. Zur Einführung in der Schule empfiehlt sich das Gruppenverfahren: Auf jedem Tisch liegt ein großes leeres Blatt (DIN A1), in dessen Mitte eingekreist das Kernwort oder ein anderer Schreibimpuls steht. Die drei bis fünf Kinder der Gruppe gehen still um ihren Tisch herum, lassen ihre Gedanken schweifen und schreiben auftauchende Assoziationen zunächst mit dem Kernwort verbunden auf und kreisen diese ein. Die Form des Kreises regt den schöpferischen Prozess an. Jeder liest ziellos, was der andere geschrieben hat und schreibt da weiter, wo ihm spontan etwas einfällt. Jede aufgeschriebene Assoziation (keine Sätze) wird mit einem Strich verbunden und wiederum eingekreist usw. Das Verfahren wird

- von der Gruppe beendet, wenn sie das Gefühl hat,
  - am Ende des Assoziationsstroms angekommen zu sein,
  - einen eigenen Schlüsselbegriff für die Weiterarbeit gefunden zu haben,

– in der Lage zu sein, einen zusammenhängenden (Kurz-)Text zu formulieren.
• von der Lehrerin abgebrochen, vor allem bei jüngeren Kindern oder schreibungeübten Gruppen.

Nach dem Schreiben können die Kinder an die anderen Gruppentische gehen und die anderen Cluster lesen. Zur Weiterarbeit bieten sich in allen Fächern vielfältige Möglichkeiten an:

*Möglichkeiten zur Weiterarbeit in allen Fächern*

• Initiierung des Schreibprozesses und der Textproduktion durch Ideenstrukturierung, Themenfindung und -gliederung (vgl. Dunjas Text)
• Reservoir für Ideen und Wortschatz
• Thematische Vorbereitung für Diskussion und Gespräch

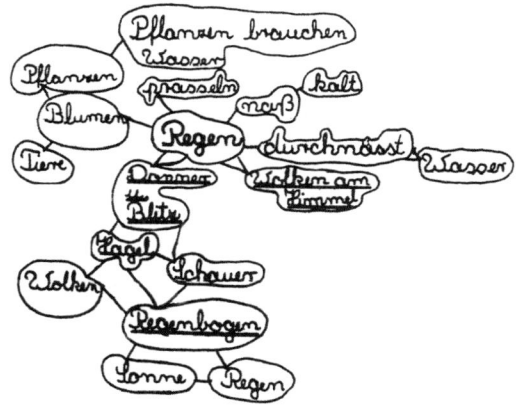

*Dunja*

• Einstieg in ein Unterrichtsthema: „Was wissen die Kinder zu diesem Thema?" – „Wie ist das Thema in den Köpfen der Kinder strukturiert?" – „Welcher Wortschatz steht den Kindern zur Verfügung?" usw.
• Innere Differenzierung: Leistungs- bzw. schreibschwache Kinder werden integriert, indem sie Hilfen zur Versprachlichung bekommen

- Zusammenfassung als Zwischen- oder Endbilanz eines Themas
- Blitzlicht in schriftlicher Form
- Schreibgespräch

Die Fantasiereise

Die Fantasiereise ist eine aus der Gestaltpädagogik übertragene Anregung zum ganzheitlichen Lernen und kreativen Schreiben. „Bei der Fantasiereise wird das Verstandesdenken erweitert um Übungen des Visualisierens (absichtliches Erzeugen von Vorstellungen) und der Imagination (spontanes Auftreten-Lassen von Bildern)" (Müller 1997, 5). Die Kinder kommen so zu individuellen Assoziationen, Bildern, auch Sprachbildern, Erzähltexten und Gedichten. Kognitive und kreative Prozesse werden gleichzeitig stimuliert und erhöhen den Anreiz zum Schreiben und gleichzeitig den Lerneffekt.

Ich war eine Wolke
Ich wurde das Meer.

Ich war eine Wolke.
Ich flog über das Meer.
Ich spielte mit dem Wind nachlaufen.
Er war der Fänger.
Er zwang mich zu laufen, fliegen.
Plötzlich blieb er still.
Ich war überrascht und fühlte mich schwer und weinte.
Tränen wurden Tropfen.
Viele und immer mehr.
Ich löste mich auf.
Und teilte mich mit dem Meer.
Wir wurden immer größer.
Plötzlich spüre ich meine, meine Wärme, ich spüre meine Fantasie.
Ich liege im Bett, ich.
Langsam wird mir klar: es war ein Traum.

Nina

*Zeichnung und Gedicht einer Schülerin nach einer Fantasiereise* (Böttcher/Hilger 1993)

Das Verfahren gliedert sich methodisch in eine einleitende Entspannungsphase zum Loslösen aus der Alltagsrealität, in die Durchführung der Fantasiereise, das Zurückholen in die Realität und in das anschließende Auswerten. Das Auswerten kann über Malen, Erzählen oder Schreiben erfolgen. Meist wird eine Mischform angewendet – die *halbgelenkte* Fantasiereise, bei der die Vorgabe eines thematischen Rahmens dem zuhörenden Kind genügend Raum für eigene Imaginationen lässt.

Es ist sehr anregend, die Anfänge von Geschichten, die nach einer Fantasiereise geschrieben wurden, zu sammeln und sie einzeln auf Karteikarten geschrieben mit dem entsprechenden Bild als Arbeitsmaterial in der Schreibecke zu deponieren. So können die in der Fantasiereise gewonnenen und gestalteten Imaginationen für die selbstständige Arbeit der Kinder fruchtbar werden.

### Gedichte – poetische Schreibversuche

„Lyrik nervt!" Unter diesem Titel veröffentlichte ANDREAS THALMAYR (2008) alias HANS MAGNUS ENZENSBERGER eine „erste Hilfe für gestresste Leser", denn, so seine These: „Jeder kann etwas mit Gedichten anfangen – und tut es auch. Kein Kopf, in dem es nicht von Gedichten wimmelt: von Kinderreimen, Liedern, Werbeslogans und wer weiß nicht alles. Aber woher kommt dann die weitverbreitete Abneigung gegen Lyrik? Treiben die Experten so vielen den Spaß an tanzenden Wörtern aus?" (ebd., 2) Enzensberger setzt dem eine wunderbare Lyriklehre entgegen, die mit der Frage nach dem „Was ist eigentlich ein Gedicht?" beginnt und mit der Anleitung zum Selbermachen endet. Solche Anleitungen bietet das kreative Schreiben (vgl. auch THALMAYR 1985, WALDMANN 1988, HUMMELT/SIBLEWSKI 2009). Die Experten, gemeint sind wohl die Lehrenden, sollten gerade so früh wie möglich den Grundstein für Lyrik-Verständnis und poetische Schreibversuche legen. Kinder brauchen Gedichte. Kinder lieben Gedichte. Sie erfahren sie mit allen Sinnen, fühlen sich wohl mit ihnen, auch oder gerade, wenn sie sie nicht so schnell verstehen (ANDRESEN 1993). Gedichte sind komplex, und man muss Kindern viel Zeit und Muße geben, sich mit ihnen vertraut zu machen.

*Poetische Schreibversuche so früh wie möglich*

Schreiben zu Gedichten und Selbstversuche im Dichten haben längst Einzug in den Unterrichtsalltag der Grundschule gehalten und sind in den Bildungsstandards verankert (SCHULZ 2009). Kinder sollen einerseits behutsam mit den Kunstwerken umgehen und sie aber auch als etwas Gemachtes erfahren. „Nicht so als wäre ein Gedicht etwas ganz Besonderes, etwas für Eingeweihte, etwas, von dem die allermeisten gar nichts kapieren können."

(THALMAYR 2008, 9 f.) Auch Kinder erkennen so schon unterschiedliche Perspektiven auf Wirklichkeit – ihre eigenen und die der anderen. Neben einer grundlegenden literar-ästhetischen Lernentwicklung wird so auch die soziale und emotionale Entwicklung des Einzelnen und der Gruppe gefördert.

Elfchen
Das „Elfchen", ein Gedicht aus elf Wörtern bestehend, wurde im Mai 1988 von JOS VAN HEEST auf der ersten internationalen Tagung zur Schreibbewegung (Veranstalter: Projekt Kreatives Schreiben an der RWTH Aachen, Leitung: SPINNER/BÖTTCHER) vorgestellt. Seitdem ist es aus dem kreativen Methodenrepertoire nicht mehr wegzudenken. Die Qualität des Elfchens hängt von der Qualität des abschließenden Wortes ab. In einem gelungenen Beispiel ist dies der alles entscheidende Punkt, der aus der Wortsammlung einen poetischen Text macht. Deshalb sollte dieser Aspekt auch mit Grundschulkindern von Anfang an erarbeitet werden. Ein gelungenes Beispiel kann dies zeigen, oder man erarbeitet sukzessive gemeinsam ein Elfchen. Schreibt man ein *Reihum-Elfchen*, lässt sich in der Vorleserunde zeigen, wie die jeweiligen Kinder ihr abschließendes Wort zu den gemeinsamen Texten gefunden haben.

---

**Regeln für das Elfchen**
1. Zeile: ein Wort     – ein gefundenes Wort / Thema / Idee / Gefühl, Stimmung …
2. Zeile: zwei Wörter – Zu wem kann das erste Wort passen? Gegenstand, Person …
3. Zeile: drei Wörter – Wo oder wie ist das in Zeile 2 Genannte? Was tut es?
4. Zeile: vier Wörter – noch mehr über das in Zeile 2 Genannte erzählen
5. Zeile: ein Wort     – abschließendes Wort: Pointe / Gegensatz / Ergänzung / Provokation …
- je nach Thema ändern sich die Zeilenanweisungen oder
- nach dem – gefundenen – ersten Wort kann nach den Regeln frei geschrieben werden.

---

Das folgende Beispiel ist nach dem Verfahren *Elfchen und Antwort-Elfchen zu Gegenständen* entstanden. Aus einem Koffer von Gegenständen (S. 46) wählt jedes Kind einen Gegenstand und schreibt dazu auf ein DIN-A4-Blatt ein Elfchen. Blatt und Gegenstand werden in die Mitte des Raumes gelegt. In der zweiten Runde wählt jeder nun ein anderes Blatt mit Gegenstand und schreibt unter das Elfchen ein Antwort-Elfchen. Gemeinsam wird abschließend eine Überschrift gefunden.

**Eine alte Taschenuhr**

| | |
|---|---|
| Großvater | Ja |
| hör doch | mein Kind |
| wie unruhig: tikkkitikkk | lass sie nur |
| gleich bleibt sie stehen | einmal steht alles still |
| still | Leben |
| *Timm (4. Klasse)* | *Marion (4. Klasse)* |

Wie das Elfchen gibt es noch andere Gedichtformen, die der Methode „*Schreiben nach Vorgaben, Regeln und Mustern*" (S. 25) zuzuordnen sind. Richtig verstandene Regeln begrenzen nicht, sondern regen die Kinder an, machen neugierig und lassen sie in ihren eigenen poetischen Schreibversuchen lyrische Strukturelemente und neue Schreibformen entdecken. Die verschiedenen Schreibformen basieren meist auf moderner Lyrik. Deren eigenwillige, expressive und experimentelle Formen als auch ihr weitgehender Verzicht auf ein festgelegtes Metrum, Reim- und Strophenbauschema erleichtern das Schreiben. Die Kinder können spielerisch-entdeckend mit Sprache umgehen und schreibend den Gedichten auf die Spur kommen. Immer bewusster machen sie sich die lyrischen Strukturelemente zu eigen: Verdichtung, Abweichung von der Alltagssprache, Metaphorik, Klang (Reim und Strophe), Rhythmus/Wiederholung und freie Verse.

**Textreduktion**

Dieses Schreibverfahren ermöglicht den Kindern, einen vorgegebenen bzw. selbstgewählten literarischen Text oder einen z. B. beim automatischen Schreiben selbstverfassten Text zu verdichten. Sinn des Verfahrens ist das Finden von *Kernwörtern* eines Textes und deren Unterstreichung (max. 10–15 Wörter). Die unterstrichenen Wörter werden gesondert aufgeschrieben. Der so gewonnene Text ist wie ein Assoziationsnetz. Er kann in dieser Form als verdichteter Text stehengelassen werden oder als Ausgangspunkt einer erneuten Textproduktion dienen. Dabei können dann ähnlich wie beim Zeilenumbrechen linguistische Proben (GLINZ 1952) durchgeführt werden: also Umstellen, Wegstreichen, Ergänzen, Ersetzen und Wiederholen (BÖTTCHER 1993, 24 f., und 1983).

## Gedicht mit allen Sinnen

Den Kindern gelingt es mit diesem Verfahren, die Alltagssprache zu überwinden, eigene Bilder und kühne Metaphern zu finden. Mit dieser Form lassen sich besonders Gefühle oder abstrakte Begriffe wie Freude oder Traurigkeit beschreiben (S. 119 f.). Weitere Themen: Sonne – Regen – Garten – Frieden – Freundschaft – Schule – Bäume – Jahreszeiten. Diese Gedichtform eignet sich nicht nur für sehr junge, sondern auch für leistungsschwache Kinder.

Ähnlich wie das Elfchen und die Schneeballgedichte lassen sich in dieser Form die Eindrücke, Erkenntnisse und Lernergebnisse am Ende einer Unterrichtseinheit zusammenfassen. Der Beispieltext entstand am Ende der fächerübergreifenden Einheit (Schwerpunkt: Sachunterricht) zum Thema „Meine Welt – deine Welt – unsere Welt".

*Jörg*

## Akrostichon

Die Kinder verdichten assoziativ nach visuellen Kriterien bzw. Vorgaben einen thematischen Zusammenhang zu einer geschlossenen Sinnaussage (Methodenbeschreibung und Beispiele s. S. 47).

## Schneeballgedicht

Es handelt sich bei diesem Schreibspiel um ein Kunstspiel. Es ist von der 1960 in Paris gegründeten literarischen Künstlergruppe OULIPO, die noch heute existiert, formuliert worden. Ziel der Gruppe war und ist, literarische Regeln nach mathematischen Grundsätzen zu entwickeln und Schreibzwänge zu erfinden, die für weitere Textproduktionen zu nutzen sind. Durch die „ästhetische Funktion des Formzwangs" (BOEHNCKE 1993, 9) entsteht ein neues Verhältnis von Bedeutung und Material. Durch die Reduktion von Wörtern und Sätzen eröffnen sich ungeahnte neue sprachliche Möglichkeiten. Für das Verfahren hat die Gruppe mehrere Kombinationen entwickelt, die im Schwierigkeitsgrad variieren. Alle diese Variationen haben jedoch gemeinsam, dass jedem einzelnen Wort ein hoher Stellenwert

Die einfache Form des Schneeballs beginnt mit einem Wort. Jede neue Zeile enthält dann ein Wort mehr, der Schneeball „rollt" sich auf:

Die Umkehrung dessen ist der schmelzende Schneeball, er endet mit einem Wort:

Zusammengesetzt ergeben diese beiden Formen eine Raute, einen **Gegensatz-Schneeball**:

oder eine **Diabolo**-Form, bei der in der Mitte des Blattes ein Wort steht und darauf zu- bzw. weggeschrieben wird:

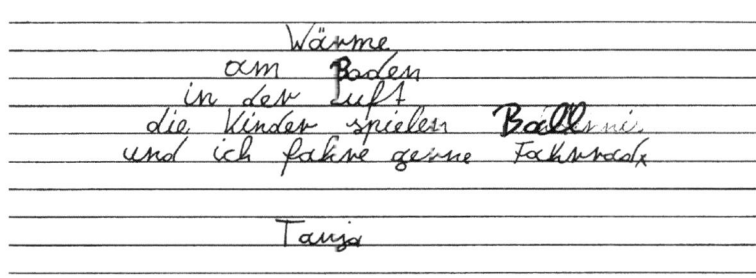

zukommt. Gerade durch diese Prägnanz vermitteln Schneebälle besonders intensiv Gefühle und Stimmungen.

Die Schneebälle können alleine oder in der Gruppe erstellt werden. In der Gruppe geschrieben bedeutet, dass sich die Kinder auf die Gefühle der anderen einlassen müssen. Anfangs fällt dies Kindern schwer, deshalb sollte man mit einfachen Formen beginnen, z. B. zu den Themen Frühling und Schule.

Das entscheidende Wort – am Anfang und am Ende oder in der Mitte eines Schneeballs – können Kinder aus ihrem Cluster, der Wörterbörse, dem automatisch geschriebenen Text oder literarischen Texten entnehmen. Kennen die Kinder das Verfahren, können sie selbst die Form oder Variante bestimmen. Ein Kriterienkatalog zum Schreiben und Bewerten von Schneeballgedichten steht auf Seite 79.

Rondell

Methode und Beispiel sind auf S. 100 ausführlich dargestellt.

Kindern gelingt es besonders gut, gerade diese Form mit eigener Sprache, Freude an der Wiederholung und der spezifischen Klanggestalt dieses Musters auszugestalten. Benutzt werden vorgegebene, selbst gefundene oder aus literarischen Texten ausgewählte Zeilen oder Themenvorgaben wie z. B. „Blitzlicht" (Meerbuscher Kulturkreis 2007) oder der besondere „Augenblick" usw.

> **Beispiel: Thema „Augenblick"**
> Die Kinder tragen im gemeinsamen Gespräch ihre Erlebnisse, ihre Erfahrungen zusammen. Jeder notiert sich ein bis drei Wörter, die ihm am besten gefallen. Aus diesem Material wird die erste Zeile des Rondells geschrieben. In Zeile 4 und 7 wiederholt, steht fast schon die Hälfte des Gedichts. Zeile 2 wird frei assoziiert und in Zeile 8 wiederholt. Die Zeilen 3, 5 und 6 finden die Kinder dann fast schon mit sportlichem Eifer.

| Der Moment | Nur ein kurzer Augenblick |
|---|---|
| In diesem einen Moment | Nur ein kurzer Augenblick |
| stürzt das Haus ein. | und das Tor fiel: |
| Dann kommen die Flammen. | 1:0 stand es. |
| In diesem einen Moment | Nur ein kurzer Augenblick, |
| hört man Schreie – | der Pfiff vom Schiri wehte durch die Luft: |
| und es ist alles zu spät. | Alles jubelte. |
| In diesem einen Moment | Nur ein kurzer Augenblick |
| stürzt das Haus ein. | und das Tor fiel. |
| *Simon (9)* | *Sebastian (9)* |

Diese beiden Texte sind in einer Schreibwerkstatt zum Literaturwettbewerb „Schreibtalente" (ebd., 43 und 137) entstanden.

Im Sinne eines schreiber-differenzierten Unterrichts (BAURMANN/POHL 2009, 90 f.) muss auch die Schreibaufgabe „*Gedicht nach Vorgaben und Muster verfassen*" den geschlechtsspezifischen Unterschied zwischen Jungen und Mädchen beachten. Dies gilt vor allem hinsichtlich des Vorwissens, dessen Bedeutsamkeit für das Schreiben und der Generierung im Schreibprozess: Simon und Sebastian haben motiviert die strenge Vorgabe des Rondells, die Offenheit des vorgegebenen Themas und die Freiheit der inhaltlichen Ausarbeitung mit den für sie besonders relevanten Inhalten „Katastrophe" und „Fußball" in einem gelungenen Text bewältigt. Beide Jungen sind als positiv in ihrer Schreibeinstellung als auch schreibgeübt einzuschätzen. Das zeigt sowohl die Teilnahme am Schreibwettbewerb als auch das Textprodukt. Anders als bei Mädchen muss gerade bei Jungen die Freude am Schreiben besonders gefördert und gesichert werden.

Nicht nur für geübte Schreiber ist das Verfahren ermutigend, sondern auch für Schreibanfänger und schreibschwache Kinder.

### Zeilenumbrechen

Weiteres zu Methode und Beispiel ist auf S. 71–72, 94 f. dargestellt.

Das Zeilenumbrechen ist eine der effektivsten Verfahren, da es die Kinder befähigt, freie Verse zu einem lyrischen Text zu formen, der sich durch den besonderen Rhythmus deutlich von der Alltagssprache unterscheidet. Die senkrechte Wortanordnung in Versen verhindert ein schnelles und flüssiges Lesen und zeichnet sich durch stärkere Betonung und eine größere Anzahl von Pausen aus. Jede Zeile ist eine Sinneinheit und je nach Anordnung eine Art der Interpretation, drückt also ein bestimmtes Sinnverständnis aus (WALDMANN 1988, 15).

Mit der Arbeit am freien Vers können auch Kinder schon eine Antwort darauf finden, welche Merkmale Lyrik im Unterschied zu Prosa aufweist (THALMAYR 2008, 10 f.). Außerdem eignet sich dieses Verfahren sowohl zur Produktion als auch zur Revision von Texten (S. 70).

Eine Einführung in das Verfahren des Zeilenumbrechens gelingt sehr gut mit dem Gedicht „Ein Satz" von WENZEL WOLF (in: HANKE 1989, 143). Er macht deutlich, wie aus einem Prosatext ohne besondere rhythmische Struktur mithilfe visueller Veränderungen ein lyrischer Text entsteht.

Beim Vorlesen merken die Kinder, dass sich der Rhythmus durch die neue Zeilenordnung verändert hat und sie am Ende automatisch eine Pause machen. Worte, die allein in einer Zeile stehen, werden besonders betont. Zu einem selbstgewählten oder vorgegebenen Thema schreiben die Kinder nun einen Kurztext von ein bis drei Sätzen. Anschließend brechen die Kinder den Text in Zeilen um. Mehrere Versuche verdeutlichen die durch die jeweilige Zeilenanordnung unterschiedliche Sinnaussage.

| *Ein Satz* | *Beruhigungsstein* |
|---|---|
| *Ein Satz, den man so schreibt,* | Wenn ich böse oder sehr aufgeregt oder |
| *ist kein Gedicht.* | genervt bin, dann nehme ich den kühlen |
| | Stein und halte ihn in meiner Hand und |
| *Ein Satz,* | warte ab, was passiert. |
| *den man so schreibt,* | |
| *wird ein Gedicht.* | Wenn ich böse |
| | oder genervt |
| *Ein Satz,* | bin, |
| *den man* | dann nehme |
| *so* | ich |
| *schreibt,* | den kühlen Stein, |
| *ist ein Gedicht –* | halte ihn |
| | in meiner Hand |
| *so ein Gedicht.* | an meinen Kopf |
| WENZEL WOLFF | und warte. |
| | *Karen, 9 Jahre* |

Beim Umbrechen werden von den Kindern automatisch, d. h. weitgehend unbewusst, sprachliche Änderungen (Umstellungen, Ergänzungen usw.) vorgenommen. Nach und nach sollte man ihnen diese operationalen Verfahren (GLINZ 1952) bewusstmachen und die Anwendung üben (BÖTTCHER 1993b). Kreatives Schreiben und sinnvolles Üben stellen ja keine Gegensätze dar.

*Operationale Verfahren anwenden*

## Geschichten – schreibend erzählen

„Erzählen kann jede(r)!" Kinder erst recht. Kinder erzählen von dem, was sie bewegt, was für sie erzählwürdig ist. Die Inhalte ihrer Geschichten können erfunden, alltäglich, erlebt, erlesen, erträumt oder imaginiert sein. Erzählen ist eine genuin menschliche Fähigkeit. Erzählen erleben Kinder in ihrem Alltag in mündlicher Form, in der Schule steht das schriftliche Erzählen im Vordergrund. Beim mündlichen Erzählen sind die Zuhörer entscheidend. Beim schriftlichen Erzählen ergeben sich zwei Bezüge. Primär ist die Ausdrucksfunktion des erzählenden Textes für das schreibende Kind. Sie ermöglicht ihm ein subjektives, authentisches und kreatives Schreiben (BÖTTCHER/BECKER-MROTZEK 2003, 58 f.). An zweiter Stelle steht die gemeinschaftsstiftende Funktion; sie etabliert eine Erzählgemeinschaft und lässt den Zuhörer oder Leser teilhaben an der Geschichte des Kindes.

*Erzählen ermöglicht subjektives, authentisches und kreatives Schreiben*

In den Bildungsstandards werden solch grundlegende Textfunktionen entsprechenden Schreibanlässen zugeordnet. Hilfreich für die Praxis sind Ergänzungen von Textsortenkonzepten – wie z. B. erlebte Geschichte, Fantasiegeschichte, ... (BAURMANN/POHL 2009, 77 f.). Die Methoden des kreativen Schreibens geben nicht nur den motivierenden Anlass, den thematischen Bezug, sondern zielen gleichzeitig auf die Bau- bzw. Strukturelemente des Erzählens. Vom ersten assoziativen über das chronologische bis hin zum gegliederten und textsortenfunktionalen Erzählen entwickelt das Kind seine narrative Schreibkompetenz. Neue Forschungen gehen davon aus, dass diese in den Kompetenzstufen erworbenen Teilfähigkeiten sich integrativ entwickeln (ebd., 81–84).

*Narrative Schreibkompetenz entwickeln*

Erzählen hat in der Schreibdidaktik der Grundschule eine lange Tradition, geprägt vor allem durch die **Erlebniserzählung**, eine rein schulische Form ohne Entsprechung im Alltag oder in der Literatur. Das traditionelle Erzählschema Einleitung – Hauptteil – Schluss wird als problematisch gesehen. Die neue Erzähltheorie betont die flexible Kombination der Strukturelemente: Erzählanlass, Orientierung, Komplikation, Auflösung, Schluss-Coda-Moral. Ihre Reihenfolge und Gewichtung ist nicht von einem vorher festgelegten Schema (Einleitung, Hauptteil, Schluss) abhängig, sondern von:
- Kommunikationssituationen,
- dem erzählwürdigen Erlebnis, der Sache,
- der Art des Erzählens,
- der Erzählabsicht des Schreibers.

Entsprechend können auch die Formen des Erzählens nicht trennscharf als *die* Erlebniserzählung, *die* Fantasieerzählung usw. eingeteilt werden. Es ist immer der Schreiber selbst und seine Wahrnehmung, der bestimmt, was real und fiktiv ist. Das Kriterium „authentisch und wahrhaftig" lässt sich nur im Kontext von Gesamttext, Schreibanlass/-aufgabe und Person des Schreibers sehen. Die (Er-)Kenntnisse aus solcherart verstandenen Texten sind nicht nur wesentlich beim Planen, Produzieren und Überarbeiten von Erzähltexten, sondern ebenso entscheidend beim Bewerten (S. 67 f., 77 f.).

Die Methoden des kreativen Schreibens zum Erzählen-Lernen lassen sich zusammenfassen zu spielerischen Schreibanregungen (*Wörter – Sätze – Texte, Wörterkiste*), Methoden zu Regeln und Vorgaben, orientiert an Erzählelementen (*Geschichten erwürfeln, Reihum-Geschichten, Fantasiereise, Bilderbuch*), und zum Schreiben zu literarischen (Erzähl-)Texten: eine *Geschichte zu Ende schreiben, zusammensetzen, erweitern*. Diese produktorientierten Formen leisten einen besonderen Beitrag zur Reduktion der Komplexität der Schreibaufgaben und der Stufung der Schreibanforderungen (BAURMANN/POHL 2009, 93 f.).

Einige **spielerische Schreibanregungen** haben wir bereits vorgestellt: *Klopfwörter, Wörtersack, Wörterkoffer* sowie mit ausgewählten Wörtern aus dem *Akrostichon*, dem *automatischen Schreiben*, dem *Cluster* und der *Wörterbörse* kürzere oder längere Geschichten schreiben. Alle Verfahren lassen sich in der Gruppe durchführen und fördern das auf Kommunikationssituation und Hörer ausgerichtete Erzählen.

*Reduktion von Komplexität und Stufung der Schreibanforderungen*

Kinder hören gerne zu, wenn die Geschichten persönlich, neu und anders sind, also nicht die dritte Variante zu der immer gleichen Bildgeschichte erzählt wird.

Die **Schreibmethoden zu Regeln und Vorgaben**, die sich an Erzählelementen orientieren, haben unterschiedliche Schwerpunkte. Die regelgeleiteten Methoden initiieren ein spielerisches Umgehen mit Sprache und transportieren dennoch implizit Bauelemente des Erzählens. Dank des spielerischen Charakters sind die Verfahren sehr motivierend, sodass sich ungewollt ein Übungseffekt einstellt.

**Schreiben zu literarischen (Erzähl-)Texten** bezieht sich sowohl auf Kurzprosa als auch auf längere epische Texte (z. B. Kinder- und Jugendbücher) und eignet sich als Anregung zum schriftlichen Erzählen in besonderem Maße. Sowohl der produktive Literaturunterricht als auch der literarisch-kreative Schreibunterricht haben vielfältige Methoden zur Verfügung gestellt (WALDMANN 1984, SPINNER 1994). Eine kurze Auswahl wird vorgestellt.

### Wörter – Sätze – Texte

In einer Gruppe (sechs bis acht Mitglieder) denkt sich jeder ein besonders schönes oder bedeutsames Wort aus, schreibt es auf einen Zettel und wirft ihn in die Mitte des Tisches. Alle Wörter werden vorgelesen, jeder schreibt alle Wörter auf. Jeder schreibt eine Geschichte, in der alle Wörter vorkommen müssen.

### Wörterkiste

Statt die Gegenstände aus dem Wörterkoffer und aus der Hosentasche zu ziehen, lassen sich auch auf Wortkarten geschriebene Wörter aus einer Kiste holen. Mit drei bis fünf Wörtern aus der Kiste wird eine kleine Geschichte geschrieben. Wörterkisten sind auch ein geeignetes Material für die Schreibecke (S. 32 f.).

### Geschichten erwürfeln und Landschaftsmalerei

Beide Verfahren betonen das Konstruierte und Ausgedachte von Geschichten. Sie machen aufmerksam auf den Zusammenhang von Figuren, Orten und Handlungen. Der Zwang, aus dem vorliegenden Material etwas zu machen, provoziert die Kreativität. Häufig bereitet die Ausarbeitung und die Verbindung der Figuren untereinander oder mit dem Ort oder der Handlung Schwierigkeiten. Hintergrund ist oft die „Erzähl-Biografie" der Kinder: Ihr narratives Wissen ist angereichert mit den Helden und Geschichten aus Buch, Computer, Film und Fernsehen. Sie greifen bei einer mehr offenen Aufgabe auf Bekanntes zurück und nutzen es im kreativen Kontext. Deshalb sollten Bewertungskriterien wie „Klischee" usw. vermieden werden; denn die Kinder müssen langsam ihren Erzählweg, die eigene Sprache und ihr Geschichten-Vokabular finden (Fix/Melenk 2003, 34 f. und Becker-Mrotzek/Böttcher 2006, 142 f.).

*Erzähl-Biografie der Kinder beachten*

### Reihum-Geschichten

Die beiden hier vorgestellten Varianten orientieren sich an einem groben Phasen-Erzählmodell: Eine Geschichte fängt an, wird fortgesetzt und findet einen Schluss. Die Kinder müssen sich mit sprachlicher Flexibilität und inhaltlicher Fantasie auf die jeweiligen Vorgaben der anderen einlassen. Die Methode lenkt die Aufmerksamkeit auf das Problem der inhaltlichen und textuellen Kohärenz von Texten. Dies macht Kindern bewusst, dass Texte aus Sätzen und Textteilen bestehen, die sinnvoll aufeinander bezogen sein müssen. Bei der 2. Variante wird noch zusätzlich durch die gezogenen Wörter das Verbinden von heterogenen Elementen geschult. Jedes neue Wort verlangt eine neue, andere Planungsschiene.

**1. Variante**: In Vierergruppen schreibt jedes Kind mit drei Sätzen den Anfang einer Geschichte und reicht diese nach links weiter. Das Gleiche gilt für die 2. und 3. Runde. In der 4. Runde muss die Geschichte abgeschlossen werden. In der 5. Runde erhält jede Geschichte eine Überschrift, dann wird vorgelesen.

**2. Variante**: Jedes Kind schreibt auf drei bunten Wortkarten spontan je ein Wort (alle Wortarten möglich), die Karten werden in einem Korb gesammelt und in der Mitte des Raumes deponiert. Auf dem ausgeteilten Arbeitsblatt ist vermerkt, dass für jeden Teil der Geschichte (Anfang, Fortsetzung, Schluss) eine Wortkarte zu ziehen ist. Nach der 1. Runde wird das Arbeitsblatt verdeckt auf den Tisch gelegt. Für die nächste Runde werden je eine Wortkarte und ein Arbeitsblatt gezogen. Das Kind der 3. Runde schreibt den Schluss der Geschichte und die Überschrift.

Fantasiereise
Methoden, die mit meditativen und sprachlichen Vorgaben arbeiten, nutzen die durch den Impuls ausgelöste Imagination und das damit verbundene innere Erleben des Kindes. Fantasiereisen geben im Anleitungstext viele Erzählelemente vor. Durch die meditative Vermittlung macht sich das Kind die fantastischen Vorstellungen schneller zu eigen. Das Kind versprachlicht nur das, was es berührt und betroffen macht. Es wählt aus, bewertet. Das imaginierte Ereignis wird zum erzählwürdigen Erlebnis und gibt damit den Impuls zum Erzählen (S. 51 f., 105 f.).

Stimuli
Schreibanregungen finden sich an vielen Stellen des Buches, Schreiben zu Gegenständen habe ich im Abschnitt *Wörterkoffer* bereits vorgestellt (S. 46). Hier ein Beispiel: Özlem, ein eher zurückhaltendes und leistungsschwaches türkisches Mädchen aus der 3. Klasse, wurde durch die drei ausgesuchten Dinge (Postkarte, Koffer, Armband) richtig lebhaft und sehr motiviert, den Text auf der folgenden Seite zu schreiben. Als die Kinder die Geschichte gehört hatten, fragten sie, wann Özlem das letzte Mal in der Türkei gewesen sei. Özlem erzählte stolz, dass sie in den Sommerferien wieder hinfliege. Das ganze Thema interessierte die Kinder sehr. An der Geschichte wird deutlich, wie durch das Erzählen eine Unmittelbarkeit entsteht, die Betroffenheit auslöst und Probleme vergegenwärtigt.

**Reise nach Marokko**
Es war einmal ein Mann, der war Marokkaner.
Einmal ging der Mann zu einer Wüste. In der Wüste
war ein Zauberer, der wohnte allein.
Einmal ging der Marokkaner zu der Wüste und
traf den Zauberer. Der Zauberer sagte:
„Nimm das <u>Zauberarmband</u>
und den <u>Koffer</u>
und noch dazu die <u>Zauberpostkarte</u>."
Der Mann ritt wieder mit seinem Kamel nach Hause.
Da wollte er zaubern mit seinem Armband.
Er zauberte, daß er reich werden solle, und das wurde er.
Am nächsten Tag zauberte der Mann mit seiner Postkarte.
Er zauberte, daß er in der Türkei wohnen solle. Das erfüllte sich auch.
Am nächsten Tag zauberte er mit seinem Koffer.
Er zauberte, daß er viel zu essen hätte. ...
*Özlem, 9 Jahre*

Bilderbuch
Bilderbücher führen Kinder zur Schriftlichkeit und können als stimulierende Schreibanregung für Erzähltexte genutzt werden. Die Spannweite reicht von ersten Ergänzungen der Bilder mit einem Schlüsselwort über erste Sätze bis hin zu kleinen erzählerischen Ausgestaltungen (SPINNER 1992, 53 f.). Möglichkeiten für das Arbeiten mit Bildern und Wörtern sind:
- zu Wort und Bild weitere Wörter, Sätze und Texte formulieren
- Geschichten dazu schreiben
- drei Wörter und Bilder assoziativ ausformulieren, die nicht zusammenpassen, und aus dem Gegensatz eine Geschichte schreiben
- Wort und Bild sind Überschrift, Einleitung oder Illustration zu einer Geschichte, einem Gedicht
- Bilder als Beginn oder Ende einer Geschichte, Wörter im Text einbauen

Weitere Anregungen finden sich in SPINNER 1994.

Eine Geschichte zu Ende schreiben
- Der Anfang (Orientierungsteil) einer Geschichte wird vorgegeben.
- Eine Geschichte wird an einer prägnanten Stelle abgebrochen.
- Eine Geschichte ohne Schluss wird zu Ende geschrieben.

- Eine vollständige Geschichte wird über das möglichst offene Ende hinaus weitergeschrieben bzw. ein anderes Ende gefunden.
- Der „erste Satz" eines Kinderbuches ist antizipativ oder am Ende der Lektüre Ausgangspunkt eines eigenen Textes.

### Eine Geschichte abbrechen: Beispiel

**Die Geschichte vom kleinen und …**

*Da kam ein einsames großes H auf seinen zwei Beinen einhergestelzt. „Ich bin auch so allein wie du", sagte das große H, „komm, gehn wir zusammen!" „Nein, ich will nicht", sagte das kleine und, „da müsste ich ja immerzu bellen." „Na dann eben nicht", sagte das große H und wollte um die nächste Ecke biegen, aber die Ecke hielt es fest. „Bleib bei mir", sagte die Ecke, und das große H blieb.*
*Das kleine und ruhte sich im Schatten der neuentstandenen Hecke aus. Ein Weilchen lag es besänftigt im Blätterrauschen, dann begannen wieder die Tränen zu rinnen. „Ich bin so schrecklich allein!", schluchzte es. Da kam …*
Franz Fühmann (1981)

… ein großes F und sagte: „Komm wir gehen zusammen!" „Nein, dann lande ich vieleicht im Fundbüro", sagte das und. Da ging das F zu dem e und sie taten sich zusammen. Das und ging mit der Fee ein bisschen und weinte: „Ich bin ja so allein, ich armes und." Und da auf einmal hörte das und Stimmen, die es schon einmal gehört hatte, es dachte: „Mein Satz?" „Nein, aber wir sind ein anderer Satz. Sollen wir es mal zeigen?" „Ja!", sagte das und. „Sonnenschein Sommer sind das gleiche, aber doch etwas anderes", sagten sie. Das kleine und sagte: „Aber da fehlt noch was!" „Ja, ein und." „Ich", sagt das und: „Ich!" Das und war jetzt in dem Satz: „Sonnenschein und Sommer sind das gleiche, aber doch etwas anderes!" Zwischen Sonnenschein und Sommer war das und sehr glücklich.
*Karen, 9 Jahre*

### Eine Geschichte zusammensetzen

- Der Mittelteil einer Geschichte soll um Anfang und Schluss ergänzt werden.
- Die Geschichte liegt als Löchertext vor, also mehrere Teile fehlen.
- Der Anfang einer Geschichte fehlt und wird rekonstruiert.

Anfang und Schluss einer Geschichte finden: Beispiel

**Der kleine dumme Zauberlehrling**
Der kleine Zauberlehrling wollte einmal ein ganz Behrümter und großer Zauberer werden. Einmal zauberte der dumme Zauberlehrling lachende Kürbisse die an den Straßenlaternen hangen. Und alle Leute gruselten sich. Beim anderen mal zauberte er rissen Wolken obwohl er Sonne zaubern wollte.
*Ein anderes Mal machte er aus Versehen Hagelkörner, die waren so groß wie Fußbälle. Überall lagen sie auf den Straßen herum, und die Autos kamen nicht von der Stelle.*
*Um sich endlich alles zu merken, ...*
... kukte er ins Zauberbuch. Doch es klappte auch nicht als er Regen zaubern wollte. Und so zauberte, er viele Jahre hin und her, bis er eines Tages ein großer und mächtiger Zauberer war.
Ende.
*Peter, 8 Jahre (Mitte 3. Schuljahr)*

Eine Geschichte erweitern
- Eine Kürzest-Geschichte wird „über den Rand hinaus" ergänzt und geschrieben (S. 72). Auch folgender Text von WOLF WONDRASCHEK ist dazu geeignet:

*Eine Frau verkauft auf der Straße einen Hundertmarkschein für fünfundneunzig Mark. Der Geldschein ist echt. Die Passanten machen einen Bogen um die Frau. 15 Minuten später muss sie im Präsidium sehr schwierige Fragen beantworten.*
WOLF WONDRASCHEK

- Eine angedeutete Handlung wird ausfabuliert.
- Träume und Dialoge von Figuren werden hinzuerfunden.
- Briefe an und von den Figuren werden geschrieben.
- Innere Monologe einer Figur werden erfunden.
- In einer Geschichte werden Figuren aus verschiedenen Büchern zusammengeführt.

Weitere Anregungen finden sich in SPINNER 1997; MERZ-GRÖTSCH 2010, 165 ff. Ein Kriterium zum Überarbeiten und Bewerten von komplexen Geschichten steht auf Seite 77.

## Kreative Texte bewerten, bearbeiten, beurteilen

In den Bildungsstandards wird in dem Kompetenzfeld „Texte überarbeiten" von den Kindern verlangt, dass sie Texte an der Schreibaufgabe auf Verständlichkeit und Wirkung überprüfen und sie im Hinblick auf die äußere und sprachliche Gestaltung und Richtigkeit optimieren. Ebenso sollen die Texte für eine Veröffentlichung und Präsentation aufbereitet werden. Mit dem Ausbau dieser Teilkompetenzen ist auch besonders für den kreativen Schreibunterricht ein sehr hoher Anspruch verbunden. Je motivierter und intensiver in den jeweiligen Klassen geschrieben wird, desto mehr Texte werden produziert. Der meist lustvolle Schreibprozess und das gelungene Schreibprodukt wollen von der Lerngemeinschaft, also Schüler und Lehrer, gewürdigt werden. Schüler fordern für ihre kreativen Leistungen eine bewertende Rückmeldung geradezu ein!

*Schüler fordern für ihre kreativen Leistungen eine Rückmeldung*

### Kreative Texte und Leistungen bewerten

Jedem Bewerten (BÖTTCHER/BECKER-MROTZEK, 2003, 77 ff.) liegt – unbewusst oder bewusst – ein Wertmaßstab zugrunde, der sich in Form von Kriterien beschreiben lässt. Jeder Bewertungsvorgang ist für Schüler und Lehrer mit dem Bemühen um Verstehen verbunden. Die Bewertung ist Grundlage jeder Art von Überarbeitung und Überarbeitungshilfen, aber auch gleichzeitig für das Beurteilen und evtl. das Benoten. Beurteilen drückt sich in mündlichen und schriftlichen Lehrerkommentaren und Lernentwicklungszeugnissen aus und sollte in der Grundschule immer ein „förderndes Beurteilen" (BAURMANN 2002, 121) sein. Benoten ist die Zusammenfassung einer Leistung in einer Ziffernnote. Die Notengebung hat im Zusammenhang mit den Bildungsstandards ein neues Gewicht bekommen; entsprechende Kritik hat u. a. FIX in RÖSCH (2005, 111 f. und 220 f.) formuliert.

Kreatives Schreiben sollte nur bewertet und benotet werden, wenn im kreativen Schreiben kontinuierlich mit kreativen Schreibverfahren und Schreibaufgaben gearbeitet wird. Die Benotung kann, sollte aber so selten wie möglich in der Grundschule vorgenommen werden, um den Zielen des kreativen Schreibens, z. B. der Freude am Experimentieren mit Sprache, nicht entgegenzuwirken.

*Kontinuierlich mit kreativen Schreibaufgaben arbeiten*

Übereinstimmend fordern heute die Fachdidaktiker, dass im kreativen Schreibunterricht die kreativen Leistungen bewertet werden sollten, unentbehrlich dafür sind schülerorientierte Bewertungskonzepte und Kriterien und Kriterienkataloge. BÖTTCHER/BECKER-MROTZEK (2003) haben für die Grundschule drei relevante und praktikable Bewertungskonzepte entwickelt: *lernerorientierte, schreibprozessorientierte* und *kriterienkatalogori-*

entierte Bewertungsverfahren. Alle drei beziehen sich nach didaktischen und unterrichtspraktischen Gesichtspunkten auf offene, freiere kreativ-assoziative Schreibaufgaben wie auch auf geschlossene, d. h. im Anschluss an eine (literarische) Textvorlage oder nach formalen kreativen Regeln produzierte Schülertexte.

*Lernerorientiertes Bewerten*

Im *lernerorientierten* Konzept gleicht die Bewertung mehr einer Rückmeldung auf die entstehenden Schreiberprodukte, hat Beratungscharakter und fördert die Schüler in ihrer Schreibentwicklung. Es ist eine Art dialogischer Prozess zwischen Schüler und Lehrer, der im optimalen Fall bei schreibgeübten und älteren Grundschülern auf den für offene, kreative Schreibaufgaben gemeinsam erarbeiteten offenen Kriterienkatalogen (S. 74, 76, 77–79) beruht. Bei eher geschlossenen bzw. gebundenen Aufgaben sind mögliche Anhaltspunkte solche wie: Wirkung der Textüberschrift, das Einhalten der Textartkriterien (z. B. erzählende oder beschreibende Texte) bzw. das Einhalten der Regeln und Vorgaben der kreativen Methoden, Situation und Adressatenbezug (vgl. Bildungsstandards).

*Prozessorientiertes Bewerten*

Das *prozessorientierte* Verfahren ist zur Bewertung kreativen Schreibens sehr geeignet, denn dieses versteht sich in besonderem Maße als prozessorientiert. Die Bewertung bezieht sich nicht mehr nur auf den fertigen Text, sondern auf den Schreibprozess in seinen Teilprozessen. Wie in den Grundlagen dargestellt, verlaufen die Phasen der Teilprozesse nicht linear, sondern rekursiv und interaktiv. Je nach Lernsituation, dem Lernentwicklungsstand des Schülers und der Schreibaufgabe können die Teilkompetenzen des Schreibens mit unterschiedlichen Prioritäten bewertet werden. Gerade beim kreativen Schreiben sollte in den beiden ersten Schuljahren der Schwerpunkt auf der Stärkung der Schreibmotivation liegen: „Viel schreiben mit Lust!" Im dritten und vierten Schuljahr soll der eigene Schreibstil gefördert, Ideenfindung und Textformulierung ausgebaut und die Bereitschaft und Fähigkeit zum Weiterschreiben und Überarbeiten allmählich aufgebaut werden.

### Kreative Texte bearbeiten und überarbeiten

*Allmähliche Entwicklung von lokal begrenzten zu textbezogenen Revisionen*

Je wichtiger dem Kind sein eigener Text ist, desto mehr Sorgfalt wird es auf den gesamten Prozess des Schreibens verwenden. Überarbeitungen sind zentrale Bestandteile von Schreibprozessen und gehören so zum Gesamtvorgang der Textproduktion. Revisionen beginnen rein gedanklich während des Schreibens im Kopf des Schreibers (Prätextrevisionen, WROBEL 1995) oder beziehen sich auf Niedergeschriebenes. Erst das Überarbeiten von Formulierungen und Texten verleiht dem Text oft seine endgültige Gestalt. Dabei geht es nicht um richtig oder falsch, sondern um gelungen oder weniger gelungen. Diese Art der Textbewertung verlangt unter prozessbezogener Perspektive eine kritische und distanzierte Lesersicht. Bei Kindern im Grundschulalter entwickelt sich diese erst schrittweise im Laufe der Schreibentwicklung von lokal begrenzten zu textbezogenen Revisionen.

Dies bedeutet, Kinder überprüfen in ihren eigenen Texten zunächst anhand der Schreibaufgabe die produktorientierte Seite ihrer Schreibhandlung: ob Wörter oder Sätze schreibmotorisch, orthografisch oder grammatisch richtig geschrieben sind, vielleicht auch stilistisch angemessen. Bei Auffälligkeiten und Unstimmigkeiten wird lieber der gesamte Text neu geschrieben. Mit dem Ziel, die Überarbeitung langfristig anzubahnen, sollten Grundschulkinder grundsätzlich und so früh wie möglich erfahren, dass es eine Schreiberperspektive und eine Lesersicht gibt. Je flexibler die Kinder zwischen beiden Perspektiven wechseln können, desto mehr wird ihre Schreibkompetenz ausgebaut (ABRAHAM/KUPFER-SCHREINER 2007).

Die Überarbeitungsfähigkeit muss sehr behutsam gefördert werden und sollte neben einer echten qualitativen Verbesserung den Sinn und Inhalt der Texte möglichst wenig verändern. Denn dem Inhalt ihrer Texte sind die Kinder noch am meisten verhaftet: Er macht die Authentizität ihrer Texte aus. In ihm formulieren sie ihre Sicht und Wahrnehmung der Wirklichkeit und realisieren im kreativen Schreiben ihre Suchbewegung auf dem Weg zur eigenen Identität.

So fällt es Kindern zuerst schwer, eigene Texte zu bearbeiten und damit die entsprechende Distanz zu ihrem Schreibprozess und Schreibprodukten zu gewinnen. Als Basis ihrer revidierenden Tätigkeiten sollten Kinder zunächst fremde, d. h. von anderen verfasste Texte oder von der Lehrerin bereitgestellte Mustertexte bearbeiten. Mit zunehmender Erfahrung kann das Erlernte im Überarbeiten auf weitere (fremde oder eigene) Texte übertragen werden.

*Überarbeitungsfähigkeit behutsam fördern*

Für einen so strukturierten und organisierten Lernprozess bieten sich **kreative und kriterienorientierte** Verfahren an. Die Tabelle unten gibt einen ausgewählten Überblick über die Verfahren und ihre soziale Dimension. Der Terminus Bearbeitungs- statt Überarbeitungsverfahren ist bewusst gewählt, um die möglichst enge Verbindung von Schreiben und Überarbeiten zu betonen.

| Schreibaufgaben zur Weiterarbeit an kreativen Texten ||| 
| Schreibaufgabe soziale Dimension | Kreative Verfahren | Kriterienorientierte Verfahren |
| --- | --- | --- |
| **individuell**<br>• vorgegeben<br>• selbstgestellt<br>• selbstregulierend | • automatisches Schreiben<br>• clustern<br>• Wörterbörse<br>  ▶ sukzessives Ergänzen von Textanfängen<br>  ▶ Textreduktion<br>  ▶ Zeilen umbrechen<br>  ▶ Rondell<br>• Schreibtagebuch | • mit Textelementen operieren (linguistische Proben) |
| ⟵ Portfolio (S. 123, 159) ⟶ |||
| **kooperativ**<br>• produktiv<br>• reaktiv | • über den Rand hinaus schreiben<br>• sukzessives Ergänzen von Satzanfängen | |
| **dialogisch**<br>• schriftlich<br>• mündlich | • Text-auf-Text (offen – gebunden) | • Textlupe<br>• Spezialisten<br>• Weiterarbeit<br>  ▶ an Stationen<br>  ▶ in Werkstätten<br>• (Schreibkonferenzen)<br>• Portfolio |

Die **kreativen Bearbeitungsverfahren** sind Textproduktionsverfahren und gleichzeitig Revisionsverfahren: Die gleiche Methode, die zur Produktion eines Textes führt, kann auch seine Bearbeitung ermöglichen. So vielfältig wie die Methoden der Initiierung von Schreibprozessen können auch die Revisionstätigkeiten sein. Die Motivation zur Bearbeitung wird dadurch erhöht. Bei der Fülle der anfallenden Texte ist dies ein gewichtiger Faktor. Anfangs brauchen die Kinder noch die Hinweise und die Anleitung zu den Verfahren und ihrer Kombination. Ziel ist es jedoch, dass die Kinder (**individuell**) oder die Gruppe (**kooperativ**) allmählich **selbstbestimmt** ihre Verfahren zur weiteren Textbearbeitung wählen, experimentierend an ihren Texten ausprobieren und die so überarbeiteten Texte zur Bewertung ihrer Schreibgruppe vorstellen (**dialogisch**).

*Eigene Schreibarrangements* können komponiert werden, um einen Text in seiner Gesamtkomposition zu erkennen und zu bewerten: von den ersten

Assoziationen (S. 48, Wörterbörse), von Ideennetzen (S. 49, Cluster) über das Finden von Wörtern, der ersten verdichteten Aussage in einem Kurztext bis zur endgültigen oder auch vorläufig letzten Fassung in einem gestalteten Text (S. 58, Zeilenumbrechen).

> **Meine Gedanken**
> Es ist dort laut, nie ruhig. Ein Toben,
> ein Zischen. Deine Ohren gewöhnen
> sich daran, aber für deine Augen ist
> es jedesmal etwas Anderes, Neues
> ist es

> **Mein Gedicht**
> Dort,
> wo ich dich hinführen will,
> ist es laut,
> nie ruhig.
> Dort
> in der Luft
> liegt etwas,
> ein Toben,
> ein Zischen.
> Deine Ohren,
> sie gewöhnen sich daran.
> Deine Augen,
> sehen immer etwas Neues.
> Regina

*Beispiel eines selbstbestimmten Schreibarrangements zur bearbeiteten Textkomposition*

Aus einem in der Schreibecke gefundenen Kalender mit Landschaftsfotografien sucht sich das Kind seine Meer-Landschaft aus. Zuerst macht es ein **Cluster**, sucht daraus drei Wörter aus und schreibt mit diesen einen **Kurztext** auf. Um seinen Text anders, besser, gelungener zu formulieren, wendet es das sowohl gestaltende als auch gleichzeitig revidierende Verfahren des **Zeilenumbrechens** an. Das Verfahren ist im Sinne des Überarbeitens zum Teil **selbstregulierend**; der Text wird automatisch inhaltlich akzentuiert und aussagekräftiger gestaltet. Ebenso werden beim Zeilenumbrechen zunächst mehr oder weniger unbewusst, dann aber mit häufigerer Übung bzw. Anwendung zunehmend bewusster kriterienorientierte Verfahren wie das **Operieren mit Textteilen** – also Umstellen, Ersetzen, Ergänzen, Weglassen usw. – angewendet. Diese „grammatischen Proben" sind 1952 von HANS GLINZ eingeführt worden. Es entsteht eine andere Rhythmisierung durch die veränderte Druck- und Schreibanordnung oder durch Wiederholen von Wörtern. Andere Bedeutungsschichten und damit verbunden eine evtl. andere, vom Kind selbst evozierte Sinnaussage können so in den Vordergrund rücken. Ein nachdrücklicheres, betonteres Lesen eröffnet andere Wirkungen auf die Leser oder Zuhörer beim Veröffentlichen.

Über den Rand hinaus schreiben
Kooperativ und kreativ ist das Revisions- und Produktionsverfahren **Über den Rand hinaus schreiben** (BÖTTCHER/WAGNER 1993, 25). Bei der Anwendung als Revisionsverfahren wird der zu bearbeitende Text als *Text mit Leerstellen* begriffen, die es zu ergänzen gilt (INGENDAHL 1991). Die Gruppe wird ermutigt, im Sinne ihrer Leseweisen, ihrer Verstehensprozesse neugierig zu sein, Fragen zu stellen, zu erzählen, zu kommentieren, zu beschreiben, zu konkretisieren.

Die Schreibaufgabe sollte von einer oder mehreren Gruppen kooperativ gelöst werden. Auf einem Gruppentisch liegt ein DIN-A1-Bogen, in dessen Mitte der Schülertext aufgeklebt wird. Die Gruppenmitglieder lesen ihren Text, finden ihre Leerstellen und markieren diese mit einer eingekreisten Ziffer. Jeder in der Gruppe wählt

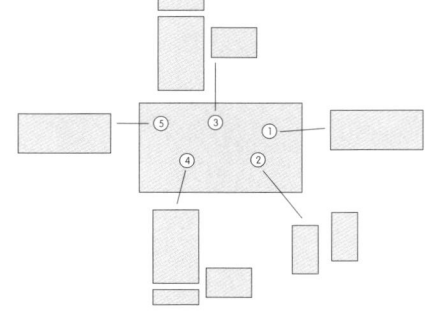

*Fünf Gruppen schreiben „über den Rand hinaus" (aus Böttcher/Wagner 1993, 26)*

nun eine zu überarbeitende Stelle und produziert seinen Verbesserungsvorschlag. Die Kinder reagieren auf den zu überarbeitenden Text einerseits reproduktiv, d. h., sie erkennen und korrigieren Auffälligkeiten oder Fehler, andererseits produktiv, d. h., sie erstellen neu zu produzierende Textstücke.

Nach Fertigstellung werden alle Vorschläge um den Originaltext geklebt und evtl. kommentierend vorgelesen. Der Schreiber des Ausgangstextes kann nun beim anschließenden Überarbeiten entscheiden, welche Vorschläge er akzeptiert. Kinder können so schon sehr früh die im heutigen Berufsleben bevorzugte und immer wichtigere Form des kooperativen Schreibens (BÖTTCHER/BECKER-MROTZEK 2003, 33 ff.) einüben. Die aufgeführten kriterienorientierten Verfahren haben einen ähnlich motivierenden, experimentellen, ja spielerischen Charakter wie die kreativen Schreibaufgaben. Sie eignen sich daher besonders für die Bearbeitung kreativer Texte. Die Kriterien, nach denen verfahren wird, können sich auf die Hörer-/Leserwirkung, die Schreibaufgabe, die schriftlichen Normen, die Entsprechung von Thema und Sache oder die Intention und Erwartung des Schreibers beziehen. Die Lehrerin alleine oder gemeinsam mit den Kindern legt die Kriterien fest, ähnlich wie in dem mündlichen Bearbeitungsverfahren der „Schreibkonferenzen" (SPITTA 1992).

Spezialisten
Die Überarbeitung erfolgt von vier „Spezialisten" (FRITZSCHE 1989), die jeder einen Text im Hinblick auf ein zuvor festgelegtes Spezialgebiet (Fragen zum Inhalt, zur Verständlichkeit, Wortwahl, Wirkung auf den Hörer/Leser) bearbeiten. Es sollte jeder Gruppenteilnehmer einmal Spezialist werden, wobei die Spezialgebiete nach einiger Zeit wechseln. Die Kriterien werden am besten an einem von der Lehrerin erstellten Mustertext oder an prägnanten Beispielen (hier aus dem Projekt „Wasser") zusammengestellt und erarbeitet. Die Textbeispiele werden per Folie präsentiert und besprochen. Danach wird ein Tafelbild zur Textüberarbeitung gemeinsam erarbeitet.

> **Textbeispiele auf Folie**
> Mein Stein heißt Zauberstein. Er ist weiß und ein bisschen dunkel. Sein bester Freund ist der Regenbogenfisch. Mit dem bin ich tausendmal geschwommen. Auf einmal glitzert der Stein wieder und erzählt mir wieder Dinge. X Da schwamm wieder mein kleiner Freund her …
> X Was erzählt der Stein?
> Mein Stein sieht schön aus. Der heißt Pipo. Der sieht schön aus. Der kommt aus Italien. Der ist sehr alt.

Tafelbild zur Textüberarbeitung (9. Einheit)

| Wortwiederholungen | Wer erzählt? | Kann man noch etwas ergänzen? |
|---|---|---|
| *Beispiel: Rund und, und, bis, bis, bis Der Stein. Der Stein …* | *Beispiel: Der Stein heißt Pipo. Ich bin alt.* <br> *1. Du erzählst über den Stein: Der Stein heißt Pipo. Er ist …* <br> *2. Der Stein erzählt selbst: Ich heiße Pipo. Ich bin…* <br> *3. Du erzählst über den Stein dann erzählt der Stein. Mein Stein heißt Pipo. Er erzählt: …* | *Beispiel: Er hat viel gesehen. Frage: Was hat er gesehen?* |
| *Tipp:* Kreise die Wörter ein | *Tipp:* Unterstreiche die Stellen im Text! | *Tipp:* Mache in den Text ein Kreuzchen! |

Die „Spezialisten" haben – auf eine jeweils andersfarbige Karte geschrieben – ihre jeweiligen **Kriterien** vor sich liegen. Bearbeitet wird immer ein fremder Text.
- Vorleser
- Wiederholen sich Wörter?
- Erzählst du über den Stein („Er …"), oder erzählt der Stein („Ich …") selbst? Kannst du etwas noch genauer erklären?

Dieses Verfahren kann auch in ähnlicher Weise im **Stationenlernen** durchgeführt werden: Auf vier bis sechs Gruppentischen (= Stationen) werden die Spezialgebiete (= Kriterien) auf bunte Wortkarten geschrieben, nummeriert und aufgestellt. Auf den Stationen-Tischen kann auch Hilfsmaterial liegen: z. B. für das Spezialgebiet „Wortwahl" Lexika oder der zu einem Thema im Unterricht erarbeitete Wortschatz; zum Spezialgebiet „Verständlichkeit/sprachlich angemessen" Karteikarten mit den operationalen Verfahren, z. B.: Ersatzprobe + Beispiel, Umstellprobe + Beispiel usw.

Jedes Kind hat den Text eines anderen Kindes und geht damit von Station zu Station. Hat es ein „Spezialgebiet" an einer Station bearbeitet, hakt es dieses auf seiner Laufkarte ab und wählt die nächste Station. Das Kind entscheidet so selbst, welchen Lernprozess es sich in welchem Zeitmaß zutraut.

Die Arbeit kann sich über Tage fortsetzen oder wird grundsätzlich in die Wochenplanarbeit verlegt. Entsprechend der Leistungsfähigkeit der Kinder kann eine Beschränkung der zu bearbeitenden Spezialgebiete individuell vorgegeben werden.

Zur Einübung in dieses Verfahren hat es sich als sinnvoll erwiesen, den Text zweizeilig (Platz zum Bearbeiten) abzutippen und ohne Namen zu verteilen. Das Verteilen kann in blinder Wahl geschehen: Besser jedoch ist es, die schreibschwachen Kinder bekommen die Texte von leistungsstarken, da sie wahrscheinlich dann weniger zu bearbeiten haben. Dies erhöht Motivation, Frustrationstoleranz und zeigt schneller Erfolg. Eine so durchgeführte innere Differenzierung verlangt ein entsprechend vertrauensvolles und gutes Klassenklima und setzt voraus, dass Schreiben und über Texte sprechen selbstverständlich sind. Das Kind muss die Gewissheit haben, dass die Wahrnehmungen der anderen zu seinem Text Anregungen sind, die es aufnehmen oder ablehnen kann, und dass sie ihm helfen, seinen Text gelungener zu machen.

Den Text unter die Lupe nehmen

Die Textlupe ist eines der effektivsten Verfahren beim planvollen, kriterienorientierten Untersuchen und Überarbeiten von Texten – auch schon in der Grundschule (vgl. BÖTTCHER/WAGNER 1993, 24 f.; BAURMANN 2002, 109 f.; BÖTTCHER/BECKER-MROTZEK 2003, 116 f.). Die Schüler nehmen abwechselnd die Rolle des Lesers und Schreibers ein und kommen so schrittweise zum kooperativen Schreiben. Es empfiehlt sich eine allmähliche Einführung: Zunächst wird im Klassenverband an einem Mustertext gemeinsam die Textlupe durchgeführt. Danach arbeitet jedes Kind mit einem Kriterium alleine am Text des Mitschülers. In den (angestrebten) Kleingruppen arbeiten die Kinder mithilfe der folgenden Bearbeitungstabelle (= Textlupe):

| Das hat mir besonders gut gefallen: | Hier fällt mir etwas auf! Hier habe ich noch Fragen! | Meine Tipps! Meine Angebote: |
|---|---|---|

Jedes Kind der Tischgruppe erhält den Text eines Mitschülers in getippter Form sowie die Textlupe und trägt in die Spalten seine Stellungnahmen zum Text und Vorschläge zur Textrevision ein. Der Text wird mit der Tabelle solange weitergereicht, bis mindestens drei Kinder dazu Einträge gemacht haben. So erfahren die Kinder, dass ihre eigenen Texte durch eine gemeinsame Überarbeitung und kommunikative Einbindung besser werden – und dass dies sinnvoller und lohnender als eine bloße Textkorrektur ist. Der

Lehrer hält sich bei diesem Verfahren weitgehend zurück. Die Einarbeitung der Kommentare verantwortet das Schreiberkind.

Zusammenfassung
Die didaktisch-methodischen Merkmale eines solchen Bearbeitungsprozesses, realisiert durch die *kreativen gestaltenden* und *kriterienorientierten* schriftlichen Verfahren, ermöglichen

*dem Einzelnen:*
- eine intensivere Auseinandersetzung mit dem zu überarbeitenden Text;
- ein konzentriertes Hineinversetzen in die Gedanken- und Lebenswelt eines anderen;
- ein klareres Bewusstsein des eigenen Textverständnisses und umgekehrt eine bewusstere Anwendung von Strukturierungsprozessen beim Schreiben;
- Alternativen aufnehmen und ablehnen zu können, sich also für verschiedene Formen und Grade der Überarbeitung zu entscheiden;
- die Methoden und Formen des Bearbeitens immer sicherer und individueller zu lernen;

*der Gruppe:*
- kooperative und dialogische Arbeitsformen einzuüben;
- alle Kinder zu Wort kommen zu lassen;
- konstruktiv und produktiv auf fremde Texte zu reagieren und Anregungen zu geben;
- in einer mehr spielerischen Auseinandersetzung gegenseitiges Vertrauen aufzubauen und Kritik zu akzeptieren;

*der Lehrerin:*
- andere unterrichtliche Organisationsformen des Überarbeitungsprozesses zu realisieren;
- die zentrale Rolle der Lehrkraft beim Überarbeiten zu relativieren und die Eigentätigkeit des Einzelnen zu stärken;
- Schwerpunkte in den zu bearbeitenden Auffälligkeiten zu setzen und nicht alles auf einmal und gleichgewichtig zu überarbeiten;
- die individuelle Schreibentwicklung der Schüler besser einschätzen zu können und entsprechende Fördermaßnahmen zu ergreifen;
- kreative Prozesse und systematische Strukturen, vor allem auch Regelwissen, Schriftnormen, Textwissen in motivierenden und anderen methodischen Übungsformen zu verbinden und damit Schreibprozess- und Textproduktionskompetenzen zu entwickeln.

## Kreative Texte beurteilen

Das kriterienkatalogorientierte Bewertungsverfahren eignet sich in der Grundschule beim kreativen Schreiben vor allem zum fördernden Beurteilen, das nur in wenigen Fällen benotet, d. h., mit einer Ziffernnote abgeschlossen werden sollte. Die Kriterienkataloge sollten sich auf geschlossene Schreibaufgaben beziehen, die auf zwei der sechs Methodengruppen basieren: „Schreiben nach Vorgaben, Regeln und Mustern" (S. 25) und „Schreiben zu und nach (literarischen) Texten" (S. 26). Beispiele der von uns entwickelten Kriterienkataloge für die Anwendung auf Schülertexte aus beiden Gruppen (BÖTTCHER/BECKER-MROTZEK 2003, 64, 68–69) seien hier aus Platzgründen unkommentiert vorgestellt:

*Kriterienkataloge nur auf geschlossene Schreibaufgaben beziehen*

### Überarbeitungsbezogener Kriterienkatalog „Komplexe Geschichten" mit Pfeilen

| Dimension | Kriterium | Grad | | |
|---|---|---|---|---|
| | | 1 | 0,5 | 0 |
| *Sprachrichtigkeit* | | | | |
| Orthografie | 1. Du hast die Geschichte ohne Rechtschreibfehler geschrieben. | | ◄ | |
| *Sprachangemessenheit* | | | | |
| Satzbau | 2. Du hast die Sätze richtig und verständlich gebildet und sinnvoll untereinander verbunden (Satzverbindung, Satzgefüge, Verweisungen). | | ◄ | |
| Sprachstil | 3. Du hast das Besondere deiner Geschichte betont durch Fragen, wörtliche Rede, Wiederholungen, Wortneuschöpfungen und sprachliche Bilder. | | | ◄ |
| Tempus | 4. Du hast die richtige Zeitform (Präteritum) gewählt. | | | ► |
| *Inhalt* | | | | |
| Gesamtidee | 5. Du setzt in deiner Geschichte ungewöhnliche Ideen, erzählwürdige Ereignisse und für dich bedeutsame Personen miteinander in Beziehung. | | | ◄ |
| | 6. Du hast eine spannende Überschrift gewählt. | | | ◄ |

| Dimension | Kriterium | Grad | | |
|---|---|---|---|---|
| | | 1 | 0,5 | 0 |
| Umfang/ Vollständigkeit | 7. Du hast deine Geschichte vollständig und verständlich (oder spannend, lustig, gruselig, nachdenklich, …) erzählt und wichtige Einzelheiten und Beziehungen als auch Ursachen und Wirkungen mitgeteilt. | ◄ | | |
| *Aufbau* | | | | |
| Textmuster | 8. Du hast deinen Text als Erzähltext (von Erlebtem, Erfundenem, Erträumtem, auf einen anderen Text bezogen) richtig geschrieben. | ◄ | | |
| Textaufbau | 9. Du hast alle notwendigen Erzählelemente (Erzählanlass, Orientierung, Komplikation, Auflösung, Schluss/Coda/Moral) eingehalten und die Reihenfolge entsprechend deiner Erzählabsicht gewählt (z. B. offener Schluss, Anfang mitten im Geschehen, …). | ◄ | | |
| *Prozess* | | | | |
| Planen/ Überarbeiten | 10. Du hast deinen Text erkennbar geplant und/oder überarbeitet. | ◄ | | |
| Wagnis/ Kreativität | 11. Du hast mutig Erlebtes und Fantasie miteinander verbunden und viel Freiheit beim Schreiben genutzt. | ◄ | | |
| | 12. Du wagst es, deine Gefühle, Gedanken und besondere Reaktionen in deiner Geschichte zu beschreiben und den Leser in die Welt deiner Geschichte zu entführen. | | ◄ | |

# Kriterienkatalog „Lyrische Texte – Schneeballgedicht"

| Dimension | Kriterium | Grad | | |
|---|---|---|---|---|
| | | 1 ☺ | 0,5 ☐ | 0 ☹ |
| *Sprache* | | | | |
| Wortwahl | 1. Du hast für dein Gedichtthema die passenden Ausdrücke gewählt. | | | |
| Sprachstil | 2. Du hast wenige gut ausgewählte Wörter so in Zeilen angeordnet, dass eine neue ungewöhnliche Bedeutung entsteht. | | | |
| Wagnis | 3. Du hast zum Gedicht passende Sprachmittel eingesetzt: Wiederholungen, ungewöhnliche Wortkombinationen, Gegensatzpaare, … <br> 4. Du hast jedem Wort einen besonderen Platz im Zeilenauf- und abbau zugeordnet. <br> 5. Du vermittelst deine Gefühle und Gedanken und versetzt so den Leser/Hörer in eine besondere Stimmung. | | | |
| *Inhalt* | | | | |
| Gesamtidee | 6. Du vermittelst dem Leser deine Erinnerung in der von dir gewählten Schneeball-Form. <br> 7. Deine Überschrift ist passend gewählt. | | | |
| Umfang/ Vollständigkeit | 8. Du hast die gewählte Gedichtform vollständig ausgefüllt. An einigen Stellen weichst du kreativ von der Regel ab. <br> 9. Du hast die Regeln des Gegensatz-Schneeballs inhaltlich richtig genutzt: Von Anfang bis zur Mittelachse baut sich ein Bild auf, das sich dann bis zum Ende in einem gegensätzlichen Bild wieder abbaut. | | | |
| *Aufbau* | | | | |
| Textmuster | 10. Du hast deinen Text in der richtigen, von dir gewählten Textform (Schneeballgedicht) geschrieben. | | | |
| Textaufbau | 11. Du hast deinen Test in jeder Zeile sinnvoll, nachvollziehbar und auf dein Thema bezogen aufgebaut. | | | |
| Gestaltung | 12. Du hast dem Inhalt und den Regeln entsprechend die äußere Form des Schneeballs gestaltet/geschrieben. | | | |

## 4.2 Kunst – Schreiben zu Bildern und im Museum

*Ingrid Böttcher*

Schreiben zu Bildern und Objekten der Kunst und Alltagswelt bietet eine herausragende Möglichkeit der ästhetischen Wahrnehmungsschulung, der Kreativitätsförderung und des fächerverbindenden Lernens (Deutsch/ Kunst). In den Bildungsstandards für die Grundschule als auch in den Lehrplänen der Länder wird für beide Fächer die wechselseitige Beziehung zwischen ästhetischer Grundbildung und Schreiben als bedeutend für die individuelle Förderung sowie die fachbezogenen Kompetenzen betont. So fordert z. B. der Lehrplan NRW (2008) für den Kunstunterricht, besondere „Lernformen zu entwickeln und zu nutzen, die Wahrnehmen herausfordern und zu Reflexionen anregen" und diese „zur Sprache bringen" (ebd., 5). Die entsprechenden Kompetenzerwartungen differenzieren sich im Bereich „Auseinandersetzung mit Bildern und Objekten" in Bezug auf den Schwerpunkt „Wahrnehmen und Deuten". Sollen die Kinder in der Lerneingangsstufe über ihre „Empfindungen und Gefühle" beim Betrachten der Bilder sprechen, so lassen sich die Schüler am Ende der Klasse 4 „auf ein differenziertes und vertieftes Betrachten, Beschreiben und Deuten" ein. Sie präzisieren (ihre) eigenen Wahrnehmungen, äußern Assoziationen und ihren eigenen Standpunkt dazu. Erfahrungen in und mit außerschulischen Lernorten (z. B. Museum, Atelierbesuch, …) sollen mit einbezogen werden (ebd., 17).

Wie ich schon dargestellt habe (S. 41), fordern die Bildungsstandards für die Grundschule Deutsch im Bereich „Schreiben – Texte verfassen" (KMK 2005, 10 f.) ähnliche Teilkompetenzen: Die Kinder sollen nach Anregungen durch Bilder u. a. eigene Texte schreiben und entsprechend ihre Gedanken und Gefühle zum Ausdruck bringen. Schon immer wurde zu Bildern geschrieben, meist im Deutschunterricht, aber auch im Kunstunterricht in Form der traditionellen Bildbetrachtung. Ziel war eine möglichst genaue Abbildung des Sichtbaren in einem beschreibenden Text und damit einhergehend die Schulung der Beobachtungsgabe. Mehr noch als diese Aufsatzgattung ist in der Grundschule bis heute das Schreiben zu Bildgeschichten verbreitet (vgl. Kritik bei BAURMANN 1994, BÖTTCHER/BECKER-MROTZEK 2003, 88 f. und FIX 2006, 149 f.). Kreatives Schreiben zu Bildern meint etwas ganz anderes. Es ist eine offene bis angeleitete Schreibaufgabe, bei der „ein nonverbaler Schreibimpuls als produktive Irritation fungiert, ohne inhaltlich viel festzulegen" (ABRAHAM 2008, 37 f.). Dieser Schreibimpuls löst unterschiedliche Schreibaufträge aus, die je nach situativer und kommunikativer Situie-

*Ästhetische Wahrnehmung schulen*

*Bilder regen zum Texteschreiben an*

rung – z. B. am Lernort Museum – beschreibende, deutende und erzählende Textteile miteinander verknüpfen. Das Erfinden einer Bildgeschichte auf einen Bildimpuls ist ein Beispiel für ein komplexes Schreibarrangement, ebenso können natürlich begrenzte Schreibaufgaben gestellt werden (BAURMANN/POHL 2009, 98 f.). Jedes Bild löst beim Betrachter Vorstellungen, Assoziationen, Erinnerungen, Gefühle aus. Es verlangt im Betrachten und Verstehen einen aktiven Prozess der Sinngebung. Bilder sind offen für Deutungen, sie werfen Fragen auf, geben Anregungen und Anlässe, die eigene Sprache zu finden. Sie aktivieren unsere innere Sprache, die Sprache unserer Gefühle und Gedanken. Sie initiieren sprachaktive Prozesse, aber sie geben diese nicht vor.

*Außerschulische Lernorte*

Sprache assoziiert ihrerseits bildhafte Mittel (z. B. Vergleich, Metapher, Symbole, Allegorien) und bildliche Vorstellungen. Im kreativen Schreiben zu Bildern muss „die Differenz zwischen Statik der Bilder und Sukzession des sprachlichen Ausdrucks fruchtbar gemacht werden" (LUDWIG/SPINNER 1992, 21 ff.). Wenn Kinder zu einem Bild schreiben, müssen sie die Wirkungs- und Wahrnehmungsmechanismen beider Medien – Bild und Sprache – beachten: Das Nebeneinander im Bild ist in ein Nacheinander der Wörter und Sätze zu bringen.

*Wechselspiel zwischen Bild und Sprache*

Andere, auch widerständige und verschlüsselte Wirklichkeiten wollen von den Kindern in diesem Wechselspiel zwischen Bild und Sprache erzählt und verdichtet werden. Sie produzieren „erzählte Bilder" (DIETERLE 1988), „Bildgedichte" (KRANZ 1973) oder andere experimentelle Textformen. Es ist ein spannungsreiches Erfahrungsfeld, das sich für Kinder im Dialog mit diesen beiden Medien öffnet.

## Bilderflut und Medienwelt

Kinder sollen lernen, mit den Medien in vielfältiger Weise umzugehen, denn heute spielen Bilder eine dominante Rolle – in ihrem und dem gesellschaftlichen Leben. Die technischen Medien machen es möglich, eine schier unbegrenzte Zahl von Bildern in den Alltag zu übertragen und sie oft auch an die Stelle der Sprache zu rücken. Die Wahrnehmungs- und Ausdrucksweise der Menschen (besonders auch die der Kinder und Jugendlichen) wird durch die „Sprache der Bilder" entscheidend geprägt. In der Auseinandersetzung mit den neuen Medien erfahren die Kinder unterschiedliche Wahrnehmungen und Deutungen, oft spiegeln sich im Umgang und Verstehen gegenläufige Denkweisen, Meinungen und Einschätzungen, aber auch Fantasien, Träume, Wünsche und Ängste (Lehrplan Kunst NRW 2008, 8). Ebenso bilden sich neue Formen der Kommunikation und des Schreibens

*Medien prägen Sprache der Bilder*

heraus, wie z. B. Textvernetzung und multimediale Texte (S. 162 f.). Schule muss auf diese neuen Formen des Bild- und Textumgangs reagieren und die Heranwachsenden auf die damit verbundenen erhöhten Anforderungen vorbereiten.

Gefragt ist ein differenziertes, umsichtiges, die Aktivität und Kreativität der Kinder ermutigendes Konzept. Schreiben zu Bildern ist ein solches. Zusammenfassend sind die damit zu verfolgenden *Ziele* noch einmal zu benennen:

*Kreatives Schreiben zu Bildern*
- fördert die Wahrnehmungstätigkeit: beobachten, deuten, ausgestalten;
- intensiviert die ästhetische Sensibilisierung;
- macht den Reichtum unserer inneren Bilder- und Assoziationswelt bewusst;
- stimuliert die Neugier auf die eigene Sprache;
- provoziert, aus der vertrauten Sprache eine neue zu machen;
- ermutigt zu kreativem Handeln.

**Die Auswahl der Bilder**
Welche Bilder sind für den Dialog mit Sprache und Bild in der geplanten Lernorganisation geeignet? Grundsätzlich alle! Dies zeigt sich sehr gut in einem von Lehrerinnen in Fortbildungsseminaren erstellten Cluster:

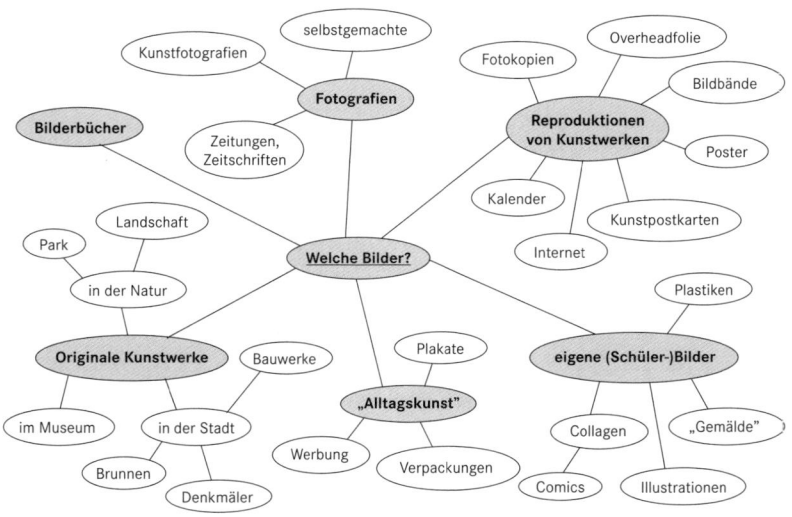

Jedes ausgewählte Bild muss die spezielle Qualität des Stimulus und gleichzeitig der Provokation haben. Oder wie es der Dichter WILHELM HEINSE im 19. Jahrhundert sagte: „Jedes Gemälde ist im Grunde nichts als der Titel von einem Buch, das der Anschauende selbst machen muss" (zit. nach DIETERLE 1988, 7). Kinder müssen sich von dem ausgewählten Bild angesprochen, berührt, geöffnet und herausgefordert fühlen, um sprachlich kreativ reagieren zu können. Gewünscht sind „vielfältige Wege eines ästhetischen Weltzuganges", der zu Wertschätzung und Toleranz gegenüber künstlerischen Leistungen und Aufgeschlossenheit in der Begegnung mit Kunstwerken führt (Lehrplan NRW 2008, 5). Deshalb sollte so früh wie möglich mit der Auseinandersetzung mit Kunstwerken begonnen werden.

*Kreative Auseinandersetzung mit Kunstwerken*

Ich beziehe mich bei den folgenden Kriterien auf Werke der bildenden Kunst, speziell auf Werke der frühen und klassischen Moderne (z. B. MAGRITTE, KLEE, KANDINSKY, PICASSO) und der gegenwärtigen Kunst:
- Die Wirkung der bildlichen Darstellung ist weniger eindeutig, mehr verschlüsselt, widerständig und oft widersprüchlich (vgl. das Konzept der Perceptbildung bei G. und M. OTTO 1987, 51). Vor allem surrealistische Bilder regen verstärkt die Fantasie der Kinder an (SPINNER 1992).
- Besonders geeignet sind Kunstwerke, „deren Wesensverwandtschaft zu Kindern unbestritten ist" (BAURMANN 1994, 155), sowohl auf Inhaltliches als auch Formales bezogen.

*Typen von Bildern*, die sich für die Grundschule besonders eignen, hat SPINNER (1994, 51) zusammengetragen:

> - *Bilder, die eigene Erfahrungen, Erlebnisse wachrufen, insbesondere Alltagsszenen, die mit einem besonderen Gefühl, z. B. Freude, Angst verbunden sind.*
> - *Bilder, die einen Moment eines Geschehens festhalten. Man kann sich dann ausmalen, was vorher geschehen ist und was anschließend folgt.*
> - *Bilder von Personen, die man zur Hauptfigur in einer kleinen Erzählung machen kann (günstig ist es, wenn das Bild auch Requisiten enthält, also z. B. einen Apfel, den die Person in der Hand hält); der Gesichtsausdruck allein hat für Kinder oft noch wenig vorstellungsfördernde Kraft.*
> - *Bilder, auf denen zwei oder drei Personen zueinander in Beziehung gesetzt sind. Solche Bilder regen dazu an, sich auszudenken, was die Personen zueinander sagen und in welcher Beziehung sie zueinander stehen. Daraus lässt sich z. B. eine Vorgeschichte entwickeln, die die dargestellte Situation erklärt.*

- Bilder von einem Ort, der die Abenteuerlust und die Neugier von Kindern weckt, z. B. der Eingang einer Höhle oder ein altes, ruinenartiges Gemäuer.
- Rätselhafte Bilder, die dazu anregen, durch eigenes Fantasieren einen Sinnzusammenhang zu finden.

Hinzuzufügen wären
- Bilder, die ganz aus einem bestimmten Rhythmus heraus gemalt sind und Kinder zu Bewegung und Tanz anregen. Dies kann dann Schreibrhythmus oder -struktur für den zu erstellenden Text sein (vgl. Bild von KUNKLER, 97 f).

### Stufen im Dialog mit Bild und Sprache

Jedes Kind reagiert anders auf visuelle Eindrücke und Informationen, unabhängig davon, ob es ihnen im Alltag oder in der Kunst begegnet. Um die Vielfalt der Reaktionen einzufangen, bedarf es eines stufenweisen Aufbaus des Lern-, Seh- und Schreibprozesses. Mit dem „verlangsamten Blick" (LUDWIG/SPINNER 1992, 16) beginnend, verweilend und schreibend formuliert das Kind seinen Dialog mit dem Bild: Es bringt das Bild zum Sprechen, „holt es aus dem Rahmen" und überwindet in seiner Sprache die bestehende Kluft zwischen Alltag und Kunst.

*Kind formt seinen Dialog mit dem Bild*

Zu diesem Dialog gehören verschiedene Teilhandlungen: ☐ rezipieren ☐ sprachlich umsetzen ☐ veröffentlichen und vorlesen ☐ Gespräche führen ☐ reflektieren ☐ vergleichen und (evtl.) überarbeiten ☐ dokumentieren und präsentieren.

Der dialogische Prozess verknüpft die verschiedenen Teilbereiche des Deutschunterrichts sehr eng miteinander. Das Kind übernimmt wechselnd die Rolle des Sprechers, Schreibers und Zuhörers.

Im Folgenden wird dieser integrative und kreative Prozess in seiner methodischen Grundstruktur in fünf Stufen exemplarisch beschrieben und mit ausgewählten Textbeispielen der Kinder veranschaulicht.

### Der Weg zum Bild (Stufe 1)

Kinder können zu *ihrem* Bild auf verschiedene Weise finden.
- Kinder finden ihre Bilder selbst: Sie bringen ihre Lieblingsbilder von zu Hause mit (Kunstpostkarten, Kalenderblätter, alle Formen der Reproduktion, einschließlich „alltäglicher" Bildvorlagen wie Fotos, Comics usw., vielleicht auch Bilder im Internet) und präsentieren sie in der Schreibecke (S. 32), an einer eigens dafür vorgesehenen Wand, am PC

oder auf entsprechenden Stellflächen in dem (zeitweise) zum Museum umgebauten Klassenzimmer. Sollten die mitzubringenden Bilder Kunst der Moderne sein, so sollte mit den Kindern besprochen werden, was dies heißt, um eine Vorstellung zu haben, wonach, wie und wo sie suchen sollen. Die Beteiligung an der Auswahl motiviert die Kinder, über das Bild, das ihnen besonders gefällt, in der Klasse zu sprechen bzw. es vorzustellen (ähnlich wie dies auch beim Vorstellen von Lieblingsbüchern geschieht).

*Klassenzimmer zum Museum umbauen*

- Kinder suchen außerschulische Lernorte auf, um gemeinsam mit dem Lehrer ihren Bildern zu begegnen. Sie begeben sich auf eine Sehreise durch ihren Ort, finden Kunst- und Baudenkmäler in Stadt und Landschaft. Vor allem besuchen sie Museen verschiedener Art und sonstige Bilderausstellungen (z. B. Bilderbücher in der Bücherei).
- Kinder werden mit Bildern konfrontiert, die die Lehrerin ausgesucht hat. Sie arbeiten in Einzel-, Partner- oder Gruppenarbeit oder im Unterrichtsgespräch mit dem Bilderangebot.

Kreatives Arbeiten ist in allen Sozialformen möglich und an keine Klassenstufe gebunden.

**Der verlangsamte Blick: Wahrnehmen – Verweilen – Annähern (Stufe 2)**
Die erste Annäherung an das Bild gestaltet sich durch ein gemeinsames, verlangsamtes Sehen, durch verweilendes Schauen und stilles Wahrnehmen. Ziel ist es, die Bilder bewusst und differenziert wahrzunehmen. Gezielte und inszenierte Wahrnehmungs- und Assoziationsmethoden können das konzentrierte und bewusste Sehen erhöhen und die Auseinandersetzung, sowohl in der Fähigkeit als auch in der Bereitschaft, intensivieren. In einem ersten offenen Gespräch nähern sich die Kinder selbstständig und ohne kunsthistorische Interpretation kreativ dem Bild. Sie äußern Vermutungen, beschreiben Entdeckungen, konkretisieren Vorstellungen und entwickeln in tastenden Schritten ihre inneren Bilder und bringen sie zum Sprechen.

*Innere Bilder zum Sprechen bringen*

Schreiben beginnt nicht erst beim Schreiben, sondern in den ersten Phasen einer umfassenden Schreibsituation. Darüber hinaus sind noch weitere **Wahrnehmungs- und Assoziationsübungen** für die Grundschule geeignet:
- Mit OHP oder Beamer das auf Folie gezogene Bild präsentieren; Schärfe bzw. Unschärfe bestimmen die weiteren methodischen Maßnahmen. Die Kinder beschreiben zunächst, was sie – zunächst unscharf, dann schärfer – sehen und wie es auf sie wirkt. Geeignet für dieses Vorhaben ist z. B. *Sternennacht über der Rhône* von VINCENT VAN GOGH (1889).

- Spielerische Wahrnehmung von Bildausschnitten z. B. *Komposition Nr. 4* (1911) von WASSILY KANDINSKY oder *Bild mit Bogenschützen* (1909).
  Jeweils zwei Kinder erhalten eine Farbkopie des Bildes und ein Blatt, das das Bild verdeckt. Dieses Blatt besitzt eine beliebig geformte Aussparung, sodass nur ein Bildausschnitt sichtbar wird. In Partnerarbeit verschieben die Kinder das *Fenster* und betrachten verschiedene Ausschnitte des Bildes von WASSILY KANDINSKY. Jedes Kind sucht sich einen Ausschnitt aus und malt ihn seinem Partner auf den Rücken, ohne dass dieser weiß, um welchen Ausschnitt es sich handelt. Bei geschlossenen Augen konzentrieren sie sich auf das Erfühlen von Zeichenbewegungen und stellen sich vor ihrem inneren Auge ein Bild vor, das sie anschließend mit Wasserfarben malen. Im Gespräch teilen sich die Kinder ihre Gefühle und Vorstellungen mit. Anschließend vergleichen sie die Bildausschnitte mit dem Original. Ihre Assoziationen und Deutungsversuche tauschen sie in einem weiteren Gespräch aus.
- Nachstellen einzelner Szenen (Haltung, Gesichtsausdruck, ...), Rollenspiel, Standbilder
- Wörter und Titel zu den Bildern finden
- Sukzessives Erweitern eines Bildausschnittes, um jeweils nach geäußerten Vermutungen weitere Bildausschnitte zu ergänzen (analoges Verfahren wie sukzessives Ergänzen eines literarischen Textes)
- Musik zu einem Bild hören, mit eigenen Instrumenten Assoziationen produzieren und imaginieren, z. B. PABLO PICASSOS *Das Klavier* (1957)

Das offene Gespräch in der Phase der Rezeption unterstützt die dialogische Wechselwirkung zwischen Bild und Betrachter und sollte deshalb auch in einem Halbkreis (sitzend/stehend) vor dem Kunstwerk organisiert werden. So haben die Kinder eine gute Möglichkeit, ihre Überlegungen auszutauschen und zusammenzutragen, und sie können bei Verständigungsschwierigkeiten etwas auf dem Bild zeigen. Die Kinder diskutieren verschiedene Sichtweisen, klären den Bildinhalt und holen dazu vielleicht durch entsprechende Nachfragen bei der Lehrerin erste Informationen ein. Ein solches Miteinander-Sprechen erweitert die Gesprächsfähigkeit der Kinder. Die Gespräche in der Phase der Reflexion (s. Stufe 4) machen diesen Aspekt noch deutlicher.

### Erzählbilder – Bildgedichte, ...: Texte produzieren (Stufe 3)

Wenn die Kinder bereit sind, ihre eigenen Deutungen und inneren Bilder wahrzunehmen und im Gespräch zu äußern, dann sind sie auch bereit, ihre

Bilderfahrungen schreibend zu verarbeiten. Der *verlangsamte Blick* wird unterstützt und begleitet vom *verlangsamten Prozess des Schreibens*.

In der methodischen Inszenierung der kreativen Schreibverfahren entwickeln die Kinder in Ruhe und Konzentration ihre Ideen und Gedanken und formen sie in Sprache. Die angeleiteten Verfahren des kreativen Schreibens lassen die Leere der weißen Blätter vergessen und bieten sozusagen das Gestaltungsmaterial, um die Bildkomposition (sowohl die innere als auch die äußere) in eine Sprachkomposition zu transformieren.

*Von der Bildkomposition zur Sprachkomposition*

Die Schreibmethoden (S. 23) sind so vielfältig anwendbar wie die ausgewählten Bilder. Jedoch ist die Kombination von Schreibmethode und dem jeweiligen Bild in seiner besonderen Aussage und seiner *Machart* nicht beliebig. Aspekte einer solchen Kombination sind zum Beispiel:

- Bilder mit erzählendem Charakter, Alltagsszenen, Menschendarstellungen usw. verlangen kreative Methoden des Erzählens zum Geschichtenschreiben.
- Bilder mit viel Atmosphäre und Stimmung korrespondieren mit verdichteter Sprache, regen zu Gedichttexten an, werden zu „Bildgedichten" (KRANZ 1973).
- Abstrakte Bilder drängen nach assoziativer Entfaltung in lyrischer und experimenteller oder skizzenhafter Schreibform.
- Surrealistische Bilder durchkreuzen unsere Gedankengänge mit Ungewöhnlichem, aktivieren dadurch in besonderem Maße die Fantasie, die Eingang in entsprechend fantastischen Gedichten oder Geschichten findet.

Insgesamt sollte die Schreibsituation offen und durch ein angenehmes Arbeits- und Lernklima positiv gestaltet sein. Nur so können Kinder aus dem ersten Schreibimpuls verschiedene Schreibaufträge entwickeln und ihre Vorstellungen entfalten, eine Auswahl aus der Vielfalt der Ideen treffen, eine Textidee oder einen Textanfang finden, den sie im Laufe des Schreibprozesses entwickeln.

### Mein Text – dein Text – unser Bild: vorlesen und austauschen (Stufe 4)

Auf dieser Stufe lesen die Kinder sich ihre Texte vor, überprüfen ihre Textaussagen und -wirkungen anhand des Bildes (vgl. Bildungsstandards für die Grundschule: Deutsch die Teilkompetenz „Texte überarbeiten" als auch die obengenannten Kompetenzerwartungen im Lehrplan NRW Kunst, 2008). Im wechselseitigen fachdidaktischen Kontext regt ein solches Gespräch die Reflexion über das Kunstwerk an. Dieser Prozess besitzt analytische Qualität. Im Sinne der ästhetischen Erziehung und eines fachübergreifenden As-

*Gemeinsam über eigene Texte und das Bild nachdenken*

*Kunst* 87

*Kunsthistorische Informationen geben*

pekts können auf dieser Stufe abschließend oder auf Nachfrage der Kinder auch kunsthistorische Informationen gegeben werden.

So individuell die Kreativität ausgeprägt ist, so unterschiedlich ist auch die Schreibfähigkeit und das Schreibtempo der einzelnen Kinder. Die Kinder, die früher ihren Schreibprozess beendet haben, können das Bild noch einmal gründlich und prüfend betrachten, sich ihre Texte vorlesen und ihre Meinungen austauschen. Dies nimmt nichts von der Motivation und Spannung in einer dann folgenden abschließenden großen Gesprächsrunde, den einen oder anderen Text noch einmal vorzulesen (Vorlese-Training) und nun noch differenzierter Beobachtungen und Meinungen auszutauschen.

Die von jedem Kind subjektiv empfundenen Wirkungen der Bilder gewinnen immer wieder in jedem vorgelesenen Text eine andere Perspektive. Die Kinder können sich so in vorbildlicher Weise ergänzen. Kann das eine Kind etwas Wahrgenommenes sprachlich nicht fassen, so zeigt ein anderes es ihm im Bild oder hilft, es anders zu beschreiben, oder es liest beispielhaft seine Textstelle zur Bildstelle vor. Alle profitieren von den Beobachtungen und Schreibweisen der anderen. Für die sprachschwächeren Kinder oder bei Deutsch als Zweitsprache (S. 174) ist dies eine gute Hilfestellung nicht nur zum kreativen Schreiben, sondern grundsätzlich zum Schreiben.

Mein „Bilderbuch": Dokumentieren und Präsentieren (Stufe 5)
Das Reflexionsgespräch kann die Kinder motivieren, ihren Text noch einmal zu überarbeiten. Die Perspektiven und Textbeispiele der anderen reizen dazu – besonders dann, wenn die ausgewählten Bilder und die dazugehörigen Texte in einem ästhetisch gestalteten Buch – sei es als eigenes Bilderbuch für jedes Kind oder als gemeinsames Museumsbuch – veröffentlicht oder für die Erinnerung dokumentiert werden sollen. Bilder werden gemacht, Bücher (= Texte) werden gemacht – Kinder haben in dem hier beschriebenen Wahrnehmungs- und Gestaltungsprozess beides erfahren – am Ende sollten sie dieses Ergebnis auch sinnlich-greifbar in den Händen haben: für sich und für andere.

**Schreiben im Museum**
Lerngegenstand und Lernort bilden eine Einheit. Die Kinder begegnen Werken der bildenden Kunst und machen unmittelbare sinnliche Erfahrungen, die eine entsprechende sprachliche Provokation und Reaktion hervorrufen. Eine Schreibwerkstatt im Museum kann auf intensive Weise die Erfahrung vermitteln, dass durch das Schreiben der Blick für die Bilder geschärft wird und dass umgekehrt die Bilder anschauliches Schreiben ver-

mitteln (SPINNER 2005, 87 f.). Das Museum bietet eine einmalige Atmosphäre der „originalen Begegnung", fordert die kreative Aneignung geradezu heraus und lässt die produktive Schreibsituation schon mit dem ersten Blick und Schritt ins Museum beginnen.

*Lernort* ist in dem vorgestellten Beispiel das Ludwig-Forum für internationale Kunst, Aachen (Schwerpunkt: Kunstwerke 1950 bis heute). Auf die kunstgeschichtlichen Aspekte zu den ausgewählten Kunstwerken werde ich nur sehr kurz eingehen, da die sprachliche Auseinandersetzung im Vordergrund steht. Viele der Kunstwerke sind im Museumskatalog oder auf Postkarten zu finden, sodass auch mit Reproduktionen im Unterricht gearbeitet werden kann. Selbstverständlich lässt sich das Konzept entsprechend auf andere Museen übertragen. Sowohl das Unterrichtsvorhaben als auch die Begegnung mit den jeweiligen Kunstwerken werden entsprechend den zuvor aufgezeigten fünf Stufen der methodischen Grundstruktur erarbeitet.

*Museum – Ort der „originalen Begegnung"*

Der Weg zum Bild
Stufe 1 beginnt in der Schule. Der Lernort Museum wird mit einem *Cluster* (vier Gruppen) zum Thema und einem anschließenden Gespräch näher betrachtet. Alle bekommen die Aufgabe, für die nächste Stunde Materialien aus besuchten Museen (es müssen keine Kunstmuseen sein) mitzubringen und Eltern, Geschwister, Nachbarn usw. nach ihrer Meinung zu befragen. Das Ergebnis: Einige sind schon in irgendeinem Museum gewesen, aber nur wenige haben eine Vorstellung von einem Museum für moderne Kunst.

So wird mit entsprechender Spannung der erste Besuch im Museum erwartet. Nach einer kurzen Einführung beginnt eine *Sehreise* durch das Museum. Jedes Kind hat auf einer festen Schreibunterlage ein *Abecedarium* liegen. Wahrnehmend und verweilend erkunden sie das Museum selbstständig und halten ihre Entdeckungs-Wörter im Abecedarium fest: besondere Eindrücke, Namen von Künstlern, Titel der Kunstwerke, Farben, Formen, Auffälliges. Ein *Abecedarium* ist, ähnlich wie das Akrostichon, ein antikes Schreibspiel. Die 26 Buchstaben des Alphabets stehen schön gestaltet bzw. gedruckt untereinander, am besten aufgeteilt in zwei Spalten auf einem DIN-A4-Blatt. Jeder Buchstabe ist der Anfang eines gefundenen Wortes, Wortpaares oder Satzes. Themen sind beliebig vorzugeben bzw. von den Kindern selbst zu finden. Beispiele: Was-ich-(nicht)-mag-Abc, Schimpfwörter-Abc, Museums-Abc.

Nach 20 Minuten ist die Sehreise beendet und Lehrerin und Schüler treffen sich zum Austausch. Die Vielfalt und Differenziertheit des Wahrgenommenen ist beachtlich, und die Kinder staunen, wer was wo entdeckt hat.

## Schreibarrangements
(AB = Arbeitsblatt)

| Kunstwerk | Wahrnehmendes bzw. assoziatives Verfahren | Gestaltendes Verfahren | Material |
|---|---|---|---|
| Ludwig-Forum: erstes Wahrnehmen und Verweilen | Kinder entdecken alleine oder in Gruppen den neuen Lernort | • Abecedarium | AB: <br> • Abecedarium |
| 1. Hartwig Ebersbach: „Graue Löffel" (1993) | • Wörterbörse <br> • ein Wort auswählen = erstes Wort für das Elfchen | • Elfchen (reih-um) | AB: <br> • Wörterbörse <br> • Elfchen |
| 2. Nancy Graves: „Kamel und Dromedar" (1969) | • Fühl-Wörter (Fokussierung) <br> • Wörterbörse | • 1–3 Wörter zum Objekt <br> • Zeilenumbrechen | AB: <br> • Wörterbörse |
| 3. Marcos Laura Read: „Fünf Wagen für die Geschichte" (1991) | • Gegensatz-Cluster zu: „Rose" und „Schwert" <br> • zwei gegensätzliche Wörter aussuchen = erstes und letztes Wort des Schneeballs | • Schneeball (Raute) (reihum) | • 2 DIN-A1-Bögen <br> • dicke Buntstifte <br> AB: <br> • Schneeball |
| 4. Mathias Kunkler: „Hängeplastiken" (1993) | • Bewegung und Fokussierung zum Thema Zauberwelt <br> • Identifikationswort finden <br> • in Titelanfang einfügen | • sukzessives Schreiben nach Satzanfängen | AB: <br> • mit Titelanfang |
| 5. Anne und Patrick Poirier: „Vom Blitz getroffene Landschaft" (1982–1984) | • Fokussing zu eigenen Wörtern <br> • gemeinsames Finden einer ersten Zeile | • Rondell | AB: <br> • Rondell |
| Ludwig-Forum: abschließende Reflexion | • Kinder gehen erinnernd noch einmal alleine oder in Gruppen durch das Museum | • Akrostichon zu Museum | AB: <br> • Akrostichon |

*Kreatives Schreiben in den Fächern*

Erste Fragen zu den Kunstwerken und Besonderheiten des Museumsbaus werden beantwortet. Die Bilder provozieren die weitere Annäherung, der Dialog mit Bild und Sprache beginnt. Die weiteren Museumsbesuche ermöglichen den Kindern, kreativ ihre Bilderfahrungen zu verarbeiten.

Die Schreibübung zum ausgewählten Kunstwerk besteht in der Regel aus einem zweischrittigen Arrangement: 1. **wahrnehmendes und assoziatives** (vgl. Stufe 2) und 2. **gestaltendes Verfahren** (vgl. Stufe 3). Die Tabelle auf der gegenüberliegenden Seite zeigt in einer Übersicht die Zuordnung zu den ausgewählten Kunstwerken. Die Kunstwerke habe ich bewusst ausgesucht. Kinder können noch nicht die didaktisch-methodische Relevanz der Zuordnung von Kunstwerk und kreativen Methoden erkennen. Ihre Auswahl und Zuordnung müsste zwangsläufig beliebig sein.

1. Hartwig Ebersbach: Graue Löffel (1993)

*Hartwig Ebersbach, Graue Löffel, 23-teilig, 1993; Holz, Pappe, textile Stoffe, Eisen, © VG Bild-Kunst, Bonn 2013*

Das 23-teilige Ensemble besteht aus 14 an die Wand gelehnten, 2–3 m hohen Skulpturen sowie neun auf dem Boden platzierten zylindrischen Körpern. Ausgehend von Plastikwannen und -trögen, Holz- und Eisengerüsten modellierte EBERSBACH aus Pappmaché individuelle Ummantelungen, die die noch erkennbaren Grundformen der benutzten Gegenstände verfremden und dem Betrachter ein breites Assoziationsspektrum eröffnen. Das gesamte Ensemble zeigt deutlich die Spuren des Herstellungsprozesses.

Das Material ist rau, erscheint wie gewachsen und erinnert sowohl an natürliche, aber auch menschliche Strukturen. Viele dekorative Elemente sind zu erkennen. Leicht lassen sich zu den aufragenden Stielen der Löffel Totems, Stelen oder Ahnentafeln assoziieren. Das Objekt selbst hat eine poetische Aussagekraft und ruft „die Sehnsucht nach dem Ursprung" (EBERSBACH) wach.

**Annäherung**: Die Kinder betrachten das Objekt von allen Seiten, stellen Fragen vor allem zum Material. Sie vergleichen die Objekte mit *Zauber-Löffeln* und Totempfählen, die ihnen aus dem Sachunterricht und Medien bekannt sind. Das Verfahren der *Wörterbörse* (S. 48) kennen fast alle, ist aber auch schnell erklärt. Jedes Kind erhält ein Arbeitsblatt, in dessen Mitte ein Löffel abgebildet ist. Schnell füllt jedes Kind die vorgegebenen sechs Wortfelder (= sechs Kästen um die Mitte verteilt) aus: mit Verben, Adjektiven, Nomen. Anschließend legen die Kinder in einem großen Halbkreis um das Objekt ihre Wörterbörsen zum Austausch aus. Jedes Kind liest die Wörterbörse der anderen und sucht sich sein wichtigstes oder passendstes Wort aus und merkt es sich.

**Textproduktion**: Bekannt ist allen das *Elfchen* (S. 52), neu dagegen ist es, im **Reihum-Verfahren** zu schreiben. Jedes Kind schreibt *sein* Wort als erstes Wort des Elfchens in das ausgeteilte Arbeitsblatt und gibt es an seinen linken Nachbarn weiter. Dieser füllt die 2. Zeile mit zwei Worten aus. Der nächste liest das bisher Geschriebene, füllt entsprechend die 3. Zeile mit drei Wörtern usw. Nach dem letzten entscheidenden Wort wird das Blatt noch einmal weitergegeben, damit jeder ein Gedicht vor sich hat, an dem er nicht mitgeschrieben hat. In einer anschließenden Vorleserunde kann dann jeder entlastet vorlesen. Selbst das sprachschwache Kind ist integriert. Es hat sich sehr bewährt, Schreibwerkstätten mit einem Gruppenverfahren zu

FRATZEN

komisch   unheimlich

erschrecken   viele   Menschen

aber   manche   lachen   auch

vielleicht?

beginnen: Jeder hat an einem gelungenen Werk mitgearbeitet, fasst Vertrauen zu sich und ist erstaunt über das Ergebnis seiner Gruppe.

## 2. Nancy Graves: Kenia Dromedar und Mongolisches Trampeltier (1969)

*Nancy Graves, Kenia Dromedar und Mongolisches Trampeltier, 1969; Holz, Stahl, Leinen, Polyurethan, Tierfelle, Wachs, Ölfarbe, © Nancy Graves Foundation / VG Bild-Kunst, Bonn 2010*

GRAVES' realistische, auf genauen naturkundlichen Studien und paläontologischer Kenntnis beruhenden Kamelskulpturen sind gleichzeitig Abbild wie Metapher, denn sie zeigen kein echtes Kamel. Vielmehr visualisieren sie den Begriff, den wir uns von einem Kamel und seiner spezifischen Erscheinungsform gebildet haben; sie sind gewissermaßen *Kamel-Prototypen*. Abgesehen von der komplizierten Herstellung des Gesamtobjektes, beeindruckt die Kinder sicherlich das Fellkleid der Tiere. Es besteht aus patchworkartig zusammengenähten und eingefärbten Schaf-, Kaninchen- und Ziegenfellen. Zähne, Glasaugen und breite Hornschwielen wurden eingefügt.

**Annäherung**: Die Kamele dürfen nicht berührt werden, eine Rücksichtnahme, die Kindern sehr schwerfällt. Jedoch gehört auch dies zum Lernprozess am außerschulischen Lernort Museum. Nach einem imaginierten und gestisch demonstrierten Fühlen, Tasten, Kuscheln (viele Kinder sehen in den Kamelen überdimensionale Kuscheltiere) sammelt jedes Kind seine *Fühl-Wörter* in einer *Wörterbörse*. Durch die Wiederholung des Verfahrens sollen die Kinder Sicherheit gewinnen, um gegenüber dem zweiten Schritt, dem gestaltenden Verfahren, offener zu sein: Im *Börsen-Tausch* sucht sich jedes Kind drei Wörter aus und notiert sie sich, z. B.:
- wuschelig – Schritte – uralt
- schmatzen – ruhig – Natur – …

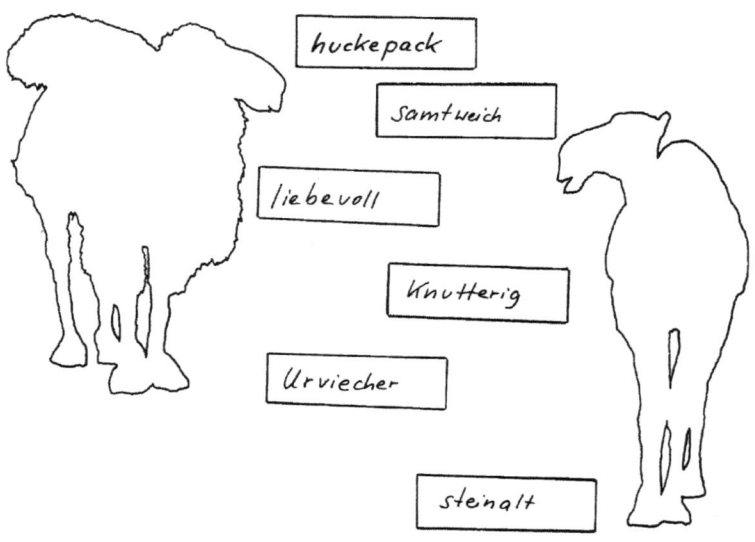

- **Textproduktion**: Mithilfe der drei Wörter bilden die Kinder in einem ersten Gestaltungsprozess ein bis drei Sätze, also einen kleinen Prosatext. Durch die Fülle und Sinnlichkeit der Eindrücke ist gerade solch eine Begrenzung hilfreich. In einem zweiten Gestaltungsschritt werden die Sätze mit dem Verfahren *Zeilenumbrechen* bearbeitet. Dabei kann gekürzt (Weglassprobe), ergänzt (Erweiterungsprobe), umgestellt (Umstellungsprobe) und wiederholt werden (BÖTTCHER/WAGNER 1993b). Die so aufeinander aufbauenden Methoden stellen einen immer differenzierteren Prozess zur Versprachlichung dar. Gleichzeitig lernen die Kinder ihre Texte kreativ zu bearbeiten und unbewusst die linguistischen Proben anzuwenden (GLINZ 1952).

Meine Kamelgedanken

**Dort
wo die Kamele sind**
möchte ich dich hinführen
ich kann sie dir zeigen
sie sind liebevoll
deswegen können wir
alle streicheln und berühren
unsere Hände können fühlen
ihr Fell ist samtweich
sie werden alt
wir werden
trotzdem
bei ihnen bleiben

*Malou*

## 3. Marcos Laura Read: Fünf Wagen für die Geschichte (1991)

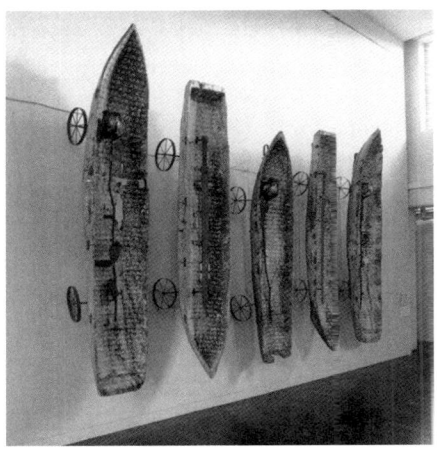

*Marcos Laura Read, Fünf Wagen für die Geschichte, 1991; Holz, Eisen, Farbe, Neonröhren*

Mit der im Jahre 1991 entstandenen Wandinstallation setzt sich der aus der Dominikanischen Republik stammende READ mit der kolonialen Geschichte seiner Heimat auseinander. Symbolisch steht jedes der Boote für ein Jahrhundert in der Geschichte der Insel seit der Entdeckung durch CHRISTOPH KOLUMBUS im Jahre 1492. Mächtige eiserne Rosen und Schwerter – alternierend in das Innere der Boote gesetzt – veranschaulichen die wechselvolle kriegerische wie friedvolle Historie der Insel. Boote bzw. Schiffe sind Symbole für die Lebensfahrt, für Reise und Veränderung. Sie werden hier zum umfassenden Sinnbild der Geschichte der Insel. Die Auswahl dieses Objektes für Grundschüler bezieht sich nicht auf gesellschaftspolitische bzw. historische Aspekte (obwohl Kinder dieses Alters ja auch in den Medien mit diesen Themen konfrontiert werden), sondern auf die außerordentliche Darstellung der Metaphern und Symbole *Rose* und *Schwert* stimulieren und provozieren ein expressives als auch ein verdichtetes Schreiben. Die Eigensprache der Kinder gewinnt so an bildlicher Darstellungskraft.

**Annäherung**: Die großflächige Wandinstallation lässt den Kindern viel Raum zum Verweilen und Schauen. Schnell werden die entscheidenden Symbole erkannt: Rose – Schwert – Boot – Räder – Schrift. Vielfältige Assoziationen werden benannt und auf vorher ausgeteilte farbige *Wortkarten* geschrieben (jedes Kind hat 2 x 2 Karten in Rot und Grau). Die Kinder verteilen *ihre* Wörter auf ein *Gegensatz-Cluster*, das vor der Wandinstallation ausgelegt wird, zu den Begriffen *Rose – Schwert*. Die gefundenen Assoziationswörter vernetzen sich schnell zu dem Vergleich *Rose = Frieden* und *Schwert = Krieg*.

**Textproduktion:** Um die bildlichen/metaphorischen Eindrücke auch in einer entsprechenden bildlichen Form zum Ausdruck zu bringen, wird die lyrische Kurzform des *Gegensatz-Schneeballs* gewählt. Die Aufgabe der Gruppe besteht darin, mit einem *kombinierten Schneeball* (S. 56) zu spielen. Hierbei wächst der Schneeball von einem Wort in der ersten Zeile bis auf fünf Wörter in der fünften Zeile an, um von da aus bis zur neunten Zeile wieder auf ein Wort abzunehmen. Spitze und Ende des Rautengedichts bilden meist eine inhaltliche Opposition, d. h., jedes Kind trägt sein Gegensatz-Wörterpaar dort ein, wie im Beispiel unten.

Nach dem Ausfüllen der ersten und letzten Zeile wird das Schneeballgedicht nach rechts dem Nachbarn weitergereicht, der die nächste Zeile schreibt. Es wird weitergereicht, bis alle Zeilen gefüllt sind. Ist der Gegensatz-Schneeball fertig, findet der letzte Schreiber eine zum vorliegenden Text passende Überschrift und schreibt diese auf die Langzeile am Kopf. Das Blatt wird zum letzten Mal weitergereicht und landet schließlich wieder bei seinem Vorleser.

| | |
|---|---|
| Krieg – Frieden | *Schwert* |
| Schwert – Rose | *das Schwert* |
| Schwert – Frieden | *ist das Zeichen* |
| Krieg – Rose | *vom Anfang des Krieges* |
| Tod – Liebe | *Es ist nicht gut Krieg* |
| Leben – Tod | *und auch nicht schön* |
| Frieden – Streit | *ist denn es ist bereitet* |
| Liebe – Krieg | *doch Schmerz* |
| Trauer – Freude | *Rose* |
| Tod – Hass | |

4. Mathias Kunkler: Hängeplastiken (1993)

ALBAN SÄNGER, ein Freund von MATHIAS KUNKLER, hat folgenden Text zu den Hängeplastiken verfasst:

> **Wie** ein Kind **in der Zauberwelt** fühle ich mich, wenn ich meines Freundes Bühnenraum betrete, wo er seine Farben das Stück von Leben und Tod über die Zeiten hinweg spielen lässt: ein Flugdrachen bezeugt den Tod des Tintenfisches; ein Keith-Haring-Männchen **umtanzt** die floralen Hermaphroditen; Schlangen kriechen in die Haut von Leguanen; Fischschuppen schillern im Balzgefieder der Schmetterlinge; ausgefahrene Legestachel erledigen den Auftrag aus gelungener Paarung ... Das Kind, das ich hier bin, fühlt sich gleichzeitig an all die Orte künstlicher Freuden und Schrecken seiner Zeit versetzt, in die Geisterbahn, das Marionetten- und Kasperletheater, **doch** braucht es keine Zuflucht mehr zu suchen, weil es sich ins heitere Spiel der Farben versetzt findet. Wie der Prinz im Märchen von Dornröschen taumelt es verwundert in einer schlafentrückten Welt, deren dennoch jederzeit mögliche Erweckung die Posen der Figuren ankünden –, sofern ihnen nicht das Genick geknickt worden ist und sie nurmehr baumeln wie schräge Figuren, mit denen kurzer Prozess gemacht wurde. **Andere** wiederum hängen kopfunter wie Schlachtvieh oder gestreckt von ihrer embryonalen Last. Und wieder andere gestikulieren mir vor der Nase wie Kobolde und Teufelchen. Fast juckt es mich, die Narrenkappe abzuschneiden, aufzusetzen und mitzuhampeln, und, wenn ich's könnte, die Posen der in den Lüften stehenden Schiwas und Faun-Jijinskis fortzutanzen. **Das sind sie**, die Hängeplastiken meines Freundes: choreografierende Malerei. Allein die Farben erschaffen alles, was zu einer Tanzaufführung erforderlich ist: Sie formen sich zu kostümierten Figuren, die die Bewegung gemäß ihrer eigenen Musik im selbst geschaffenen Bühnenbild zu Posen zusammenziehen – **und also** erinnern und einfach sind.

**Annäherung**: Die Kinder schauen sich mehrere Kunstwerke von KUNKLER an, die alle durch eine intensive Farbigkeit und einen starken Rhythmus geprägt sind. An einem großen Wandfries, der nicht durch einen Rahmen begrenzt ist, sondern im starken Auf und Ab die Wand einnimmt, bilden sie gemeinsam und spontan eine Schlange und bewegen sich im Rhythmus des Bildes.

Die *Hängeplastiken* (15 Stück, ca. 1–2 m) sind bis auf ca. 1–2 m oberhalb des Bodens an der Decke kopfüber hängend befestigt.

*Mathias Kunkler, Hängeplastiken (1993), © VG Bild-Kunst, Bonn 2013*

Die Kinder bewegen sich stehend bis gebückt unterhalb dieser Zauberwelt, ahmen Gestik und Rhythmus der Figuren nach. Auf den Impuls „*Was sind diese Figuren für dich, gib ihnen einen Namen und sprich ihn in einem Zauberspruch aus: Das sind sie, meine ...*" bewegen sich die Kinder weiter und murmeln ihre Zauberformel plus Name vor sich hin. Nach und nach setzt

*Das sind sie, meine* ... Farbenwälder

*Wie in einer Zauberwelt, verändert sich mein Kunstwerk jedes mal.*
*Umtanzt dich mein Kunstwerk? Schau hin.*
*Doch bald wirst du es merken.*
*Andere merken es nur in ihrer Phantasie.*
*Und darum lass immer deine Gedanken kreisen!*

sich jedes Kind unter seine Figur, wird still und ergänzt das jetzt ausgeteilte Blatt hinter der Formel *Das sind meine* ... z. B. mit: Farbenwälder, Kunstwerke, Kunststücke, Schlangen, Irgendwas, Lieblingswelt, Zauberträume, Paradieswald, Zauberwelten, komischer Regenwurm. Die Kinder erfassen die Zauberwelt in ihrer Vielfalt oder einzelne Zauberfiguren, wechseln zwischen Einzahl und Mehrzahl und ändern entsprechend die Vorgabe. In dem sehr intensiven, fast meditativen Gespräch erklären sie sich ihre Gefühle und ihre Stimmung, greifen zu ungewöhnlichen sprachlichen Formulierungen, um Farbe, Form, den anderen Rhythmus zu beschreiben.

**Textproduktion:** Die Kinder kennen als *Kurzroman* das *sukzessive Ergänzen von vorgegebenen Satzanfängen* zu einer in sich geschlossenen Geschichte. Die ausgewählten Satzanfänge (siehe auch Unterstreichungen im Schülertext) habe ich einem Text von ALBAN SÄNGER zum vorgestellten Kunstwerk entnommen, der den Kindern natürlich nicht bekannt ist. Der Vorteil liegt in der impliziten Verweisungsstruktur des geschlossenen Textaufbaus, der sich in den ausgewählten Satzanfängen wiederfindet. Die Schülertexte belegen dies, sind aussagestark und geprägt von den bildlichen und sprachlichen Vorgaben. Entsprechend bewundernd und erstaunt reagieren die Kinder beim Vorlesen und Hören ihrer Texte.

### 5. Anne und Patrick Poirier: Vom Blitz getroffene Landschaft (1982–1984)

Die POIRIERS begeben sich auf Spurensuche nach der Vergangenheit, um sie für die Gegenwart zu bewahren und nutzbar zu machen. Ihre Bodenskulp-

Anne und Patrick Poirier.
*Vom Blitz getroffene Landschaft (1982–1984) aus: Katalog (groß), hrsg. vom Ludwig Forum, 1991, 347, © VG Bild-Kunst, Bonn 2013*

tur gilt dem Mythos vom Kampf zwischen dem griechischen Göttervater Zeus und den Titanen. Vor dem Betrachter erstreckt sich am Ufer eines Gewässers eine antike Ruinenstadt, die wie das verkleinerte Modell einer Grabungsstätte wirkt. Sie ist jedoch eine reine Fantasiestadt, gebaut aus Versatzstücken. Die gesamte Skulptur ist in ein tiefes, glitzerndes Schwarz getaucht, das Wasser wird von einer schwarzen Kunststoff-Fläche gebildet, die Gebäude und ihre Umgebung bestehen aus Holzkohle. Neben ihrem ausgesprochen ästhetischen Reiz erlauben Material und Farbe eine Reihe weiterer Assoziationen. Irritierend jedoch ist ein gewaltiger Blitz, dessen Spitze sich in das Gewässer gebohrt hat. Er symbolisiert dem Mythos entsprechend den mächtigen Blitz des erzürnten Göttervaters Zeus, der die Stadt der Titanen in Schutt und Asche gelegt hat. Um die Irritation noch weiter zu verstärken, haben die Künstler beim Aufstellen der Skulptur auf den Blitz einen winzigen, kaum sichtbaren und wie ausgestopft wirkenden Vogel gesetzt.

**Annäherung:** Die Kinder sind tief beeindruckt von dieser großen Bodenskulptur. Lange gehen sie immer wieder drum herum und erklären sich gegenseitig ihre Vermutungen und Vorstellungen. Einige Kinder haben offensichtlich ein erstaunliches Interesse und Wissen über Altertum, Sagen und Mythen. Ein kompetenzfördernder Schreibunterricht beachtet das Wissen der Schüler! Alle Kinder bemerken den Vogel sofort, der dann ihre Fantasien in besonderem Maße beflügelt.

Um die Kinder vom Einfachen zum Komplexen und vom Wort zum Satz, zum Text zu führen, setzen wir uns im Halbkreis um die Skulptur. Als

*Fokussing* Wahrnehmungsmethode wähle ich ein *Fokussing*: Die Kinder schließen ihre Augen, visualisieren vor ihrem inneren Auge die Skulptur, hören in einem sehr langsamen (in zeitlich weitem Abstand), konzentrierten Sprechton ihre beim Rundgang und im ersten Begegnungsgespräch geäußerten Worte (ich hatte sie mir notiert). Nach einer stillen Phase von ca. drei Minuten öffnen sie die Augen, und wir überlegen gemeinsam, wie wir von den Wörtern zu einem Satz und zu einer ersten Zeile für ein zu schreibendes Gedicht kommen können. Vorschläge werden gemacht, besprochen, verbessert. Am Ende hat jedes Kind eine erste Zeile notiert. Fast alle sind Variationen desselben Themas, z. B.

Die alte zerfallene Stadt
Die zerstörte Stadt
Aus der grauen uralten Stadt
In der alten versunkenen Stadt   usw.

**Textproduktion**: Diese erste Zeile soll der Anfang eines **Rondells** sein:

> **Ein Rondell schreiben**
> Ein Rondell ist ein Gedicht aus acht Zeilen, wobei Zeile 1, 4 und 7 gleich sind und ebenso Zeile 2 und 8 übereinstimmen.
>
> Anweisung:
> 1. Schreibe einen Satz, der dir am besten gefällt. Fang damit dein Rondell an und schreibe diese Zeile auch in Zeile 4 und 7.
> 2. Lies die erste Zeile noch einmal durch. Was fällt dir alles ein, wenn du das liest? Schreib jetzt deine Einfälle zu Zeile 1 auf. Das wird Zeile 2 deines Rondells. Schreibe diese Zeile 2 auch in Zeile 8.
> 3. Jetzt ergänze – auch wieder durch viele Gedanken und Einfälle – die übrigen Zeilen (3, 5 und 6). Die Zeichen am Rand helfen dir.
> ► 1 _____
> • 2 _____
> ☐ 3 _____
> ► 4 _____
> ☐ 5 _____
> ☐ 6 _____
> ► 7 _____
> • 8 _____

Die Kinder tragen ihre erste Zeile in das Arbeitsblatt und arbeiten entsprechend der Anleitung ihren Gedichttext aus. Die grafische Kennzeichnung ist dabei eine große Erleichterung.

Das Vorlesen der Texte, der Austausch der Meinungen und Beobachtungen im Anschluss an die Schreibarrangements konkretisiert und bestätigt die schon in Stufe 4 gemachten allgemeinen Aussagen. Die Kinder zeigen eine hohe Lernbereitschaft, und sie sind nicht überfordert. Im Gegenteil: Sie wollen nun öfter allein, mit Mitschülern und Eltern ins Museum gehen und vor allem auch dort schreiben. Eine solch positive Grundeinstellung zu moderner Kunst und zum Museum zeigt, dass der inszenierte Dialog zwischen Sprache und Bild gelingen kann. Als Abschlussreflexion macht jedes Kind ein *Akrostichon* zum Thema *Museum*. Die Kinder werden so in die Beobachtung ihrer Lernentwicklung einbezogen, Rückmeldungen der Lehrerin und individuelle Förderhinweise werden nachvollziehbar.

In den nächsten Wochen wird für jedes Kind ein eigenes *Museums-Buch* (vgl. Stufe 5) erstellt, gefüllt mit Bildern und Texten aus der Museumsarbeit, ergänzt durch Kommentare und Interviews von Lehrern und Eltern. Eine kleine *Dokumentation* an der Litfaßsäule in der Pausenhalle der Schule rundet die Präsentation ab.

Die ausgewählten und dargestellten Kunstwerke und Schreibarrangements verdeutlichen nicht nur das Schreiben im Museum und die realisierte methodische Stufenstruktur, sondern sind darüber hinaus exemplarisch für jedes Schreiben zu Bildern – sei es im Klassenunterricht, in den Fächern Deutsch und Kunst oder an außerschulischen Lernorten.

▸ 1    Aus der grauen uralten Stadt
• 2    ~~Das~~ Die, der Krieg schon lange vergessen hat
   3    Wo alles zerstört ist
▸ 4    Aus der grauen uralten Stadt
   5    Doch plötzlich kam ein Leben hervor
   6    Ein Leben, ein Leben wie nie zuvor
▸ 7    Aus der grauen uralten Stadt
• 8    ~~Aus der~~ Die, der Krieg schon lange vergessen hat

                                             Marius

## 4.3 Musik – Unsagbarem Ausdruck geben

*Carolin Speckgens/Ingrid Böttcher/Theresia Ackva*

Die Musik besitzt eine Macht und Wirkung, die im Menschen Stimmungen, Gefühle, Fantasien oder bildliche Vorstellungen anzuregen vermag. Sie besitzt eine fantasieweckende und bildschöpferische Kraft (ALVIN 1984, 74). Die Erfahrung der tiefgehenden und umfassenden Wirkung von Musik, die „bis in die geheimsten Winkel der Seele eindringt" (ebd. 1984, 56), setzt ein hörendes Einlassen auf die Musik voraus. Dabei ist kein Hören gemeint, das lediglich Hilfsfunktion hat, sondern die konzentrierte Hingabe an die Musik, die auch „entdeckende, sinnkonstituierende" Wahrnehmungen miteinschließt (WERMKE 1995b, 195). Erst in dieser Haltung kann die Musik beim Menschen ein stilles Innehalten und eine Wachsamkeit gegenüber individuellen Gefühlen, Assoziationen und Fantasien hervorrufen.

*Musik löst kreative Prozesse aus*

Ein solches Hören ist ebenso Anliegen des Musikunterrichts, der den Kindern für die Auseinandersetzung mit Musik zahlreiche Wahrnehmungs-, Ausdrucks- und Gestaltungsmöglichkeiten anbietet. Die Entwicklung eines Musikverständnisses ist ein stets mit Aktivitäten verbundener Prozess. Es geht darum, dass Kinder zeigen können, wie sie die gehörte Musik verstanden haben, indem sie diese gestisch, grafisch und auch sprachlich umsetzen (Lehrplan Musik 2008, 87 ff.). Kreatives Schreiben kann also ebenso wie Malen, Tanzen oder szenisches Darstellen Mittel zur Anbahnung von Musikverstehen sein, denn es zeichnet sich ja vor allem dadurch aus, dass es persönliche Gefühle und Vorstellungen zum Ausdruck bringt (*Expression*) sowie Fantasien ausgestaltet (*Imagination*). Die Musik, darunter zählt auch die klangliche *Irritation*, kann den Prozess des kreativen Schreibens produktiv anregen und strukturieren (SPINNER 1994, 46 ff.).

*Schreibend hören: Kann man so die Musik verstehen?*

Eine Verzahnung der beiden Fächer Deutsch und Musik liegt auf der Hand. Ein Musikstück findet seine Form und Struktur durch musikalische, ein Text durch sprachliche Gestaltung (KRAEMER 2003, 28). Diese Gemeinsamkeit eröffnet dem Fach Musik die Möglichkeit, sinnvolle Schreibarrangements anzubieten (BAURMANN/POHL 2009, 77 f.). Musik kann schreibend erlebt werden, und die Ergebnisse bieten Anlass zu Diskussion und Auseinandersetzung, denn die Aussagekraft des Textes steht ja im unmittelbaren Zusammenhang mit der Musik, die dem Text seine Gestalt gab. Das scheinbar Unsagbare der Musik kann schreibend zum Ausdruck gebracht werden.

## Kreatives Schreiben zu und nach Musik

Man unterscheidet beim Hören von Musik den *musikbezogenen* von dem *subjektbezogenen* Ansatz (TISCHLER 1998, 22 f.). Der *musikbezogene* Ansatz betont den eigenständigen Charakter der Musik, d. h., das Hören konzentriert sich auf musikalische Elemente (Lautstärke, Klangfarbe, Dauer, …), auf die Instrumentierung oder auf den melodischen, harmonischen und rhythmischen Verlauf der Musik.

Das **Schreiben *nach* Musik** ist dem *musikbezogenen* Ansatz zuzuordnen: Die subjektiven Assoziationen des Schreibers werden durch die Musik sehr stark geleitet und können sich im Handlungsablauf einer Geschichte sprachlich widerspiegeln. Die Methode bietet sich besonders dann an, wenn die Assoziationen und die Fantasie des Schreibers durch die Musik thematisch in eine Richtung gelenkt werden sollen (vgl. S. 104). Programmatische Musik ist mit ihrer deutlichen inhaltlichen Aussage für Kinder besonders gut geeignet, da sie Assoziationen ermöglicht, die gestalterisch umgesetzt werden können (STILLER 2002, 35 ff.). Auch das Schreiben zu eigenen Klangassoziationen ist diesem Aspekt zuzuordnen. Hier entwickelt der Schreibende seinen Text ebenso auf Grundlage eines Programms, das in diesem Fall seiner eigenen musikalischen Fantasie und nicht einer vorgegebenen Musik entspringt (vgl. S. 111). Beim *subjektbezogenen* Ansatz tritt die Musik als Gegenstand zurück, sie ist zuallererst Medium zur Anregung imaginativer Kräfte (TISCHLER 1997, 23). Diesem Ansatz ist das **Schreiben *zu* Musik** zuzuordnen: Im Vordergrund stehen die zur Musik auftretenden Assoziationen und Stimmungen des Schreibers, die Musik verliert an eigenständigem Charakter. Von der Auswahl der Musik hängt es ab, ob sie mehr entspannend oder affektauslösend wirkt. So wird z. B. Musik mit meditativem Charakter häufig bei Fantasiereisen eingesetzt, um die Entspannung und geistige Wahrnehmung der Hörer zu vertiefen (MÜLLER 1997, 20).

Die hier getroffene Unterscheidung bietet eine Strukturierungshilfe bei der Verbindung von Musik und Schreiben, die Grenzen sind jedoch oft fließend. Zum einen können die Musikstücke sowohl programmatische als auch meditative Elemente enthalten, zum anderen ist die Wirkung von Musik immer subjektiv und damit vom Hörer bzw. Schreiber abhängig (vgl. S. 108). So ist es durchaus denkbar, dass ein Werk, das mehr zu einem Schreiben *nach* Musik anregt, beim Schreiber lediglich eine Stimmung auslöst und zu einem Schreiben *zu* Musik führt. In diesem Sinne ist auch die hier vorgenommene Einteilung zu verstehen.

*Musik erzählt etwas! Was sie erzählt, ist der Fantasie des Hörers überlassen*

## Programm-Musik als Schreibanlass

Die Programm-Musik kommt durch ihre Anschaulichkeit dem gegenständlich konkreten Denken der Kinder sehr entgegen und unterstützt ein aktives, auf die Musik gerichtetes Zuhören. Der Inhalt besteht vorzugsweise aus einer Folge von Handlungen, Situationen, Bildern oder Gedanken. Diese konkreten Anhaltspunkte leiten einen ungeübten Hörer durch den musikalischen Verlauf des Musikstückes (STILLER 2002, 35 ff.).

## Musik erzählt Märchen

*Musik kann Geschichten fühlbar machen – sie erzählt das, was Worte nicht vermögen*

Als Einstieg in das Schreiben *zu* und *nach* Musik bieten sich vor allem musikalische Märchen an, die an konkrete Geschichten gebunden sind und in denen ein Wechsel von Erzähltext und Musik stattfindet. Der Wechsel von Märchentext und musikalischer Ausgestaltung erhöht den erzählenden Charakter von Musik, sodass die Darstellungsmöglichkeiten von Musik leichter erfahrbar sind und die schreibende Umsetzung weniger schwerfällt. Als Einstiegsmöglichkeit eignen sich folgende musikalische Märchen:

- *Peter und der Wolf* von SERGEJ PROKOFJEFF
- *Babar, die Geschichte von dem kleinen Elefanten* von FRANCIS POULENC/ Jean FRANÇAIX
- *Der Josa mit der Zauberfiedel*; Musik von WILFRIED HILLER nach Texten von JANOSCH

Die Musik dient dabei nicht nur der Untermalung des Märchentextes oder einer Erhöhung der Spannung, sondern der Sinn des Märchens erschließt sich dem Hörer auch durch das Erkennen der musikalischen Vorgänge. Zum Sammeln und Auswerten erster Höreindrücke bieten sich folgende Möglichkeiten an:
- das Gespräch
- das Malen eines Bildes zu ausgewählten Musikszenen
- das spielerische Umsetzen einzelner Szenen
- das Sammeln der durch die Musik hervorgerufenen Assoziationen mithilfe der Methode des sternförmigen Denkens (S. 116), des Clusters (S. 49) oder der Wörterbörse (S. 48) unter einer bestimmten Fragestellung (z. B. bei *Peter und der Wolf*: Was fühlt die Ente, wenn der Wolf kommt?).

Je nach Geübtheit der Klasse kann der Schwerpunkt stärker auf dem Schreiben nach und zu Musik liegen, z. B., der Erzähltext wird an einer geeigneten Stelle ausgeblendet, lediglich die Musik erzählt die Geschichte weiter. Die Kinder setzen die offene Geschichte fort, indem sie ihre Assoziationen und Fantasien zur Musik malen, erzählen oder schreiben.

## Musik lässt mich tanzen

Das Schreiben *nach* und *zu* Musik lässt sich auch mit Bewegung und Tanz verbinden, um das intensive Erleben der Musik und ihre schöpferische Wirkung zu erhöhen. Die Bewegung ermöglicht eine emotionale, motorische Auflockerung, sodass die Musik ganzheitlich erlebt werden kann (TISCHLER 1998, 22). Programm-Musik, hier am Beispiel *Die Moldau* von FRIEDRICH SMETANA, bietet eine strukturierende Hilfe, da durch die Vorgabe eines Themas der Tanz in eine konkrete Situation eingebettet ist und durch musikalische Elemente stärker angeleitet wird.

*Zur Musik kann man tanzen, im Tanz die Musik durchleben. Und jetzt ... schreibe ich alles auf!*

Die Hauptmotive *Die beiden Quellen* und *Der Fluss* bieten sich besonders für die Verbindung mit Tanz an: Zwei Quellen, die warme und die kalte Moldau, vereinigen sich zu einem reißenden Wasserlauf, der Moldau (S. 146, Wasser als Stimulus). Die Musik kann an einer geeigneten Stelle langsam ausgeblendet werden.

> Ich strudelte durch das Wasser und strudelte und strudelte. Ich strudelte an Wiesen, Sträuchern und Bäumen vorbei. Da, ein großer Stein, rechts und links kein Ausweg.
> Ich zersprang, und kleine Tropfen wurden aus mir.
> *Jenny*

Die tänzerische Umsetzung der Musik kann gemeinsam, an einem großen Schwungtuch, oder einzeln, mit einem kleinen Tuch aus Futterseide, erfolgen. Der Hörauftrag und spätere Schreibauftrag erfolgt schon vor dem Tanz: „Überlege, was du als Wassertropfen in der Moldau erlebst." Die Kinder bewegen sich in der Vorstellung des Wassertropfens *nach* und *zu* der Musik und bestimmen daraufhin selbst den Zeitpunkt des Schreibbeginns. Es bleibt ihnen überlassen, ob die Musik auch während des Schreibens läuft. Ideal wäre es, einen zweiten Raum zur Verfügung zu stellen.

Wie in der Musik spiegelt sich auch im Text von Jenny eine Entwicklung, sodass es sich hier mehr um ein Schreiben *nach* Musik handelt: Beschrieben wird ein Erlebnis, das bis zu einem Höhepunkt geführt wird und mit einem anschließenden Abnehmen der Spannung endet.

## Musik lässt mich malen

Beim Hören eines Musikstückes ist die Integration von Bewegung und Malen eine weitere Gestaltungsmöglichkeit. Durch das Malen nach und zu Musik können musikalische Strukturen in Form und Farbe auf Papier sichtbar gemacht werden (SCHMITT 1995, 23 ff.). Das Klavierstück *Aus dem Tagebuch einer Fliege* von BELA BARTÓK (aus: Mikrokosmos, Nr. 142) eignet sich gut für diese Art der Umsetzung. Die Überschrift und die musikalischen Elemente des Stückes können folgende Assoziationen beim Hören hervorrufen: Eine Fliege macht am Morgen ihre ersten schüchternen Flugversuche, sie erlebt im Laufe des Tages teils aufregende, teils freudige Erlebnisse und schläft gegen Abend erschöpft ein.

*Mein Bild ist von der Musik gemalt. Hör zu, was es dir erzählt!*

Beim ersten Hören können sich die Kinder in ihren Bewegungen von der Musik führen lassen, um so die in der Musik dargestellten Bewegungen der Fliege nachzuvollziehen. Der Titel des Musikstückes ist ihnen zu diesem Zeitpunkt noch nicht bekannt. Im Anschluss daran fertigen die Kinder eine Art Ablaufskizze an: Sie malen, evtl. mit geschlossenen Augen, die Flugbewegungen der Fliege nach, indem sie den Stift von der Musik führen lassen. Nach einer kurzen Bildbesprechung hören die Kinder das Musikstück mit dem Hörauftrag *„Die Musik erzählt dir, was die Fliege an einem Tag erlebt hat"*. Die Kinder schreiben daraufhin ihre durch die Musik geweckten Assoziationen aus der Perspektive einer Fliege auf.

**Aus dem Tagebuch einer Fliege**
Ich war auf einer Wiese und da schien die Sonne. Es war ein herrlicher Tag. Aber da fiel mir ein, daß ich doch noch was vorhabe, aber was nur? Ach ja, ich wollte mich doch zum Brunnen setzen. Nun, ich habe jetzt alles eingepackt und nun kann es losgehen. Ja, jetzt bin ich da! Nun setzte ich mich an den Brunnenrand. „Oh, Hilfe, was machst du denn da?" „Ich will dich fressen." „Du willst mich fressen?" „Ja!" „Hilfe, ich habe Angst, mich kannst du gleich bestimmt nicht mehr fressen. Nämlich jetzt fliege ich weg." Ich bin zu Hause, pu, ich habe Glück. Ende.

Ein assoziatives Verfahren kann dem Schreiben vorausgehen, das die Musikeindrücke versprachlichen hilft und den Schreibeinstieg vorbereitet (Cluster S. 49, Wörterbörse S. 48). Möglich ist auch der Einsatz des Verfahrens Landschaftsmalerei (MOSLER/HERHOLZ 1991): Es werden an jedem Tisch ein „Ortstopf" und ein „Stimmungstopf" bereitgestellt (je nach Musikstück erweiterbar durch einen „Personentopf"). Die Kinder schreiben jeweils auf eine Karte ein oder mehrere Orte (hier: Wo fliegt die Fliege hin? Zimmer,

Brunnen) und Beispiele für Stimmungen (hier: Wie fühlt sich die Fliege? müde, ausgelassen), um dann die Karten in die dafür vorgesehenen Töpfe zu legen. Sie ziehen aus jedem Lostopf jeweils eine Karte und flechten die Angaben in ihre Geschichte ein.

> Zum Schreiben nach und zu programmatischer Musik eignen sich Teile von folgenden Musikstücken:
> - *Bilder einer Ausstellung* von MODEST MUSSORGSKIJ (z. B. Der Gnomus)
> - *Peer Gynt* von EDVARD GRIEG (z. B. In der Halle des Bergkönigs, Morgenstimmung)
> - *Die vier Jahreszeiten* von ANTONIO VIVALDI (daraus eine Jahreszeit)
> - *Der Nussknacker* von PETER TSCHAIKOWSKY
> - 3. Satz, Sinfonie Nr. 1, d-Moll von GUSTAV MAHLER (Die Tiere des Waldes tragen den Jäger zu Grabe)
> - *Der Feuervogel* von IGOR STRAWINSKY

## Bild und Musik als Schreibanlass

Das Schreiben *zu* und *nach* Musik eignet sich auch zum Betrachten eines Bildes. Die Entfaltung der Fantasie erhält auf diese Weise zusätzliche Anhaltspunkte. So kann beispielsweise der Einsatz von Konzertmusik ohne programmatischen Hintergrund dazu beitragen, den Bildinhalt zu vertiefen und zu unterstützen. Bild und Musik treten somit in eine Art Wechselwirkung: Die Musik gewinnt durch das Bild an darstellendem Inhalt, und der Bildinhalt wird durch die Musik mit Leben gefüllt.

*Im Bild erklingt Musik, in der Musik tauchen Bilder auf – dies lässt mich schreiben*

### Der Flötenspieler und Musik von Wolfgang Amadeus Mozart

Das Bild von JANET BROOKS GERLOFF (1983) stellt einen Mann dar, der Flöte spielend am Meer entlanggeht. Kombiniert mit dem Flötenkonzert G-Dur von WOLFGANG AMADEUS MOZART gewinnt der Bildinhalt an Dynamik: Man ist geneigt, die Flötenmusik dem auf dem Bild dargestellten Flötenspieler zuzuschreiben. In dem Beispiel sind der Bildinhalt und die Instrumentierung in der Musik thematisch ganz aufeinander abgestimmt. Möglich ist auch der Einsatz von Musik, die in keinerlei Beziehung zum Bildinhalt steht. Die Musik unterstützt dann weniger das Motiv des Bildes als vielmehr die Assoziationen des Betrachters bzw. Schreibers zum Bild, die sich vom sichtbaren Motiv stark entfernen können.

**Der alte Mann am Strand**

Ein alter Mann ist am Strand. Er läuft und fühlt sich wohl. Er hat keine Schuhe an. Er läuft über den warmen Sand. Er spielt auf einer Flöte eine schöne Musik, und die Wellen plätschern an das Ufer. Es ist nicht zu glauben, dass so ein alter Mann noch so schön Flöte spielen kann, und dass er noch so fröhlich sein kann. Es ist am Strand sehr warm. Er spielt so schön, aber keiner hört ihm zu. Dennoch ist er so sehr glücklich, dass ihm keiner zuhören muss. Und am Strand ist es auch so schön.

### Meditative Musik als Schreibanlass

*Mit Musik zur Ruhe kommen, träumen. Wohin geht die Reise? Lass dich überraschen!*

Es ist das Anliegen meditativer Musik, eine innere Ruhe und träumerische Stimmung zu vermitteln, in der Gedanken und Fantasie schweifen können. Der Ideenträger wird zunehmend der Hörer bzw. der Schreiber selbst. Je nach Musikstück kann auch meditativ wirkende Musik stellenweise Anhaltspunkte für ein Schreiben *nach* Musik enthalten (z. B. Einsatz von Naturgeräuschen). Durch ihre Länge und ihre schwebenden, sphärischen Klänge enthält diese Musik jedoch meistens keine konkreten Themenvorgaben, sodass sich eine Kombination mit anderen kreativen Schreibmethoden umso stärker anbietet. So eignet sich ihr Einsatz z. B. in Verbindung mit **Fantasiereisen** (MÜLLER 1997), beim **Schreiben zu Stimuli** (Gegenstände, Bilder) oder in Verbindung mit **assoziativen Verfahren** (z. B. automatisches Schreiben).

### Eine Traumreise mit Arvo Pärt: Spiegel im Spiegel

Das Duett *Spiegel im Spiegel* (1978) von ARVO PÄRT für Violine und Klavier ist ein ausgeprägt in sich ruhendes Musikstück, bei dem der Aspekt des Schreibens zu Musik sehr gut zum Tragen kommen kann. Allerdings ist der Kompositionsstil von ARVO PÄRT so prägnant, dass auch im Sinne einer Anbahnung von Musikverstehen die Struktur und der Charakter der Musik ideengebend den Schreibprozess mitgestalten können (Schreiben nach Musik). Die Schüler werden zu einer Fantasiereise beim gleichzeitigen Hören des Musikstückes eingeladen. Das Schreibmaterial liegt bereit, damit die reine

Hörphase ohne organisatorische Unterbrechung nahtlos in die Schreibphase übergehen kann, während die Musik weiterhin zu hören ist (Dauer: 10:36 Minuten). Ein Hörauftrag könnte wie folgt lauten:
„*Die Musik, die du gleich hören wirst, hilft dir zu träumen.*
*Lass dich von der Musik begleiten.*
*Entscheide beim zweiten Hören, wann du aus deinem Traum erwachen möchtest. Erzähle ihn deinem Schreibpapier.*
*Setze oder lege dich nun gemütlich hin. Musik begleitet dich in deinem Traum.*
*Wohin führen dich die Klänge? Was siehst du, hörst du, spürst du?*
*Lass dich entführen in deine Traumreise.*"

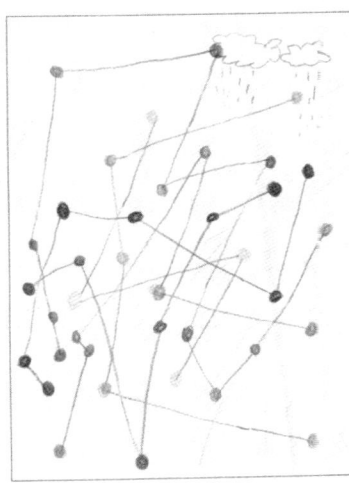

Hamun (8 Jahre)

ARVO PÄRT selbst beschreibt seine Musik so: „Ich könnte meine Musik mit weißem Licht vergleichen, in dem alle Farben enthalten sind. Nur ein Prisma kann diese Farben voneinander trennen und sichtbar machen; dieses Prisma könnte der Geist des Zuhörers sein." (ARVO PÄRT 1999) Betrachtet man Hamuns Bild und Text, so entdeckt man diese Elemente. Hamun lässt seine Farbpunkte nicht durch ein Prisma sichtbar werden, sondern sie fallen zu Boden. Die Dreiklangsbewegungen des Klaviers werden in den vor Kälte zerspringenden blauen Punkten aufgenommen. Wesentliche Elemente der Komposition hat Hamun grafisch und sprachlich herausgearbeitet.

*Die Idee des Komponisten kann zur Idee des Schreibenden werden*

Zum Schreiben zu und nach meditativer Musik bietet sich Musik an von
- G. Deuter, *Athmosphères*
- Eric Serra, *Le grand bleu* (eignet sich besonders gut zum Thema Wasser)
- Arvo Pärt, *Alina*
- Eric Satie, *Klavierwerke*
- Maurice Ravel, *Le jardin féerique*
- Jan Garbarek Group, *Rites*
- Keith Jarrett, *Vienna Concert*

## Musik der Avantgarde als Schreibanlass

Der Einsatz atonaler und experimenteller Klangverläufe gibt dem kreativen Schreiben weitere Impulse. Die Musik der Avantgarde ist gekennzeichnet durch den Bruch mit traditionellen Hörgewohnheiten. Die Fremdartigkeit und Unmittelbarkeit, die auf den Hörer einströmt, erzeugt Verwunderung und damit Irritation. „Die Musik war so fremd, so neu für mich. Gerade das hat mich über Musik schreiben lassen." So äußert sich ein Schüler zu seinem Text, der beim Hören der Komposition *Spiral I* (1968) von Karlheinz Stockhausen entstanden ist (Karlheinz Stockhausen 2009).

Hör mal, wer da spricht! Ein Schreibanlass zu *Zyklus* von Karlheinz Stockhausen

Um sich der Musik der Avantgarde intensiver zuzuwenden, eignet sich *Zyklus* (1959) in besonderer Weise (Karlheinz Stockhausen 2009). Die Komposition wird gespielt von einem Schlagzeuger mit reichhaltigem Instrumentarium, dessen Spielweise den Kindern vom eigenständigen Improvisieren und Musizieren vertraut ist. Die Assoziation eines Wortgefechts liegt nahe, da das schnelle Aufeinandertreffen kurzer und rasch wechselnder Klangfolgen charakteristisches Merkmal von *Zyklus* ist. Ein reichhaltiges Angebot, einen Dialog sowohl szenisch als auch verbal und instrumental auszuführen, soll den Kindern ermöglichen, sich auf vielfältige Weise der kontrastreichen Komposition zu nähern:

*Streiten mit Worten*
*Streiten mit Klängen*
*Wer streitet sich da?*
*Hör einfach zu!*

- Die Schüler bekommen zunächst die Möglichkeit, einen Dialog im freien szenischen Spiel zu entwickeln.
- Im weiteren Verlauf wird dieser Dialog instrumental improvisierend ausgetragen.
- Vom darstellenden Spiel losgelöst findet er anschließend in einer rein instrumentalen Improvisation statt.
- Ein konkreter Hörauftrag leitet die Schreibphase ein. „*Hör einfach zu! Wo bist du? Wer spricht da? Worüber sprechen sie? Schreibe es auf!*"

Der Hörausschnitt umfasst eine Zeitdauer von lediglich 1 Minute und 10 Sekunden. Nach mehrmaligem Hören kennen die Kinder den Klangverlauf sehr genau, was ein Schreiben *nach* Musik ermöglicht. Die Komposition kann detailliert als Schreibvorlage genutzt werden, oder man lässt sich nicht von den Details der Einzelklänge, sondern von der gesamten dynamischen Entwicklung leiten. Hennings Text spiegelt beide Aspekte wider.

Die dynamische Entwicklung des Hörausschnittes kann man deutlich in der Dramaturgie des geschriebenen Dialoges wiederfinden. Die anfänglich sehr kontrastierenden und rasch wechselnden Klänge beruhigen sich und enden im Hörausschnitt mit einem Beckenschlag. Henning greift diesen Verlauf in seinem Text sehr treffend in der wiederholten, unerbittlichen Forderung des Königs auf. So wie der Hörausschnitt mit einem prägnanten Klang endet, setzt Henning den Schlusspunkt mit seiner aussagekräftigen Textzeile „und schob sie zurück ins Schloss".

> Degarobart der große Krieger unterhält sich mit der Prinzessin Viola.
>
> Degarobart: „Was machst du hier?"
> Viola: „Ich schau mir die Wolken an."
> Degarobart: „Das möchte ich nicht!"
> Viola: „Warum nicht?"
> Degarobart: „Weil ich es nicht will!!!"
> Viola: „O.K.! aber warum nicht?"
> Degarobart: „Es stört mich, und jetzt geh!"
>
> Und schob sie zurück ins Schloss.
>
> Henning
> (10 Jahre)

## Komponieren als Schreibanlass

In den vorangegangenen kreativen Schreibaufgaben diente die Musik als Schreibanlass. Nun soll der umgekehrte Weg beschritten werden. Kinder mit Hörerfahrung, die zu Musik geschrieben, getanzt oder gemalt haben, können aufgrund klanglicher Assoziationen Texte schreiben, die wiederum als Grundlage für eigene Kompositionen eingesetzt werden.

*Geschichten erzählen kann jeder. Warum dann nicht auch komponieren?*

### Aus einer Geschichte wird Musik

Das Vorhaben, aus einer eigenen Geschichte eine Komposition anzufertigen, ist zu Beginn der Unterrichtsreihe den Kindern bekannt und unterstützt ein von Klängen und Geräuschen durchdrungenes Fantasieren und Schreiben. Ein Schreibimpuls, vorgetragen in der Art einer Fantasiereise, begleitet die Kinder in die Welt der Klänge:

*„Deine Geschichte soll Musik werden. Begleite deine Figuren mit Musik! Wie klingen sie? Was fühlen sie? Lass Klänge, Geräusche und Melodien deine Geschichte erzählen!"*

Die thematische Offenheit des Schreibanlasses ermöglicht jedem Kind, entsprechend seiner Vorstellungskraft, sich von Klängen, Geräuschen, vielleicht sogar Melodien leiten zu lassen. Der Text ist Grundlage für die anschließende Kompositionsarbeit. Häufig orientieren sich die Kinder an der Handlung ihrer Geschichte, an der entlang sie einen Klangverlauf komponieren. Stimmungen und Gefühle werden durch charakteristische Tonhöhenwahl oder Instrumentierung klanglich ausgedrückt, plötzlich auftretende Ereignisse durch überraschende Klänge. Eine so eng an den Text gebundene Arbeitsweise ermöglicht den Schülern weitreichende Erfahrungen mit Strukturierung und Aussagekraft von Musik (REISS 2004, 22).

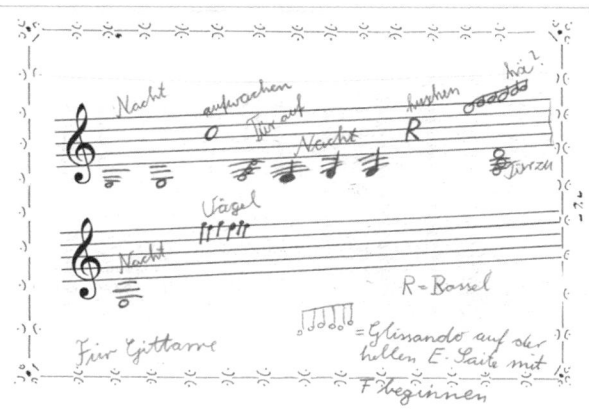

Es ist Nacht.
Die Familie von Klaus schläft tief und fest.
Doch plötzlich hört Klaus ein dunkles Geräusch.
Er wacht auf und macht die Tür auf. Doch was
war das? Vor ihm huschte etwas vorbei. Klaus
dachte: „Hä, was war das denn?" Dann machte er
die Tür wieder zu und ging in sein Bett und schlief ein.
Am nächsten Morgen zwitscherten die Vögel.
*Nikolas (9 Jahre)*

Die Wahl der Notation ist, je nach Alter und Vermögen, den Kindern freigestellt. In dem vorliegenden Beispiel kombiniert Nikolas verschiedene Notationsweisen. Der klangliche Gehalt seiner Geschichte spiegelt sich sowohl in den grafisch notierten Klangverläufen (im Notenbild erläutert) als auch in den mit herkömmlicher Notenschrift geschriebenen Passagen wider. Plötzlich auftretende Ereignisse verarbeitet Nikolas durch den Einsatz treffender Klangeffekte: Der Schlaf und die Nacht (tiefes E der Bass-Saite) werden unvermittelt durch einen großen Melodiesprung zum hohen c'' unterbrochen. Das Öffnen und Schließen der Tür setzt Nikolas jeweils mit einem Dreiklang um. Ansonsten bestimmen Einzeltöne seine Komposition. Für das Vorbeihuschen wählt er ein gänzlich anders klingendes Instrument. Der Klang der gewählten Rassel kommt dem der Textstelle sehr nahe. Mit einem Glissando auf der hellen E-Saite, wieder ein neuer Klangeffekt, vertont er die Textpassage „Hä, was war denn das?". Die Struktur des Textes übernimmt Nikolas für den Verlauf seiner Komposition: Mit dem tiefen E beginnt das Musikstück. Das Geschehen in der Nacht wird wie auch der Klangverlauf mit dem wiederkehrenden E des Schlafes abgerundet. Im Kontrast zum dunklen Basston erklingt das Ende der Komposition überraschend mit den hellen, schnellen Tonwiederholungen des Vogelgezwitschers, gespielt auf der hellen E-Saite seiner Gitarre.

Aus Nikolas Geschichte ist Musik geworden, man kann auch sagen, seine Geschichte war bereits Musik.

Alle Beispiele zeigen, wie vielfältig der Einsatz von Musik beim kreativen Schreiben sein kann, aber auch, wie nachhaltig die in musikalische Zusammenhänge eingebetteten Schreibprozesse und Ergebnisse einen fachlich gut fundierten Musikunterricht unterstützen können. „Es ist möglich, das scheinbar Unsagbare zu benennen, mit Sprache zum Vorschein zu bringen, was im schweigenden, sinnlichen Denken ruht." (Fuss 1995, 130)

## 4.4 Religion – sein Leben zur Sprache bringen

*Monika Kuchenwald (vormals Humpert)*

Als 1999 die Erstausgabe dieses Buches erschien, war der Einsatz kreativer Schreibmethoden im Religionsunterricht weitestgehend unbekannt. Sie waren eine neue Antwort auf die damaligen Forderungen zahlreicher Religionspädagogen, die Kinder, ihre Gedanken und Wahrnehmungen, in den Mittelpunkt des Unterrichts zu stellen. Gleichzeitig sollten ihnen sprachliche Hilfen angeboten werden, ihre Überlegungen und Gefühle auch entsprechend in für sie bedeutsame Worte zu fassen (Frisch 1992, Weidmann 1992). Die Kinder sollten befähigt werden, ein eigenes, echtes religiöses Vokabular zu entwickeln. Dem „Religionsstunden-Ich" sollte so entgegengewirkt werden. Damit war der häufig beobachtete Umstand beschrieben, dass das religiöse Vokabular für die Kinder letztlich inhaltsleer blieb, dass es von ihnen nur in den Religionsstunden und ohne wirkliches Verständnis gebraucht und am Ende der Stunde wieder abgelegt wurde (Hofmeier 1994, 129, 146). In der Erstausgabe wurde aufgezeigt und mit vielfältigen Schülerbeiträgen belegt, dass kreatives Schreiben im Religionsunterricht diese Forderungen in besonderem Maße erfüllen kann (HUMPERT, in BÖTTCHER, Erstausgabe *Kreatives Schreiben* 1999, 116–128).

*Guter Religionsunterricht fördert die individuelle Auseinandersetzung mit Religion und Glauben*

Betrachtet man die aktuellen religionspädagogischen Forderungen, hat das kreative Schreiben im Religionsunterricht nichts von seiner Aktualität verloren: Die deutschen Bischöfe fordern 2006 explizit, die Kinder als Subjekte im Prozess religiösen Lernens ernst zu nehmen. Sie weisen ausdrücklich darauf hin, dass Kinder eine eigene Weltsicht und Weltdeutung und somit eine eigene Weise haben, Gott zu erfahren und zu denken (Sekretariat der Deutschen Bischofskonferenz 2006, 10). Guter Religionsunterricht fördert die individuelle Auseinandersetzung mit Religion und Glauben (Lehrplan NRW 2008, 167 f.). Er sieht die Kinder, entsprechend den Erkenntnissen der jüngeren Entwicklungspsychologie, als kompetente Wesen: wahrnehmungs- und intelligenzmäßig, sozial, philosophisch – und theologisch (BUCHER u. a. 2008, 7). Entsprechend „mehren sich die Bemühungen um eine Kindertheologie (…) im Sinne (…) einer von ihnen selber hervorgebrachten Theologie" (ebd.; Beispiele hierfür: OBERTHÜR 1992, 1995, 1998). Genau zu diesem Theologisieren kann das kreative Schreiben einen unersetzlichen Beitrag leisten, öffnet es doch „dem Schreibenden Räume, ‚Welten', die er ohne die Tätigkeit des Aufschreibens und Arbeitens an seinen Texten und des Sprechens über sie nicht erreichen könnte" (BEISBART 2002, 176).

*Schreibend kommen die Kinder zu sich, zu den eigenen Erfahrungen, Vorstellungen und inneren Bildern*

Schreibend kommen die Kinder zu sich, zu den eigenen Erfahrungen, Vorstellungen und inneren Bildern. Sie nehmen ihre Welt und ihre Weltdeutungen sensibler wahr, geben ihnen Ausdruck und können sie so anderen mitteilen. Ihre theologische Produktivität wird angeregt und ihre theologische Reflexionsfähigkeit wird gefördert (Theologie *von* Kindern, s. hierzu die drei Dimensionen von Kindertheologie, HILGER 2006, 94). Auch zur Identitätsentwicklung leistet kreatives Schreiben einen wichtigen Beitrag: Schreibend können die Kinder sich als Subjekte äußern und sich so auch gleichzeitig als Subjekte erfahren (ebd., 364).

*Schreiben fördert die religiöse Sprachfähigkeit*

Auf dem Weg zu einer eigenen Sprache ist Schreiben erfolgreicher als Belehrung oder auch der direkte Kontakt im Gespräch (BEISBART 2002, 186). Schreiben im Religionsunterricht leistet einen wichtigen Beitrag zur Förderung der religiösen Sprachfähigkeit. Dazu gehört sowohl die Kompetenz des authentischen sprachlichen Ausdrucks jenseits von religiösen Sprachklischees als auch eine Sensibilität für Sprache, welche die innere und die äußere Welt verbindet und reich an Metaphern ist (HILGER 2006, 361).

Die zahlreichen Methoden des kreativen Schreibens können bei vielen Themen des Religionsunterrichts gewinnbringend eingesetzt werden. Eine individuelle Auseinandersetzung mit biblischen Texten und der darin enthaltenen Glaubensaussage wird z. B. durch das Füllen von Leerstellen angeregt. Ebenso bietet sich das perspektivische Schreiben an, das strukturorientierte Schreiben, die Kommentierung eines biblischen Textes oder das Verfassen „moderner" Gleichnisse (MENDL 2008, 349 f.). Eine anregende Sammlung von Methoden und Beispielen für kreatives Schreiben im Religionsunterricht hat LUDWIG SAUTER (2007) zusammengestellt. Zahlreiche Anregungen zum Schreiben zu Bildern und zum Schreiben zu Musik, welches auch seinen Platz im Religionsunterricht haben sollte, finden sich bei BÖTTCHER (1999, 82–115). Ein sehr gutes Beispiel, wie die eigene schreibende Erfahrung der Kinder am Anfang einer Unterrichtsreihe stehen und zugleich ein Verstehen der „Sache" vorbereiten kann, findet man in der Unterrichtsreihe zu „Propheten" von RAINER OBERTHÜR. Mit dem Satzanfang „Hört mir zu, ihr Menschen" werden die Kinder zum Verfassen einer Rede an die Menschheit angeregt. Sie erfahren also Aspekte des „Prophet-Seins" selbst. Erst in einem zweiten Schritt wird dies mit „Propheten" in Verbindung gebracht und so das Verständnis erleichtert (OBERTHÜR 2004, 132 ff.). Um einen sehr schwierigen, gleichzeitig aber auch sehr wichtigen Inhalt des Religionsunterrichtes geht es in der im Anschluss vorgestellten Unterrichtsreihe zum „Beten". Anhand dieses Beispiels wird ferner gezeigt, wie die Kinder in die Bewertung ihrer eigenen Leistungen einbezogen werden können.

## Mit eigenen Worten beten – exemplarische Unterrichtsreihe

Individuelles Beten in der Schule in der Klassengemeinschaft? Dies scheint zunächst ein Widerspruch zu sein. Dennoch ist es Aufgabe der Grundschule und auch der Sekundarstufe I bei den Schülern diese Fähigkeit zu fördern (Sekretariat der Deutschen Bischofskonferenz 2006, 29 und 2004, 14 f.). Beten spielt zu Recht eine zentrale Rolle, ist das Gebet doch „die Außenseite von Religion". In ihm spiegelt „sich die Modalität religiöser Weltaneignung, die Fähigkeit, ‚hinter die Dinge zu sehen' und die Dynamik der Selbstüberschreitung und Orientierung auf ein Du hin wider" (MENDL 2008, 162). Befähigt der Religionsunterricht die Kinder zum Beten, so befähigt er sie gleichzeitig zu einer sensiblen Wahrnehmung der Welt und des eigenen Lebens. Die Methoden des kreativen Schreibens sind geeignet, diese Wahrnehmungen in für den Schreiber bedeutsame Worte zu fassen. So wird Beten zu einer positiven Erfahrung und führt zu einer innigeren Gottesbeziehung. Die folgende Unterrichtsreihe zeigt einen Weg auf – auch in der (Klassen-)Gemeinschaft –, individuell zu beten; einen Weg, der auch für Jugendliche und Erwachsene attraktiv bleibt.

*Im Gebet spiegelt sich die Fähigkeit, hinter die Dinge zu sehen*

Bietet man kreatives Schreiben im Religionsunterricht an, gilt es, bestimmte Grundsätze und Regeln zu beachten (SAUTER 2007, 15). SAUTER nennt als Grundvoraussetzung für eine anregende Schreibatmosphäre ein hohes Maß an Achtsamkeit, Einfühlungsvermögen, Ermutigung, Geduld und Zutrauen den Kindern und Jugendlichen gegenüber. Wichtig ist, dass Schüler für ihre kreativen Akte vor allem Zuspruch, Ermutigung, positive Rückmeldung und Würdigung erfahren. Bei kreativen Schreibaufgaben, bei denen so persönliche Texte entstehen, wie es eigene Gebete sind, sollte die Teilnahme auf jeden Fall freiwillig sein (im Sinne von „werbender Motivation"; MENDL 2008, 168). Für den Fall, dass ein Kind nicht zu motivieren ist, sollte ein alternativer Schreibauftrag zur Verfügung stehen. Alle Texte sollten grundsätzlich im Plenum vorgestellt werden. Dabei ist es wichtig, stets ausreichend Zeit für die Wahrnehmung des Eigenen und des Anderen und für einen Austausch über die Texte vorzusehen (BEISBART 2002, 190). So bereichern die Textproduktionen den Einzelnen und die Gruppe. Gleichzeitig werden sie auf diese Weise angemessen gewürdigt, was darüber hinaus auch durch eine Einbeziehung in den Schulalltag (z. B. als Morgengebet oder im Schulgottesdienst) und eine Veröffentlichung (z. B. in der Schülerzeitung oder auf der Schulhomepage) geschehen kann.

**Erste Unterrichtsstunde: Beten, was ist das?**
Zu Beginn der Unterrichtsreihe ist es sinnvoll, das Vorwissen der Kinder zum Thema „Beten" zu aktivieren und ihnen die Möglichkeit zu geben, sich ihres persönlichen Verständnisses von „Beten" bewusst zu werden. Mithilfe des assoziativen Verfahrens *Sternförmiges Denken* schreiben die Kinder alle ihre Assoziationen zum Thema auf. Das sternförmige Aufschreiben um das Kernwort „Beten" unterstützt das unstrukturierte Sammeln aller Gedanken. Im Anschluss daran unterstreicht jedes Kind seine drei bis fünf wichtigsten Assoziationen und formuliert damit einen kurzen Text zu der Frage „Beten, was ist das?". Die Offenheit der Frage lässt unterschiedlichste Schülerantworten zu – vom Versuch einer Definition bis zur Schilderung eigener Erfahrungen. Der anschließende Austausch bereichert und erweitert das Verständnis aller Kinder und gibt auch der Lehrperson Aufschluss über Wissen und Denken der Kinder im Hinblick auf das Thema.

**Zweite Unterrichtsstunde: Ist Gott in dieser Welt?**
Diese „große Frage" beschäftigt grundsätzlich sehr viele Kinder (OBERTHÜR 1995, 16). Sie ist auch in Bezug auf das persönliche Gebet von Bedeutung, da die scheinbare Abwesenheit Gottes das Beten erschweren kann. In dieser

Stunde werden die Kinder sich schreibend bewusst, was sie im Hinblick auf die Frage, wo Gott in dieser Welt zu finden ist, persönlich glauben oder bereits erfahren haben. Dazu erhalten sie den Anfang der Geschichte *Der König und der Hirte* von LEO TOLSTOI. Die eingesetzte Methode des Fortschreibens einer Geschichte ist eine große Hilfe, die eigenen Ideen zu verbalisieren, schreibend auch neue Ideen zu entwickeln sowie neue Ausdrucksmöglichkeiten zu finden (Prinzip des imitativen Schreibens, SPINNER 2005, 82–93). Das dramatische Ende „Aber bedenke es geht um deinen Kopf!" hat hohen Aufforderungscharakter und motiviert die Kinder, gute Möglichkeiten zu finden.

In ihren Texten finden die Kinder stets verschiedene Möglichkeiten, Gott in der Welt zu entdecken: in der Natur/Schöpfung, im Mitmenschen, in der Bibel. Diese werden beim Vorlesen der Geschichten gesammelt und bilden die Grundlage für die weiteren Stunden der Unterrichtsreihe: Jede gefundene Möglichkeit wird in den folgenden Religionsstunden von allen Kindern näher betrachtet. So ist sichergestellt, dass die einzelnen Stunden an die Gedanken und Erfahrungen der Kinder anknüpfen und diese erweitern bzw. vertiefen.

### Dritte Unterrichtsstunde: Ist Gott in der Natur?
Die Möglichkeit, Gott in der Natur, in seiner Schöpfung zu finden, wird in der Regel von vielen Kindern genannt. Entsprechend wird sie zuerst aufge-

griffen. Die Kinder können in dieser Stunde erfahren, dass man Gott überall finden kann, dass alle Geschöpfe etwas von Gott erzählen und insofern auch Anlass und Inhalt ihres Betens sein können. Dazu verlassen die Kinder das Schulhaus und werden zu einem aufmerksamen Wahrnehmen der Natur angeregt. Sie erhalten den Auftrag, sich einen Gegenstand aus der Natur zu suchen, *der sie besonders anspricht,* und diesen mit in die Klasse zu bringen. Diese Vorgabe richtet den Blick auf die kleinen Dinge, die leicht so selbstverständlich werden, dass man sie nicht mehr bewusst wahrnimmt. Ziel ist, die Kinder durch die genaue Betrachtung zum Staunen über diese kleinen Wunder anzuregen, denn die „Fähigkeit zum Staunen ist eine wichtige Basis für den Gottesglauben überhaupt" (ebd. 2008, 238). Die erfahrungsorientierte Dimension, die in den Bildungsstandards ausdrücklich gefordert wird (Sekretariat der Deutschen Bischofskonferenz 2006, 19–21), schult in besonderem Maße die Fähigkeit, „hinter die Dinge zu sehen", die Mehrdimensionalität der Wirklichkeit zu erspüren (MENDL 2008, 164 f.). Die Kinder werden offen für die Sprache der Dinge und ihren Hinweischarakter auf ihren Schöpfer. Dies fördert auch eine ehrfürchtige und verantwortungsvolle Haltung gegenüber der Schöpfung. Der mitgebrachte Gegenstand dient als Stimulus für das Schreiben. Die Kinder können ihn während des Schreibvorganges immer wieder betrachten und sich hierdurch neu anregen lassen. Zu ihrem Gegenstand verfassen sie ein *Akrostichon.* Der Name des Gegenstandes wird senkrecht auf das Papier geschrieben und gibt Länge und Struktur des zu verfassenden Textes vor. Jeder Buchstabe ist der Beginn einer neuen Zeile. Wie viele Worte oder Sätze jeweils in eine Zeile geschrieben werden, ist freigestellt. Es sollte jedoch ein bedeutungshaltiger Satz bzw. Text entstehen (S. 45). Diese Stunde ist in besonderem Maße geeignet, die Kinder „zum Beten (zu) verlocken" (Sekretariat der Deutschen Bischofskonferenz 2006, zitiert nach MENDL 2008, 166) und ihnen im Religionsunterricht eine spirituelle Grunderfahrung zu ermöglichen.

### Vierte Unterrichtsstunde: Ist Gott in den (Mit-)Menschen?

Thema der vierten Stunde ist die Aussage der Kinder, dass man Gott in den Mitmenschen entdecken kann. Ziel ist, die Sensibilität der Kinder für ihre

Mitmenschen zu fördern, ihr Einfühlungsvermögen zu erweitern und eine offene und verantwortungsbewusste Haltung diesen gegenüber anzubahnen (Sekretariat der Deutschen Bischofskonferenz 2006, 21). Dazu wird den Kindern eine große Auswahl von Bildern vorgelegt, auf denen Menschen unterschiedlichsten Alters in unterschiedlichsten Lebenssituationen abgebildet sind. Jedes Kind sucht sich das Bild eines Menschen aus, dessen Gefühl(e) es meint benennen zu können. Mithilfe der Methode des metaphorischen Schreibens beschreiben die Kinder nun die (als unbeschreiblich geltenden) Gefühle (S. 54). In einem letzten Schritt formulieren sie für diesen Menschen eine passende Fürbitte. Das metaphorische Schreiben bringt die Kinder „aktiv in Berührung mit der Sprache des Glaubens und der Bibel, die fundamental auf Bilder und Metaphern angewiesen ist" (SAUTER 2007, 32). Beim Schreiben dieses Gebetes für einen Mitmenschen gehen die Kinder einen wichtigen Schritt auf dem Weg zu einem reiferen Gebetsverständnis.

## Fünfte Unterrichtsstunde: Ist Gott in der Bibel?

Auf die Geschichten der Kinder aus der zweiten Stunde zurückgreifend steht in dieser Stunde die Bibel im Mittelpunkt. Die Bibel ist das *Wort Gottes*. Durch sie spricht Gott uns direkt an. Die Bibel zeigt, dass Gott, seit es Menschen gibt, zu diesen gesprochen, sich ihnen erfahrbar gemacht hat. In den Psalmen wenden die Menschen sich vertrauensvoll an Gott. Der „Beschäftigung" mit den Psalmen spricht Bitter eine herausragende Bedeutung für die spirituelle Bildung und auch für die Sprachschulung zu (BITTER 2002, 254). In dieser Stunde nutzen die Kinder Gebete der Bibel als Hilfe für ihr persönliches Gebet. Dazu werden ihnen vier verschiedene Psalmen in gekürzter Form zur Auswahl gestellt: Ps 104, Ps 23, Ps 138 und Ps 25. Die Kinder wählen selbst, ob sie Gott bitten, danken, ihn loben oder ihm ihr Vertrauen aussprechen wollen. Nur so ist es möglich, dass sie ein wirklich authentisches Gebet verfassen. Bleibt dies unberücksichtigt, besteht die Gefahr, eine neue Art von „Religionsstunden-Ich" zu produzieren: Die Kinder schreiben zwar ein Gebet, die Grundrichtung ist jedoch wieder von den Erwartungen der Lehrperson bestimmt (MENDL 2008, 167). Als Methode wird in dieser Stunde eine Form der *Textreduktion* verwendet (S. 54). Dabei unterstreichen die Kinder diejenigen drei bis fünf Kernworte bzw. Kernwortgruppen, in denen sich für sie der Sinn der Psalmen konzentriert. In einem zweiten Schritt schreiben sie mithilfe dieser Kernworte ihr eigenes Gebet. Da die Kinder den Psalm mehrere Male intensiv lesen müssen, um ihre Kernworte zu finden, übernehmen sie unbewusst dessen Sprachrhythmus, erweitern ihren Wortschatz und ihre religiöse Ausdrucksfähigkeit. Der Inhalt des Psalms regt sie an, passende eigene Gedanken vor Gott zur Sprache zu bringen.

Lieber Herr,
die Vögel des Himmels,
die Wolken und Pflanzen
sind schön.
Und das sind deine Geschöpfe.
Unsere Seelen sind Dichter
und singen ein Halleluja!
Amen
*Andreas*

Herr
ich danke dir
aus meinem ganzen Herzen.
Du gibst mir die Worte,
die ich sagen will.
du gibst mir
jeden Tag neue Kraft.
Herr,
du führst mein Leben.
Ich danke dir dafür.
Amen.
*René S.*

### Sechste Unterrichtsstunde: Beten, wie ist das?

In der letzten Stunde reflektieren die Kinder ihre Erfahrungen mit dem Beten. „Durch diese Reflexion wird eine Verbindung von Kognition und Emotion, von vernetztem Wissen und persönlicher Erfahrung geschaffen." (FREUDENBERGER-LÖTZ 2005, 166, zitiert nach MENDL 2008, 174) Die Kinder vervollständigen den Satzanfang „*Beten ist wie ...*" mit einem bildhaften Vergleich (Metaphernmeditation). So werden sie sich ihrer Erfahrungen und ihrer Einstellung bewusst. Mithilfe der Methode sind sie in der Lage, etwas zum Ausdruck zu bringen, für das die konventionelle Sprache nicht ausreicht. Schreibend erweitern sie auch ihr Verständnis für die Bildhaftigkeit der religiösen Sprache. Schon Grundschulkinder haben in der Regel keine Schwierigkeiten, bildliche Vergleiche zu formulieren: „*Beten ist wie neu geboren werden*" (Eva), „*Beten ist wie ein Regenbogen, auf den du draufgehen kannst*" (Johanna), „*Beten ist wie schon bei Gott sein*" (Melanie), „*Beten ist wie eine kalte Cola nach einem harten Fußballspiel*" (Vedat). Die positiven

*Mit dem kreativen Schreiben neue (Glaubens-)Erfahrungen machen*

Erfahrungen, die hier formuliert werden, belegen den Wert des kreativen Schreibens beim Beten-Lernen im Religionsunterricht. Mit ihrer Hilfe können die Kinder neue (Glaubens-)Erfahrungen machen, Neues denken und neue Ausdrucksmöglichkeiten finden. Differenzierung ist automatisch enthalten, da alle „auf unterschiedliche Weise, in unterschiedlicher Intensität und mit einem differenzierten Grad der Zustimmung teilnehmen" (MENDL 2008, 174). Die Gebete, die entstehen, sind neuartig und qualitätvoll. Das Dankgebet eines Schülers zeigt, dass auch dies dazu beiträgt, eine innigere Gottesbeziehung aufzubauen: „Herr, ich danke dir aus meinem ganzen Herzen. Du gibst mir die Worte, die ich sagen will. ...".

Unser Gebetbuch
Es bietet sich an, aus den im Rahmen dieser Unterrichtsreihe entstandenen Texten ein *klasseneigenes Gebetbuch* zu erstellen und dieses bei verschiedenen Gebetsanlässen zu nutzen. Sinnvoll ist, das Buch so anzulegen, dass es von den Kindern kontinuierlich erweitert werden kann. Die Texte der letzten Stunde, in denen Beten als etwas Positives reflektiert wird, können zusammen mit den Bildern, die die Kinder zu ihren bildlichen Vergleichen malen, den Umschlag des Gebetbuches bilden.

Leistungen fördern und bewerten
Kriterien und Maßstäbe der Leistungsbewertung sollen – auch und gerade im Religionsunterricht – für die Schüler transparent sein. Nur so kann sichergestellt werden, dass die Benotung für die Kinder nachvollziehbar ist, und sie wissen, dass ihre religiöse Überzeugung, ihr religiöses Leben oder ihre religiöse Praxis in keiner Weise bewertungsrelevant sind. Und nur so können die Kinder in die Beobachtung ihrer Lernentwicklung einbezogen werden. Haben sie die Gelegenheit, ihre Arbeitsergebnisse selbst einzuschätzen und Lernprozesse zu reflektieren, können sie zunehmend mehr Verantwortung für ihr weiteres Lernen übernehmen.

Der Selbsteinschätzungsbogen
Eine gute Möglichkeit, bewertungsrelevante Aspekte transparent zu machen und die Kinder im genannten Sinne mit einzubeziehen, ist der Einsatz von Selbsteinschätzungsbögen. Die Kinder reflektieren ihren Lernprozess und bewerten den Grad der Zielerreichung. Bemerkungen der Kinder oder der Lehrperson können die Einschätzungen ergänzen. Die Bögen werden im Anschluss an die Unterrichtsreihe besprochen. Hier ergibt sich zudem die Möglichkeit, den Kindern weitere individuelle Lernchancen zu eröff-

nen. Zu der oben dargestellten Unterrichtsreihe könnte der Bogen etwa folgendermaßen aussehen:

| Das habe ich gelernt: | Einschätzung | Das will ich noch dazu sagen: |
|---|---|---|
| Ich kann erklären, *was* „Beten" bedeutet. | ☺ ☻ ☹ | |
| Ich kann beschreiben, *wie* Beten ist. | ☺ ☻ ☹ | |
| Ich kenne verschiedene Gebetsarten. | ☺ ☻ ☹ | |
| Ich kenne Gebete aus der Bibel. Sie heißen: | ☺ ☻ ☹ | |
| Ich kenne verschiedene Methoden, die mir helfen, meine Gebete an Gott aufzuschreiben. | ☺ ☻ ☹ | |
| Ich habe erfahren, wo man Gott in dieser Welt finden kann: | ☺ ☻ ☹ | |
| Ich kann über die kleinen Wunder der Schöpfung staunen und mich darüber freuen. | ☺ ☻ ☹ | |
| Ich kann mein Staunen und meine Freude mit Worten ausdrücken. | ☺ ☻ ☹ | |
| Ich kann mich in meine Mitmenschen hineinversetzen und für sie beten. | ☺ ☻ ☹ | |
| Das habe ich noch gelernt: | | |
| Diese Fragen habe ich noch: | | |
| Daran möchte ich weiterarbeiten: | | |

## Das Portfolio

Eine weitere, auch für den Religionsunterricht sehr gute Möglichkeit, ist die Arbeit mit dem Portfolio (S. 159 f.). Dabei werden die Kinder angeregt, diejenigen Lernergebnisse in Mappen zu sammeln, die sie selbst besonders gelungen finden und die ihre Lernentwicklung und ihre Kompetenzen in Bezug auf transparente Beurteilungskriterien und Lernziele deutlich machen. Das Portfolio sollte so offen angelegt sein, dass die Kinder darin alle relevanten Arbeitsergebnisse sammeln können: ihre „großen Fragen", ihre selbstverfassten Texte, Gebete, Bilder und Lieder. Auch im Rahmen von Freiarbeit entstandene religiöse Arbeiten sollten darin Platz finden, ebenso die oben erwähnten Selbsteinschätzungsbögen. Durch die bewusste Zusammenstellung des Portfolio durch die Kinder wird ihre Reflexions- und Beurteilungsfähigkeit im Hinblick auf die eigenen Leistungen gefördert. Sie entwickeln ein Bewusstsein für die eigenen Stärken. Dies trägt in nicht zu unterschätzendem Maße zur Persönlichkeitsentwicklung und zum Aufbau eines gesunden Selbstbewusstseins bei (BECKER-MROTZEK/BÖTTCHER 2006, 104 ff.).

## 4.5 Sachunterricht – die Welt erkunden und beschreiben

*Carolin Speckgens*

Die Grundidee dieses Kapitels ist es, im Sachunterricht eine kreative Schreibaufgabe zu stellen, um die Sprachfähigkeit und damit auch das sachliche Verstehen anzuregen und zu vertiefen. Das **Thema *Insel*** bildet das Rahmenthema, einzuordnen in den Bereich *Natur und Leben* oder *Raum, Umwelt und Mobilität* (Lehrplan Sachunterricht 2008, 40 ff.). Als Stimulus zum kreativen **(Be-)Schreiben** dienen von den Schülern selbst gebastelte Fantasieinseln. Dadurch wird automatisch die Wichtigkeit des Beschriebenen gesteigert, ist doch die Motivation, jemandem eine Vorstellung von etwas Selbsterdachten zu vermitteln, viel höher (FEILKE 2003, 10 f., ABRAHAM 2007, 16).

*Thema Insel als Schreibstimulus*

Auf die enge Wechselwirkung von Sprach- und Sachunterricht wird schon im alten Lehrplan hingewiesen (1985, 26). Im neuen Lehrplan wird sie dann vertiefend aufgegriffen, wenn es heißt, dass „die sachliche Erschließung und sprachliche Durchdringung" einander bedingen (ebd. 2008, 39). Noch konkreter wird die Rolle der Sprachfähigkeit im neuen Lehrplan Sachunterricht bei der Auflistung der **Kompetenzerwartungen**: Dem „Untersuchen", „Ermitteln", „Beobachten" oder „Erkunden" folgt fast immer das

„Beschreiben" (ebd., 43 ff.). Gemeint ist u. a. das Beschreiben von Gegenständen (ebd., 43 f., 47), von Wegen (ebd., 46), von Gefühlen (ebd., 48) oder von Vorgängen (ebd., 44 ff., 48 f.). Angestrebt wird – als ein wichtiger Aspekt des Verstehens – die „Kommunizierbarkeit" des Verstandenen, kann doch eine Sache erst dann als verstanden gelten, „wenn man in der Lage ist, sie einer anderen Person zu beschreiben ..." (GRYGIER/HARTINGER 2009, 8).

*Integrierte Schreibaufgaben*

Das Verfassen von Texten wird häufig in umfassendere Lernkontexte integriert und reicht über den Bereich des „Schreibens" hinaus. Solch „integrierte Schreibaufgaben" sind dann legitim, „wenn der Gesamtzusammenhang des Lernens durch die Integration erst bzw. intensiver erfasst wird" (BAURMANN/POHL 2009, 101). Beim Verfassen einer Beschreibung im Sachunterricht ist das genau der Fall, denn durch das Beschreiben sollen die gewonnenen Erkenntnisse erfasst und dadurch verstehbarer werden. Das Verstehen zu unterstützen ist aber gerade ein Ziel des Sachunterrichts (GRYGIER/HARTINGER 2009, 7).

*Beschreiben als komplexe (Schreib-)Aufgabe*

Beim **Beschreiben** müssen die Schüler entgegen einer bloßen Abbildung von Wirklichkeit komplexe Vorgänge zerlegen, neu ordnen und typisieren, um sie dann sprachlich umzusetzen (POPP 2007, 39). Im Idealfall soll dem Leser oder Zuhörer ein praktisches oder imaginatives Nachkonstruieren ermöglicht werden (FEILKE 2003, 7). Also müssen Beschreibungen „informativ, sachbezogen und sprachlich klar verfasst sein" (MERZ-GRÖTSCH 2010, 122). Das Beschreiben erfordert also an sich schon kognitiv und kommunikativ anspruchsvolle Teilkompetenzen, die es zu einer oftmals unterschätzten (Schreib-)Aufgabe machen (BECKER-MROTZEK/BÖTTCHER 2006, 115).

Hinzu kommt die Schwierigkeit der „linguistischen Einordnung", spricht man doch bei der Beschreibung von einer „heterogenen Textart" (BECKER-MROTZEK/BÖTTCHER 2006, 115). Beschreibungen sind meist eingebettet in andere Textarten, tauchen dort vielmehr als Textpassagen auf (z. B. in Erzählungen in Form von Landschaftsbeschreibungen). Sie legen ihren Fokus auf das „Äußere", „das Sichtbare", womit ein Verzicht auf Erklärungen, Interpretationen oder Deutungen einhergeht. Beim Erlernen von Beschreibungen ist jedoch zu erwarten, „dass Schülerbeschreibungen zunächst stets als ‚Mischformen' verschiedener Texthandlungen angelegt sind" (FEILKE 2003, 9). Die reine Beschreibung sollte eine „Zielperspektive" sein (ebd., 9), auf die ‚behutsam' hingearbeitet wird.

Erst durch die Einbettung in einen **Handlungskontext** erhält die Beschreibung ihren Sinn und Zweck, der auch die Wahl der sprachlichen Mittel bestimmt. So ist es nicht unerheblich, ob eine Wegbeschreibung zum Finden eines Zieles dient oder im Reiseführer die Neugierde des Reisenden wecken soll. Auch sollte der Handlungskontext für die Kinder unbedingt eine Bedeutung haben und in „reale Kommunikationszusammenhänge" funktional eingebunden werden (FIX 2006, 102). Letzteres soll in dieser Einheit durch die Einbindung in ein Ratespiel erfolgen.

### Das Thema Insel

Das Thema *Insel* stößt bei Kindern einer 3./4. Klasse auf großes Interesse, da es meist mit der Ferienzeit, d. h. mit vielen positiven Erfahrungen verbunden wird. Im Fach **Kunst** können die Schüler Inseln basteln oder malen. Um das Beschreiben als Übungsform zu „entwickeln" und „verstehbarer" zu machen, bietet sich im Fach **Sprache** das Lesen von Inselbeschreibungen aus Reiseführern, Kinderlexika oder dem Internet an. So können über die „Texte von Profis die Mittel des Beschreibens gewonnen und zu Werkzeugen ausgearbeitet werden" (FEILKE 2003, 12). Auch literarische Angebote zum Thema Insel sind nutzbar (z. B. DEFOE: Robinson Crusoe; SWIFT: Gullivers wundersame Reise auf die Insel Lilliput; BLYTON: Fünf Freunde auf der verbotenen Insel).

*Thema Insel in den Fächern*

Im **Sachunterricht** können Schüler in Auseinandersetzung mit bestimmten Inseln die Abhängigkeiten zwischen dem Lebensrhythmus des Menschen und dem Rhythmus der Natur erarbeiten (z. B. Nordfriesische Inseln, Halligen) sowie die Einflüsse von Umweltbedingungen auf Pflanzen- und Tierwelt (z. B. endemische Pflanzenformen oder Tiere). Auch hier dienen immer wieder „Texte von Profis" als Grundlage.

### Standortbestimmung

Zum Ermitteln des Vorwissens der Kinder eignen sich assoziative Verfahren des kreativen Schreibens wie z. B. das *Cluster* (S. 49 f.), auch als *Wörterkrake* zu bezeichnen. Die Erfahrungen zu diesem Thema werden zusammengetragen und später ausgewertet. Die Cluster werden einzeln, in der Gruppe (Gruppencluster) oder auch in der Klasse (Klassencluster) erstellt. Bei der Auswertung können bereits Oberbegriffe zu häufig auftretenden Assoziationen gebildet und an der Tafel festgehalten werden.

### Informationen sammeln und strukturieren

Die Kinder werden aufgefordert, Material zu dem Thema zu sammeln und mitzubringen. Mitgebracht werden können
- Reiseführer über Inseln
- Reiseprospekte aus Reisebüros
- Urlaubsfotos bzw. -dias

- Inselkarten/Postkarten
- Kindersachbücher (Lexika)
- Kinder- und Jugendbücher zum Thema Insel usw.

Das Material wird im Kreis vorgestellt, um es dann gemeinsam zu ordnen. Folgende Stichpunkte dienen als „Ordnungspunkte", um einen strukturierten Überblick zu erleichtern:
- Definition von Inseln in Abgrenzung zu Kontinenten
- Wie heißt die größte Insel der Welt?
- Entstehung der Inseln (vulkanisch/Riffbau)
- Anordnungen von Inseln (Archipel, Inselkette, Halbinsel)
- Unterschiedliche Lagen zum Festland (kontinentale Inseln, ozeanische Inseln)
- Auswirkung der Lage auf Menschen, Pflanzen, Tiere (z. B. Galápagos-Inseln)

Ausgehend von dem hier erworbenen Wissen über Inseln können nun eigene Inseln gebastelt werden. Durch die Möglichkeit des Verfremdens wird gleichzeitig das sachliche Wissen vertieft, sei es dadurch, dass es als Maßstab der Verfremdung dient, oder dass auch reale Wesensmerkmale in die Trauminsel integriert werden.

### Ich beschreibe meine Trauminsel – die Schreibaufgabe verstehbar machen

Von Bedeutung ist hier der **kreative Ansatz** der Beschreibung: Indem die Schüler eine für sie bedeutsame Trauminsel schaffen, entwickeln sie beim Beschreiben Fantasienamen oder bildliche Vergleiche, die der Sache angemessen sein müssen, aber auch Raum für subjektive Wahrnehmung lassen. Neben der sprachlichen Kreativität drücken die Schüler auch durch die Inseln etwas über sich aus, denn sie haben sie ihrer Vorstellung gemäß geschaffen. Die Schreibaufgabe wird für die Schüler nicht nur wichtiger, und sie erfahren das Beschreiben als „lebendiges sprachliches Handeln" (ROLF 1987, 31), sondern die Aufgabe wird auch lösbarer.

*Strukturierung von Handlungskontext und Funktion*

Neben der Objektrelevanz, die den Schreibprozess unterstützt, müssen auch der **Handlungskontext und die Funktion** didaktisch strukturiert und damit verstehbarer gemacht werden. Wie eingangs erläutert, variieren je nach Handlungskontext die Textsorten, sodass es nicht die eine klassische Beschreibung gibt, die „sprachlich material bestimmbar wäre" (FEILKE 2003, 13). Die Wahrnehmung muss also auf den „Handlungszusammenhang" und die „Funktion" geschärft werden, um daraufhin inhaltliche/sprachliche

Kriterien zu entwickeln, die den Schreibprozess stützen. Bezogen auf diese Schreibaufgabe gibt es verschiedene Möglichkeiten (Popp 2007, 39):
- eine Beschreibung der Trauminsel (gemeint ist die Beschaffenheit, wichtig für Menschen mit bestimmten Reisezielen wie Kletterurlaub, Strandurlaub, …),
- eine Beschreibung dessen, was es alles auf der Trauminsel gibt (im Sinne einer Prospektbeschreibung, die die Attraktivität dieser Insel hervorheben soll),
- eine Inselbeschreibung als Abgrenzung/Unterscheidung zu anderen Inseln. Der Zuhörer/Leser soll diese Insel unter vielen anderen sofort identifizieren können.

Für diese Unterrichtseinheit relevant soll der letzte Handlungskontext sein. Das Identifizieren der Inseln soll zusätzlich in ein Ratespiel eingebettet werden. So gewinnt der Handlungskontext an Bedeutung, und die sachliche Angemessenheit der Texte kann sinnvoll überprüft werden (siehe Einleitung).

Als wichtiges Strukturmuster für die Inselbeschreibung dient dabei die Verwendung der Himmelsrichtungen. Es handelt sich dabei um ein „externes Koordinatensystem" (Feilke 2003, 11/12), welches das Beschreiben etwas vereinfacht. Um den kreativen Prozess zu unterstützen, kann man die Kinder auch ein eigenes „externes Koordinatensystem" entwickeln lassen (z. B.: statt der Himmelsrichtungen vier Farben nehmen; Richtungen, die zwischen zwei Farben verlaufen, werden mit der entsprechenden Mischfarbe beschrieben).

*Himmelsrichtungen als Strukturmuster*

### Realisierung

Die Grundidee ist, aus einer alten Zeitung eine Inselform zu reißen (Kohl 1993) und diese auf ein zuvor einfarbig bemaltes DIN-A3-Blatt zu kleben. Die Kinder bemalen die Insel mit Wasserfarbe und geben ihr somit eine Grundfarbe. Darauf aufbauend bemalen und/oder bekleben sie ihre Trauminsel ganz ihren Vorstellungen gemäß. Als Material zur plastischen Ausgestaltung dienen z. B. kleine Steine, Glitzerstaub, Alufolie, Knöpfe, Sand, Bänder, getrocknete Blumen, Muscheln, alte Verpackungen, Zweige, Stoff- oder Fellreste. Zum Schluss werden die fertiggestellten Inseln für alle sichtbar in der Klasse aufgehängt. Durch die Ausgestaltung der Trauminsel werden die Kinder in ihrer Wahrnehmung geschärft, und das Beschreiben fällt im Anschluss entsprechend leichter.

**Kriterien**, die das Beschreiben inhaltlich strukturieren, sind z. B.:
- Name (z. B. Schlaraffeninsel)
- Form (sieht aus wie ..., Buchten, länglich, breit)
- Größe (klein, mittelgroß, groß, so groß/klein, wie ...)
- Farbe (Grundfarbe, Hintergrund)
- Was befindet sich wo auf der Insel (z. B.: Himmelsrichtungen (im Norden liegen ...) oder Farbrichtungen (im „Rot" findet man ...), „um die Insel herum", „auf der gesamten Insel", „im Zentrum der Insel")?
- Wie sehen die Dinge auf der Insel aus (z. B.: „ein glitzernder, lilaner See", „ein großer, bunter Elefant" ...)?

*Schreibhilfen erarbeiten*

Zu den **Kriterien** werden an der Tafel **Stichworte** gesammelt, die das kreative Beschreiben zusätzlich unterstützen. Man kann auch auf ein großes Plakat eine Musterinsel malen und an die passenden Stellen das Wortmaterial schreiben (Himmelsrichtungen, „im Zentrum", „am Ufer", „in den Buchten" ...). Schon jetzt muss man die Kinder immer wieder ermutigen, für ihre Trauminsel treffende Fantasienamen oder fantastische, bildliche Vergleiche zu finden. Damit aber der sachliche Bezug nicht verlorengeht, sollten sie ihre Fantasienamen oder Vergleiche immer auch erklären können (z. B.: „Meine Insel sieht aus wie ein Gummibärchen, weil man runde Arme, Beine und einen großen runden Kopf erkennen kann"). Die Wörter können an der Tafel festgehalten werden (Konfettisand, Schlangenbäume, Glitzerweg, ...), um einen möglichen Wortbau (hier: zusammengesetzte Nomen) anzuregen.

Schon beim Sammeln der Wörter wird eine Durchdringung von Sprache und Sache angeregt (z. B. Form ist vom Standpunkt des Betrachters abhängig), die ein „Verstehen" unterstützen (siehe Einleitung). Hilfreich ist vor dem Schreiben das mündliche Erproben des Beschreibungsvorgangs.

Neben der inhaltlichen Begrenzung (Inselvorlage, Vorgabe von Kriterien) wird als zusätzliche **Schreibbegrenzung** vereinbart, dass die Schüler beim Schreiben keine DIN-A4-Seite überschreiten dürfen. Das Beschränken auf das Wesentliche soll dadurch zusätzlich angeregt werden. Durch die Einbettung in das Ratespiel erfolgt automatisch die Einzelarbeit. Haben einige Kinder Schwierigkeiten bei der Textproduktion, erhalten sie Arbeitsblätter, auf denen sich die Kriterien als lenkende Fragen befinden, die lediglich beantwortet werden müssen (Wie heißt deine Insel? Welche Form hat deine Insel? Wie groß ist deine Insel? etc.). Das Frageblatt dient zur Individualisierung des Lernprozesses: Es kann als Planungshilfe für einen verzögerten Schreibbeginstieg dienen oder als Endprodukt des Schreibprozesses.

*Individualisierung des Lernprozesses*

## Ergebnisse

Beim Basteln und auch beim Schreiben zeigen die Kinder viel Motivation und Einfallsreichtum: Es entstehen Blumeninseln, über und über mit Blumen beklebt, Flüsse und Wege aus Alufolie und Glitzerstaub, Strände oder Wege aus rot bemaltem Sand, Hängematten aus bunten Bändern, Affengehege aus Zweigen. Beim Beschreiben drehen und wenden sie die Bilder, suchen nach Ausdrücken, vergleichen, sind sprachlich kreativ. In den Texten wird dies deutlich durch fantasievolle Inselnamen, wie *Walacheiinsel, Wunschparadiesinsel, Naturinsel, Dschungelinsel, Coconutinsel* oder *Pirateninsel*. Bezüglich der Form finden sich in den Texten bildliche Vergleiche, wie „*Meine Insel sieht aus wie ein Hundekopf, ... wie ein Gespenst, ... wie ein Gummibärchen, ... wie ein krummes Herz oder ... wie ein Piratenkopf.*"

Trotz sehr hoher Schreibmotivation gegenüber einer sonst weniger beliebten Schreibaufgabe verdeutlichen die Schülertexte auch den **hohen Anspruch** der Aufgabenstellung (siehe Einleitung): Einige Beschreibungen sind **nicht vollständig**, oder die Schüler neigen zur **Aufzählung** von Inseldetails, ohne ihr Äußeres näher zu beschreiben (vgl. Text von Eva). Es bietet sich also an, die Inseldetails vorweg in einem eigenen Arbeitsgang zu beschreiben: Die Kinder notieren auf kleine Zettel (z. B. Post-its) passende Adjektive zum Äußeren der Inseldetails (z. B. Palme: hoch, goldener Stamm grüne Blätter; Schlange: lang, rot, ...). Die Zettel kleben sie an die entsprechende Stelle in ihre Insel (wichtig: Für das anschließende Ratespiel müssen die Zettel abnehmbar sein). Die Schreibaufgabe „Beschreibe deine Trauminsel" wird für die Schüler somit überschaubarer, da sie die Stichworte in ihren Text (sprachlich richtig) integrieren können und ein Teil der inhaltlichen Arbeit wegfällt.

*Differenzierende Maßnahmen zur Aufgabenbewältigung*

Auch findet sich unter den Schülertexten kaum eine **reine Form** der Beschreibung vor (siehe Einleitung): Die Schüler fügen erklärende/wertende Elemente ein (z. B. „Ein Boot steht im kalten Wasser. Es gehört ... ') oder beschreiben Elemente, die auf der Insel nicht sichtbar sind (der Frosch im Text von Eva). Im folgenden Ratespiel werden diese Aspekte automatisch aufgearbeitet.

*Eva*

Der Rückgriff auf ein **externes Koordinatensystem** (hier: die Himmelsrichtungen) stellt sich als sehr hilfreich heraus, jedoch müssen einige Kinder während des Schreibprozesses immer wieder daran erinnert werden. Vertieft werden kann das kreative Schreiben zu den Inseln, indem die Kinder z. B. einen weiteren Text mit der Anleitung „Ein Tag auf meiner Trauminsel" verfassen. Sämtliche Schreibergebnisse zum Thema Insel können abschließend in einem großen Inselbuch gebunden werden, um den Schülern ein sichtbares Ergebnis ihrer Arbeit zu liefern.

### Weitere Anregungen

*Beschreiben von Inselbewohnern*

Das kreative Beschreiben zum Thema Insel kann man dahingehend variieren, dass die Kinder nur ein bestimmtes **Inseldetail** beschreiben, z. B. ein **(Fantasie-)Tier**, das auf ihrer Insel lebt. Aus Modelliermasse gestalten die Schüler auf der Trauminsel lebende Fantasietiere und beschreiben sie dann. Auch hier kann ein Fragenkatalog das Beschreiben unterstützen:

---
**Fragenkatalog**
Name des Tieres:
Tierart:
Gestalt (groß, klein, mittelgroß, sieht aus wie …):
Körperteile (Größe, Form, Farbe, Lage):
Kopf (Größe, Form, Farbe):
Gesicht (Augen, Nase, Mund …):
Besonderes Merkmal (Wie? Wo?)?
**Diese Wörter helfen dir:**
groß, klein, länglich, rund, dick, dünn, eckig, rau, kalt, glatt, schwer, leicht, zackig, oben, unten, links, rechts, vorne, hinten, freundlich, unheimlich, lustig, spitz, schmal, breit …

---

Fraglich ist, ob das Fantasietier auf der entsprechenden Trauminsel lebensfähig ist. Auf fantastischer Ebene müssen die Schüler also zuvor die Abhängigkeit von Natur und Lebensrhythmus prüfen.

*Wegbeschreibung*

Ebenso können **Wege** auf dieser Insel beschrieben werden (Popp 2007, 38 ff.), wobei auch hier wieder Beschaffenheit und Umfang des Weges die Schüler selbst bestimmen. Man kann zwei Möglichkeiten unterscheiden:
- Die Wegbeschreibung ist ein Mittel, um inhaltliche Informationen zu übermitteln. Sie entspricht z. B. einer exakten Anleitung, einen Weg von A nach B zu finden.

- Der Weg ist ein selbstgestalteter Fantasieweg, er gewinnt eine Eigendynamik. Die Kinder zeichnen ihrer Fantasie gemäß mit zwei parallelen Linien einen Weg auf ihre Insel. Dieser Weg kann sich schlängeln, Spiralen drehen, kann sich der Form nach der Insel anpassen oder neue Formen bilden, hat ein Ziel oder auch nicht. Zwischen den Linien beschreiben die Schüler die Art des Weges (z. B.: Ich drehe mich immer weiter, immer weiter, jetzt springe ich hoch und runter, …). Die Gestaltung der Schrift kann die Weggestaltung zusätzlich unterstützen.

Variiert man den **Handlungskontext**, ergeben sich weitere kreative Schreibaufgaben. So kann man zu den Trauminseln Werbetexte und -sprüche verfassen. Die Beschreibungen werden also in Texte mit appellativer Funktion eingebettet. Zunächst sollten die Tricks und Mittel erarbeitet werden, die einen Werbetext ausmachen. Dann kann man die Kinder anleiten, einen eigenen Werbetext oder -spruch zu ihrer Trauminsel zu verfassen, der aber immer auch beschreibende Elemente enthalten muss. Das *Fortsetzen eines Werbetextes* kann dabei als Schreibverfahren hilfreich sein. Textanfänge sind z. B.:

Schreiben von Werbetexten

- Ein Gefühl von Freiheit …
- Ferien einmal anders …
- Wenn Sie Ihre Träume wahr werden lassen wollen, dann …
- Abenteuer erleben bedeutet …

Eine weitere Möglichkeit, möglichst einprägsame, kreative Werbesprüche zu verfassen, ist das Erstellen eines *Elfchers* zu seiner Trauminsel. Das letzte Wort wird als Zauberwort eingeführt, um die Kinder anzuleiten, die Auswahl dieses Wortes genau zu präzisieren. Eine Anleitung zu einem **Werbeelfchen** könnte sein:

*Sachunterricht* 131

1. Zeile: Name der Insel (1 Wort)
2. Zeile: Was gibt es auf der Insel? (2 Wörter)
3. Zeile: Wie ist es? Was macht es mit dir? (3 Wörter)
4. Zeile: Was fühlst du auf der Insel? (4 Wörter)
5. Zeile: Das Gefühl/ die Stimmung, die vermittelt wird (= 1 Zauberwort)

> *Schlaraffeninsel*
> *viele Überraschungen*
> *sie verzaubern dich*
> *du fühlst die Spannung*
> *Abenteuerlust*

Durch die Begrenzung auf elf Wörter müssen die Kinder die Wortauswahl überdenken. Letzteres ist gerade Voraussetzung für das Verfassen eines wirkungsvollen Werbetextes.

Folgende Themen bieten weitere Ansatzpunkte für ein kreatives Schreiben im Sachunterricht:

*Weitere Kreative Schreibanlässe*

- Wald – Naturmaterialien erzählen lassen. Die Kinder schließen von der Struktur einer Rindenschicht auf die Lebensgeschichte eines Baumes und schreiben sie auf. Besonders aufschlussreiche Stellen der Borke kann man vor dem Schreiben auf ein Stück Seidenpapier mit Bunt- oder Bleistift frottagieren. Als Schreibmethode bietet sich ein *Akrostichon* zum Wort Baumrinde oder Borke an. Diese Methode ist auf andere Naturgegenstände übertragbar (Blätter, Früchte …).
- Waldwunder-Wunderwald (PROPSON 2006, 131). Die Schüler untersuchen u. a. das Leben im Wald. Dabei erfinden sie auch eigene *Waldwesen* oder nennen ihnen bekannte Waldwesen aus der Literatur und fertigen über sie Steckbriefe an (ebd. 136).
- Das Leben der Indianer – die Geschichte meines Indianernamens. Ein Indianer konnte nach einem Tier, einem Naturereignis am Tage seiner Geburt oder nach einer tapferen Tat benannt werden, z. B. *Regen-ins-Gesicht, Fliegender Stern*. Die Kinder erfinden ihren eigenen Indianernamen und schreiben seine Geschichte auf (die Idee stammt aus der Indianerkartei zum Buch von URSULA WÖLFEL, *Fliegender Stern*).
- Früher und heute – eine Straße erzählt. Innerhalb des Themas früher und heute bietet sich das *perspektivische Schreiben* an. Die Kinder versetzen sich in eine Straße (Haus, Brunnen, Denkmal) und beschreiben aus dieser Perspektive die Veränderungen, die sich im Laufe der Jahrhunderte ereignet haben.

## 4.6 Mathematik – zu Zahlen und Strukturen schreiben

*Carmen Berend*

Dass Kinder auch im Mathematikunterricht wie in anderen Fächern Texte verfassen, hat in der Mathematikdidaktik noch keine lange Tradition. Zu Zeiten der Erstausgabe dieses Buches löste die Konfrontation mit dieser Idee noch Stirnrunzeln bei Kindern, Kollegen und Eltern aus. Diesbezügliche Veröffentlichungen in der Literatur und immer mehr zu beobachtende Beispiele in der Schule weisen nun unverkennbar darauf hin, dass die Textproduktion zu mathematischen Inhalten auf dem Wege ist, sich als Gegenstand und Medium des Mathematikunterrichts zu etablieren. Dies trifft nicht nur auf die Grundschule zu, was für die allgemeine Bedeutsamkeit des Ansatzes spricht. Laut SEBASTIAN KUNTZE und SUSANNE PREDIGER (2005) besteht heute allgemein Konsens darüber, dass sich hier neue Zugänge zur Mathematik eröffnen, die zudem oftmals die Möglichkeit einer vertiefenden Auseinandersetzung in sich tragen. Der Titel ihres Beitrages „Ich schreibe, also denke ich" kann ganz im Sinne der theoretischen Grundlegung dieses Buches (S. 9 ff.) als ein Appell verstanden werden, gerade im Mathematikunterricht, also auf einem ausgewiesenen Feld der Denkerziehung, das Schreiben von Texten als didaktisch-methodischen Baustein aufzunehmen. Dies steht im direkten Zusammenhang mit einem auf den Erwerb von Kompetenzen ausgerichteten Curriculum. Der Lehrplan Mathematik für die Grundschule in NRW (2008) stellt Fähigkeiten wie „Darstellen/Kommunizieren" und „Problemlösen/Kreativ-Sein" gleichermaßen als Inhalt und Methode des Lernens von Mathematik heraus. In welcher Weise nun auch spezifische Formen des kreativen Schreibens hierzu konkret und zunehmend einen Beitrag leisten können, zeigen die folgenden Ausführungen und Beispiele.

*Das Schreiben im Mathematikunterricht als didaktisch-methodischen Baustein aufnehmen*

### Kreatives Schreiben und die mathematische Fachsprache

Der Einstieg in die Thematik erfolgt über den Gedanken, dass die mathematische Fachsprache mit ihrem um Kürze bemühten Zeichensystem eine besondere Form der Schriftsprache darstellt. Was bedeutet hier nun „kreativ schreiben"? Zur Beantwortung sei ein Ausschnitt aus einer Mathematikstunde in einem 1. Schuljahr vorangestellt, um sich den Prozess für die Aneignung der mathematischen Fachsprache vor Augen zu führen.

Unter dem Motto „Im Eiscafé Mattelini" wurden die Kinder auf der Grundlage eines szenischen Spiels mit dem Problem konfrontiert, den Rechnungsbetrag und das Wechselgeld zu bestimmen. Nun sollte auch der

Rechenweg dokumentiert, d. h., die dem Vorgang des Bezahlens innewohnenden Strukturen in der mathematischen Fachsprache dargestellt werden. Bei der Berechnung des Wechselgeldes entstand Verwirrung. Die Lehrerin hatte wohl wie die meisten ihrer Kolleginnen die Standardgleichungen: 20 € – 13 € = 7 € oder 13 € + 7 € = 20 € im Kopf. Nicht so jedoch die Kinder: Eva zergliederte die Aufgabe geschickt und hielt nur noch den Gedankengang: 3 € + 7 € = 10 € für erwähnenswert. Henrik schrieb: 20 € – 7 € = 13 € und argumentierte: „Ich habe von 20 € so viel weggetan, dass ich 13 € habe." Und Sven gab an, von 13 € bis 20 € gerechnet zu haben, notierte aber quasi als Bestätigung für seine richtige Rechnung: 7 € + 13 € = 20 €.

*Kreatives Nutzen der mathematischen Fachsprache*

Ein kreatives Nutzen der mathematischen Fachsprache bedeutet zunächst, dass die Kinder die mathematische Sprache im Einklang mit ihren originären Gedanken (Prinzip der Expression, S. 14) gebrauchen können. Somit sind diese vielfältigen und teilweise auch noch unvollständigen Ansätze gezielt herauszufordern, um auf dieser Basis einen Prozess der Verständigung über einen Rechenausdruck und dessen inhaltliche Bedeutung einzuleiten.

Bei Verkürzung dieses Weges besteht die Gefahr eines Bruchs zwischen den Vorstellungen der Kinder und den in der mathematischen Sprache abgefassten Aussagen. Es findet kein sinnstiftendes Lernen statt, und es wird die Chance vertan, die eben angesprochenen prozessbezogenen Kompetenzen zu schulen. Zudem gewinnen die Kinder die kontraproduktive Einstellung, sich nicht auf ihre geistigen Kräfte zu verlassen: Sie suchen sofort nach einem Musterbeispiel oder warten geduldig in der Gewissheit ab, dass sie die richtige Lösung ohne eigene Anstrengung bald geliefert bekommen. Um all dem entgegenzuwirken gilt es also, den Kindern Raum zur Erkundung und Erprobung mit eigenen schon vorhandenen Mitteln oder kurz gefasst: **Raum für Eigenproduktionen** (Selter 1993) zu geben.

**Eigenproduktionen**

In einem kompetenzorientierten Mathematikunterricht kann man den Begriff der **Eigenproduktion** als ein Schlüsselwort bezeichnen. Nach Selter sind damit alle Formen des mündlichen und schriftlichen Ausdrucks, also sowohl die in der Fachsprache als auch die in der allgemeinen Schriftsprache gemeint, mit denen das Kind seine Vorstellungen und Gedankenwege in der Auseinandersetzung mit (mathematischen) Sachverhalten darstellt. Welche Möglichkeiten hier nun speziell Textproduktionen bieten, lässt sich gut an dem folgenden Beispiel aufzeigen:

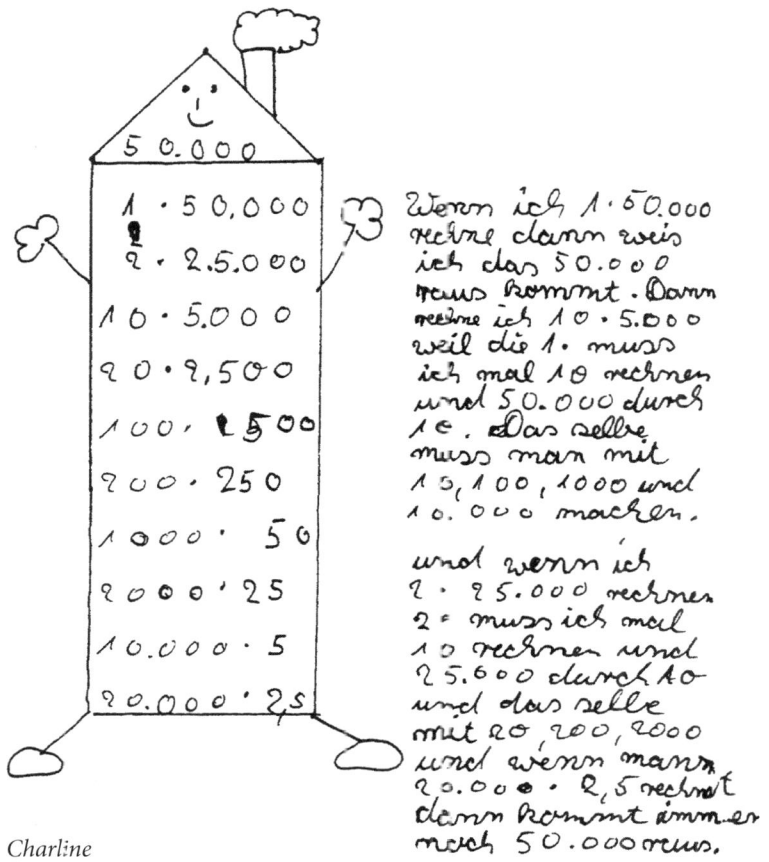

Charline

Charline **argumentiert**, indem sie für sich den Konstanzsatz für die Multiplikation herleitet und weiterführt. In ihrem Bemühen, möglichst viele Produkte zu konstruieren, geht sie **systematisch** vor. Der Schreibauftrag erfordert, das Vorgehen entsprechend strukturiert **darzustellen** und die Systematik auf einer höheren Ebene des Bewusstseins zu bearbeiten. Zudem ist die Schülerin **kreativ**, indem sie die gefundene Gesetzmäßigkeit auf eine Dezimalzahl erweitert. Sie deutet an, dass sie das letzte Produkt noch nicht rechnerisch bewältigen kann, aber von der Stimmigkeit ist sie aufgrund ihrer Einsicht in die mathematischen Gesetzmäßigkeiten voll überzeugt.

Unverkennbar fordert und fördert das Schreiben mannigfaltige Kompetenzen, es betont kreative Prozesse sowohl beim Denken als auch beim

Schreiben, ermöglicht ein vertieftes Eindringen in strukturelle Zusammenhänge, hilft neues Wissen aufzubauen und treibt so die Kognition voran.

Allen Kollegen, die diese Anregung aufgreifen wollen, sei mit auf den Weg gegeben, dass diese beeindruckende Aufgabensequenz nicht beim ersten Mal entstand. Erst nach der wiederholten Thematisierung solcher Zahlenhäuser, erst nachdem die Kinder schon häufiger ihren Gedankenweg auch in einem begleitenden Text dokumentiert hatten, waren solche Ergebnisse möglich. Von den ersten häufig mager ausfallenden Versuchen sollte man sich nicht entmutigen lassen. Der Aufbau einer entsprechenden „Lernkultur" (Fix 2008) benötigt langfristige und vielfältige Lernanlässe, in denen die erkenntnisleitende Funktion des Schreibens zur Anwendung kommt.

### Lernen durch Schreiben

*Gezielter Gebrauch der Schriftsprache*

Schon kleine Lernaufgaben können solche Anlässe sein. Diese finden wir bereits in den Beiträgen von Peter Gallin und Urs Ruf, die mit ihrem Konzept zum dialogischen Lernen in Sprache und Mathematik den gezielten Gebrauch der Schriftsprache angestoßen haben.

„Wie rechnest du denn 9 + 8 = __?" wäre so ein alltägliches Beispiel. Die veröffentlichten Schülerprodukte aus der Schweiz dokumentieren die Vielfalt der Zugriffsweisen:

> Zu erst neme Ich von dem 9 5 weg und dan neme ich von dem 8 5 weg und dan HaBe Ich 10. Dann rechne ich:
> 10 + 4 + 3 = 17
> Ich Dun Ärst Bite 8 eine Wegne und Dan Dunich Bite 9 Anelege und Dan Weisichs und Dan Dunich no 7 Desue Lege und Dan weisichs Das Isch 17
> Ich nieme neun Und neun gleich achzen Wäg eins gleich Siebenza.
> (Ruf/Gallin 1995, 126 f.)

Alle, die den Einsatz der Schriftsprache zu einem solch frühen Zeitpunkt für unmöglich halten, dürften sich vom Gegenteil überzeugen. Die Vorteile sind vor allem darin zu sehen, dass jedes Kind herangeführt wird, sich selbst dem Problem zu stellen und sich den eigenen Denkweg zu vergegenwärtigen. So kann das Schreiben dazu beitragen, auch in großen Klassenverbänden ein individualisiertes Lernen durchzuführen.

Wenn derart Denkprozesse nicht nur in einem flüchtigen Gespräch thematisiert werden, erhalten zudem schwächere oder zurückhaltende Kinder die Anregung zur aktiven Mitarbeit. Unter Umständen werden Teilleistungen evident, die man einzelnen Kindern nicht zugetraut hätte oder auch die

Kinder sich selbst nicht zugetraut hätten. Jedenfalls erhält die Lehrerin durch die schriftlichen Eigenprodukte ein hervorragendes Mittel an die Hand, den jeweiligen Lernstand zu erheben, sodann an den Gedankengängen der Kinder anzusetzen und zuletzt auch kompetenzorientierte Leistungsbeurteilungen vorzunehmen. Und die Kinder erhalten eine zusätzliche Chance, zumindest Denkansätze eigenständig zu entwickeln, damit ihre Sichtweise auf Bekanntes neu zu formulieren (S. 10, 14) und Vertrauen in die eigene Denkfähigkeit aufzubauen.

Die schon in der Unterrichtspraxis und in Veröffentlichungen auffindbaren Beispiele zum Schreiben im Mathematikunterricht zeigen, dass die zu behandelnden Inhalte und bestimmte didaktisch-methodische Arrangements eine wichtige Rolle spielen. Mit dem Ziel, die Schreibkompetenz sowie die Lesekompetenz als Teil einer Lernkultur (Fix 2008) zu etablieren, scheinen folgende Situationen weiterführend zu sein.

### Darstellen von Lösungswegen

Schreiben bietet sich im Mathematikunterricht besonders dann an, wenn ein Raum zur eigenen Konstruktion besteht und Kinder nicht auf Standardoperationen zurückgreifen können und sollen. In den weiteren Schuljahren würde dies passend zum oben angeführten Beispiel sein, wenn es zum ersten Mal darum geht, sich mittels der bereits erworbenen Fähigkeiten das Rechnen in dem jeweils erweiterten Zahlenraum zu erschließen.

*Raum für eigene Lösungswege lassen*

Kennzeichen eines kompetenzorientierten Mathematikunterrichts ist es allerdings, Kindern möglichst oft bzw. prinzipiell durch sogenannte „gute Aufgaben" diese Lernchancen zu eröffnen, wie etwa durch den Auftrag: „Finde Malaufgaben, deren Ergebnisse kleiner als 50 sind. Versuche möglichst viele zu finden. Schreibe auf, wie man viele finden kann."

Es liegt auf der Hand, dass in allen Schuljahren die Bearbeitung von Denk- und Sachaufgaben durch Schreiben zusätzliche Anstöße erfahren kann. Wer sich dazu einen Eindruck verschaffen möchte, sei auf die Schülerprodukte in *42 Denk- und Sachaufgaben – Wie Kinder mathematische Aufgaben lösen und diskutieren* von Renate Rasch (2003) verwiesen.

### Schreiben zu Mustern

Die elementare Kompetenz des Strukturierens, die sich im Bezugsetzen von Größen und Formen und im Erkennen von Gesetzmäßigkeiten ausprägt, hat beim mathematischen Lernen eine fundamentale Bedeutung. Gerade auf diesem Feld kann der Einsatz der Schriftsprache eine wichtige didaktische Funktion erfüllen.

*Kompetenz des Strukturierens fördern*

Im Rahmen eines Beitrags zum kreativen Schreiben bietet sich hier als eine Quelle das Buch *Der Zahlenteufel* von Hans Magnus Enzensberger an. In dem „Kopfkissenbuch für alle, die Angst vor der Mathematik haben" sieht sich ein kleiner Junge im Traum mit einer Vielzahl von Besonderheiten aus der Welt der Zahlen konfrontiert. Der Zahlenteufel leitet ihn an, die vielfältigen Rätsel zu durchschauen.

Das Arbeitsblatt (Berend 2004, 192) zeigt auf, wie die Auseinandersetzung mit der Sache durch das Zusammenwirken von mathematischer Fach- und Schriftsprache angeregt werden kann.

---

**Arbeitsblatt**
**Das blaue Wunder mit den Dreieckszahlen**
… Der Zahlenteufel hört nicht auf zu erzählen: … „Und jetzt kommt noch etwas, ein richtiger Hammer, mein lieber Robert. Zähl mal zwei von den dreieckigen Zahlen zusammen, die nebeneinander stehen, da kannst du dein blaues Wunder erleben."

Mach das, was der Zahlenteufel vorschlägt:

___ + ___ = ___
___ + ___ = ___
___ + ___ = ___
… ___ + ___ = ___

Was fällt dir auf?
_____
_____
_____
_____

Finde noch mehr Beispiele:

___ + ___ = ___
___ + ___ = ___
___ + ___ = ___
___ + ___ = ___

---

Eine weitere Anregung ist das Schreiben von Steckbriefen oder Zahlenrätseln. Es ruft dazu auf, über Eigenschaften und Beziehungen von Zahlen nachzudenken, gibt einen großen Raum für eigenständige Entdeckungen und beinhaltet zudem spielerisches Erfinden und Lösen von Rätseln.

Meine Zahl hat zwei gleiche Ziffern und die Quersumme heisst 16. Und die Zahl in der Mitte heisst 5. Und sie ist von der 6. Hundertertafel
(aus: Hengartner u. a. 2006, 61)

Erläutern von Begriffen, Regeln oder Verfahren

> **Auftrag:**
> Maja war letzte Stunde nicht da. Schreibe einen Text, der ihr erklärt, wieso und wie man überschlagsmäßig rechnet.
> Erklärung von Auf- und Abrunden:
> Das Auf- und Abrunden benutzt man häufig für ungerade Zahlen. Von den Zahlen 0, 1, 2, 3, 4 rundet man ab, bei … . Wenn du z. B. im Kaufhaus bist und ein Computerspiel für 37,95 €, ein Kuscheltier für 8,25 € und ein Radiergummi für 2,50 € kaufst und du nicht weißt, ob das Geld reichen würde, kannst du die Beträge auf- und abrunden:
> 38.00 € + 8.00 € + 3.00 € = 49 €
> …
> *(aus: Kuntze/Prediger 2005, 2)*

Dieses Beispiel aus einer 5. Klasse erscheint durchaus auch für den Primarbereich bedenkenswert. Diese Idee könnte z. B. auch bei den Teilbarkeitsregeln oder bei Zeichnungen mit dem Geodreieck zur Anwendung kommen. Auch häufig auftretende „Fehler" können Schreibanlässe bilden. So kommt es beispielsweise immer wieder zu Irritationen, wenn Kinder die Begriffe Rechteck und Quader richtig zuordnen müssen. In diesem Fall könnte dann der Auftrag lauten:

> Viele Kinder bezeichnen eine Schuhschachtel nicht als Quader, sondern als Rechteck. Schreibe einen Text, der erklärt, was ein Rechteck und was ein Quader ist. Vielleicht kannst du auch einen Tipp geben, wie man „Rechteck" und „Quader" gut auseinanderhalten kann.

Forscherhefte und andere Arrangements

Die „Denkaufgabe der Woche" und „Forscherhefte" stellen methodische Rahmungen dar, die schon häufig im Unterricht zum Einsatz kommen. Solche Arrangements stellen im Grunde institutionalisierte Anlässe für die oben aufgeführten Bereiche „Darstellen von Lösungswegen" und „Schreiben zu Mustern" dar. Als feste Bestandteile des Unterrichts können sie die eingangs hervorgehobenen didaktischen Möglichkeiten verstärkt zur Wirkung bringen.

In diesem Zusammenhang seien als weitere Anregungen Portfolios, Lernberichte oder Lerntexte und Lernwegebücher (Sundermann/Selter 2008, 55 ff.) genannt. In diesen Formen werden zum einen Arbeitsprodukte gesammelt, zum anderen geht es um die Darstellung und Analyse des jeweili-

*Lernarrangements institutionalisieren*

gen Vorgehens und darüber hinaus um die Auseinandersetzung mit dem eigenen Lernprozess. Im Zuge der Erschließung dokumentiert das Kind nicht nur Gedankenwege und Ergebnisse, sondern überlegt, was es dadurch gelernt hat und welche Aufgaben es sich im Anschluss stellen will. Hier eröffnet sich ein didaktisches Erprobungsfeld, in dem über die Belange der Fachdidaktik hinaus Schreiben als Methode des Lernen-Lernens zur Anwendung kommt.

## Rechengeschichten

*Rechengeschichten als Ausdruck originärer Gedanken und Vorstellungen*

Der Leser möge sich die Aufgabe stellen, eine Rechengeschichte bzw. ein alltagstaugliches Modell zu der Gleichung: 3/4 mal 2 = 3/2 zu finden. Man erkennt schnell, dass dies nicht mit der Anwendung einer Rechenregel zu leisten ist. Vielmehr setzt es Einsicht in die Operation oder das Bilden eigener Grundvorstellungen heraus, womit eine wesentliche didaktische Funktion von Rechengeschichten umrissen ist. Der Auftrag, etwa zu der Aufgabe 47 – 8 = eine passende Situation darzustellen, verfolgt das Ziel, den mathematischen Term begrifflich fassbar zu machen. Im Sinne des kreativen Schreibens kann man diesen Auftrag als ein Schreiben zu Mustern (S. 25) verstehen. Dies trifft allerdings nur dann zu, wenn die Rechengeschichte auch ein Instrument zum Ausdruck originärer Gedanken und Vorstellungen wird.

Genau diesen Anspruch verfolgte ROTRAUT DRÖGE (1991), als sie sich vornahm, die durch häufig unsinnige Textaufgaben gekennzeichnete Wirklichkeitsfremdheit des Sachrechnens durch das Schreiben eigener Rechengeschichten aufzubrechen. SYBILLE SCHÜTTE (1997) folgend kann dies allerdings nur gelingen, wenn diese nicht nur in ihrer dienenden Funktion für den Mathematikunterricht gesehen werden. Die Sprache in diesen Texten muss ihren eigenen Charakter und ihre kreativen Möglichkeiten bewahren. Nur dann, wenn die Kinder die Sache vor dem Hintergrund eigener Erfahrungen angehen, Assoziationen zur eigenen Erlebniswelt herstellen und auch für die mathematische Bewältigung nicht relevante Einzelheiten einbringen können, leisten derartige Rechengeschichten einen Beitrag dazu, mathematische Zusammenhänge als

Extraktionen eigener Gedankenbilder und persönlicher Erlebnisse nachhaltig zu erfassen.

Es gilt so zu verhindern, dass allein die schulische Kunstform „Textaufgabe" und nicht tatsächliche Beobachtungen, Erlebnisse und Inspirationen die Grundlage für Rechengeschichten bilden. Dazu scheint es notwendig zu sein, das Schreiben zu mathematischen Phänomenen von Anfang an im Unterricht zu pflegen, also zu einer Zeit zu beginnen, in der sich die Kinder noch spontan und aus dem ganzheitlichen Erleben heraus der Sache zuwenden. Das von HERBERT HAGSTEDT (1996) veröffentlichte Beispiel zeigt an, welch originelle Rechengeschichten entstehen, wenn das Schreiben im Mathematikunterricht zur allgemeinen Unterrichtskultur gehört.

*Eine Million*

*Immer wenn ich an eine ich an eine Million denke, träume ich, dass ich ein reicher Mann wäre und in einem schönen Haus wohne. Um das Haus herum ist ein riesiger Park mit einem Fußballfeld und einem Basketplatz und um das alles herum waren Millionen bunter, roter, blauer, gelber, lilane und orangefarbene Blumen. Eines*

*Eines Tages als ich gerade in einem meiner vielen Bücher blätterte kam mir eine Idee, wie ich aus meinen alten und es alten Millionen Mark mehrere Millionen machen konnte. Ich las, dass die meisten Computerspiele zur Zeit sehr unbeliebt waren. Also musste ich ein Spiel erfinden, was bei den Leuten sehr*

...

Dass eine Million mehr als eine 1 mit sechs Nullen ist, bringt die Geschichte von Maximilian zum Ausdruck. Er versucht, für die Zahl Anwendungen in der Lebenswirklichkeit, oder mathematik-didaktisch ausgedrückt, die für das Begriffsverständnis so wichtigen Repräsentanten zu finden. Gleichzeitig handelt es sich um eine lebendige Geschichte, die auch die individuellen Vorlieben und Träume zum Ausdruck bringt. Solche Geschichten bieten also die Gelegenheit, mathematische Phänomene aus der eigenen Weltsicht zu verstehen. Sie lassen auch die Gefühlswelt zum Zuge kommen, was nach Ergebnissen der Hirnforschung eine unverzichtbare Komponente jedweden Lernens ist (SPITZER 2002, 157 f.).

*Witzaufgaben: mit Realität und Mathematik spielerisch umgehen*

Um die Gefühlswelt und Bereiche der Imagination und Fiktion auch als Gegenstand der Mathematikdidaktik zu legitimieren, muss man allerdings nicht auf neurobiologische Befunde zurückgreifen. Das in Rechengeschichten enthaltene Spielen mit der Realität steckt auch im Wesen der Mathematik selbst.

Lässt man so Kinder Witzaufgaben schreiben, werden sie zwar vor die Aufgabe gestellt, mathematische Aussagen inhaltlich zu füllen, ihnen wird jedoch die Verpflichtung abgenommen, diese Inhalte in die Alltags- und Erwachsenenrealität einzuordnen. Gerade die Möglichkeit, hier mit der Realität und der Mathematik spielerisch umzugehen, eingeschliffene Vorstellungsmuster (Prinzip der Irritation, S. 14) zu verlassen und in fantastische Bereiche (Prinzip der Imagination, S. 15) vorzudringen, macht den besonderen Reiz aus. Wie auch in anderen Bereichen können hier Verfremdungen den Blick für das Wesentliche schärfen. So könnte der Auftrag, Rätselaufgaben nach dem Muster

---
Wetten, dass es in Amerika einen Baum gibt, der 100 m hoch ist.
Wetten, dass es in ............................... gibt, ...............................
Wetten, dass ...............................
---

zu schreiben, helfen, dass Kinder konkrete Größenvorstellungen gewinnen und damit der oft beklagten unkritischen Haltung gegenüber der Verwendung von Größenbegriffen entgegenwirken.

Der Gedanke, im Mathematikunterricht bewusst ein Spielen mit Realität zuzulassen, lässt sich auch sehr gut anhand des Gedichts „Kim denkt" von MARTIN AUER (1986/1991, 63) aufzeigen.

### *Kim denkt*

*Wenn die Mäuse so groß wie Hunde wären,*
*dann müssten die Katzen so groß wie Tiger sein.*
*Und die Tiger wären dann so groß wie Elefanten.*
*Aber die Elefanten wären so groß*
*wie Walfische, und die Walfische*
*so groß wie Ozeandampfer.*
*Und überhaupt müsste dann alles*
*viel größer sein, die ganze Welt und die Häuser, die Bäume*

*und die Menschen und Papa und Mama,*
*und ich auch natürlich.*
*Alles müsste dann viel größer sein, damit alles zusammenpasst.*
*Aber wenn alles viel größer wäre,*
*dann würde man das ja gar nicht merken.*
*?*
*Vielleicht sind die Mäuse wirklich so groß wie Hunde?*
MARTIN AUER

Dies kann im Unterricht so aufgegriffen werden, dass die Idee, als Satzanfang genutzt, die Kinder noch zum Finden weiterer Größenpaare anregen kann. Der Ansatz, Tiere und Gegenstände nach Größenverhältnissen zu untersuchen, bedeutet im Grunde ein mathematisches Modellieren, das idealisierend und „hirngespinstig" ist. Das Ausspinnen von Varianten und Vermutungen ist aber (WINTER 1991) eine unverzichtbare Grundlage dafür, dass mathematische oder gesetzmäßige Zusammenhänge in der natürlichen Umwelt oder in der Sozial- und Wirtschaftswelt aufgedeckt werden. Wir folgen also einer wichtigen Kernidee des Faches Mathematik, wenn wir dies auch mithilfe des Schreibens mit seinen kognitiven und kreativen Prozessen schon in der Grundschule pflegen.

*Mathematische Zusammenhänge durch das Ausspinnen von Varianten aufdecken*

## Schlussgedanke

Kreatives Schreiben im Mathematikunterricht ist nicht in dem engen Sinn der Rechengeschichte zu verstehen. Die Verwendung der Schriftsprache in den unterschiedlichen Situationen hat vielmehr elementare Bedeutung. Wenn Lernen ein Ausbilden und langsam fortschreitendes Verstärken neuronaler Netzwerke ist, wenn es nur dann stattfindet, wenn Kinder ihr Können an immer wieder neu sich stellenden (mathematischen) Fragestellungen erproben und sichern, gehört Schreiben als Instrument zur Darstellung des eigenen Erlebens, Denkens und Handelns einfach hinzu. In einem Curriculum, welches das Können bzw. Kompetenzen in das Zentrum aller Bemühungen rückt, besteht so die Notwendigkeit, Schreiben zu einem selbstverständlichen Baustein der Unterrichtskultur im Mathematikunterricht auszubauen.

*Schreiben als Instrument zur Darstellung des eigenen Erlebens, Denkens und Handelns*

# Kreatives Schreiben im projektorientierten Unterricht

*Carolin Speckgens*

Genauso wenig wie die kreativen Schreibverfahren einem bestimmten Unterrichtsfach zuzuordnen sind, sind sie auch nicht von einer Unterrichtsform abhängig. Sie können sowohl in offeneren, wie z. B. in der freien Arbeit (SPINNER 1994, 49), als auch in frontaleren Unterrichtsformen – und das in jeder Unterrichtsphase – eingesetzt werden.

Im Folgenden werde ich ein projektorientiertes Unterrichtsvorhaben zum kreativen Schreiben für ein 3./4. Schuljahr vorstellen, bei dem es in mehreren Planungseinheiten um das Inszenieren von Schreibanlässen zum Thema *Wasser* geht. Indem die Schüler zum Thema Wasser kreativ schreiben, sollen sie neben individuellen Schreiberfahrungen auch die Vielfalt des Wassers ganzheitlich und sinnenhaft kennenlernen. Nach PAYRHUBER handelt es sich hier um ein „*Schreibprojekt*", denn das Texteschreiben ist nicht eine von vielen Tätigkeiten, es ist vielmehr „selbst Gegenstand des Vorhabens" (PAYRHUBER 1998, 243).

Die Beziehung zwischen einem *projektorientierten Unterricht* und dem *kreativen Schreiben* ist wechselseitig: Zum einen fördert der arbeitsintensive, anregende Rahmen eines projektorientierten Unterrichts den kreativen Schreibzugang, zum anderen unterstützen aber die Prozesse des kreativen Schreibens auch die Merkmale eines projektorientierten Arbeitens. Gemeint sind dabei folgende Merkmale:

*Beziehung zwischen einem projektorientierten Unterricht und dem kreativen Schreiben*

- **Individualisierende und differenzierende Aktivitäten**: Diese sind auch für kreative Schreibmethoden bezeichnend: Die Methoden leiten die Kinder an, sich auf *ihre* Empfindungen und Imaginationen zu konzentrieren und diese *ihren* sprachlichen Fähigkeiten gemäß umzusetzen. Ein in sich schon differenzierter, individualisierender Unterricht unterstützt somit das kreative Schreiben und umgekehrt.
- **Interdisziplinarität**: Die Öffnung der Fachgrenzen fördert ein mehrperspektivisches Arbeiten, das Fantasie und Imagination provozieren und Kreativität entwickeln hilft. Umgekehrt soll das kreative Schreiben die *ganze Person* erfassen, d. h., es wird eine Haltung angebahnt, die für das Einbeziehen verschiedener (Fach-)Aspekte offen ist.
- **Orientierung an den Interessen der Beteiligten**: Kreative Schreibmethoden eignen sich nicht nur dafür, eigene Interessen zu vertiefen, vielmehr helfen sie, für ein Thema erst Interesse zu wecken.

- **Selbstorganisation und Selbstverantwortung**: Diese Arbeitshaltung wirkt sich positiv auf die Schreibhaltung aus, die ihrerseits ein hohes Maß an Selbstorganisation und Selbstverantwortung erfordert. Umgekehrt regen aber auch gerade die Vorgaben des kreativen Schreibens eine Selbstorganisation an, die sich wiederum positiv auf die Unterrichtsarbeit auswirken kann.
- **Das Einbeziehen vieler Sinne**: Ganzheitliche, sinnenhafte Lernerfahrungen stimulieren ein kreatives *Reagieren*. Umgekehrt fördert kreatives Schreiben die Bereitschaft, sich auf ein Thema *mit allen Sinnen* einzulassen.
- **Das soziale Lernen**: Das kreative Schreiben ist nicht nur auf ein kooperatives Gruppenklima angewiesen, es fordert ein solches geradezu heraus, sei es durch seine Schreibverfahren oder durch den Textaustausch.
- **Die Prozesshaftigkeit**: Auch beim kreativen Schreiben ist nicht das Endprodukt entscheidend, sondern der Weg/Prozess dorthin, der einem gedanklichen und sprachlichen „Findungsprozess" gleicht. Die Schüler während des Schreibens in ihrem „Findungsprozess" zu begleiten und zu fördern ist gerade ein Ziel des kreativen Schreibens. ABRAHAM sieht in dem Weg zum Text das eigentliche Ziel des Schreibunterrichts, sodass Aufsatzunterricht zur „Schreibbegleitung" wird (ABRAHAM/KUPFER-SCHRE-NER 2007, 13). Um das hervorzuheben, spricht ABRAHAM nicht von „Aufsätzen", sondern von zu bewältigenden „**Schreibaufgaben**" (ebd. 2007, 14): Sie erfordern und fördern bestimmte Kompetenzen, die für das Bewältigen des Schreibprozesses erforderlich sind. Daran anlehnend spreche ich deshalb auch von **„kreativen" Schreibaufgaben**.

*Kreatives Schreiben als Prozess*

Diese Merkmale eines projektorientierten Unterrichts werden auch in der aktuellen Fachdiskussion um einen kompetenzfördernden Schreibunterricht genannt. So sind u. a. ein „individualisiertes Unterrichten – etwa im Sinne eines schreiber-differenzierten Unterrichts" (BAURMANN/POHL 2009, 84), die „Prozesshaftigkeit" oder „die kooperative Lernsituation" (ABRAHAM/BAURMANN/FEILKE/KAMMLER/MÜLLER 2007, 12) wichtige Voraussetzungen. Die Verbindung kreatives Schreiben/projektorientiertes Arbeiten bietet also auch ideale Voraussetzungen für die Förderung und Entwicklung der Schreibkompetenz: Der schreiber-differenzierte und -anregende Rahmen fördert das aktive Bewältigen und Reflektieren **kreativer Schreibaufgaben** (BECKER-MROTZEK/BÖTTCHER 2006, 78 f.).

*Kompetenz-fördernder Schreibunterricht*

## Wasser als Stimulus

Unter **Stimuli** verstehen wir von außen wirkende Reize, die den kreativen Schreibprozess anregen. Das können z. B. Gegenstände, Bilder, Gerüche, Geräusche oder Musik sein. Daneben wirken auch handlungsorientierte Verfahren anregend (z. B. tanzen, malen) oder aber die Vorgabe von Sprachregeln oder -mustern, im Folgenden als „kreative Schreibanleitungen" bezeichnet. Eine Kombination von Stimuli und handlungsorientierten Verfahren und/oder kreativen Schreibanleitungen kann das kreative Wechselspiel von Stimulus und Schreiber zusätzlich anregen.

*Schreiben zu Stimuli*

ABRAHAM spricht beim Schreiben zu Stimuli von „*vorlagegebundenen Schreibaufgaben*" im Unterschied zu „kontextgebundenen Schreibaufgaben" (gehen aus dem Leseunterricht hervor) und „freien Schreibaufgaben" (ABRAHAM 2007, 10). Bei dem hier relevanten vorlagegebundenen Schreiben haben die Schreiber zwar eine klare „(Ziel)-Orientierung", jedoch sind im Rahmen offener Unterrichtsformen flexible Lösungswege und Schreibstrategien möglich (ABRAHAM 2007, 10, ABRAHAM/KUPFER-SCHREINER 2007, 14). Die hier gezielt eingesetzten Schreibstimuli bewirken diese (Ziel)-Orientierung: Für den Schreiber wird das Setzen eines inhaltlichen Schwerpunktes leichter und die komplexe Schreibhandlung überschaubarer. Im Sinne eines kompetenzorientierten Arbeitens findet also eine *Reduktion von Komplexität* (hier: der komplexen Schreibhandlung) statt (ebd., 30, BAURMANN/POHL 2009, 93).

Um ein Wechselspiel zwischen sinnlicher Erfahrung und dem Schreiben zu stimulieren, eignet sich das Thema *Wasser* in besonderer Weise, nicht in einem vorrangig naturwissenschaftlich geprägten $H_2O$-Verständnis, sondern als ein ästhetische Erfahrungen ermöglichendes *Phänomen*. In seiner großen Bedeutungsvielfalt und Wandelbarkeit fordert es ein projektorientiertes Arbeiten geradezu heraus. Eine wechselnde Akzentsetzung der Unterrichtsarbeit wird möglich.

*Bedeutungsvielfalt des Wassers*

- Wasser ist *wandelbar*: Die sinnenhafte Erfahrung dieser Wandelbarkeit kann anregen, Empfindungen zum Wasser schreibend auszudrücken und diese dadurch zu präzisieren, mit Sinn zu füllen.
- Das Wasser hat ambivalenten Charakter, kann zerstörerisch, aber auch *zauberhaft* sein. Hier soll der Schwerpunkt auf der verzaubernden Wirkung liegen, um davon ausgehend mit Sprache zu *zaubern*.
- Wasser bedeutet *Bewegung*, die ihm ein Bild der Lebendigkeit verleiht. Die Entwicklung eines aus zwei Quellen entspringenden Baches zu einem reißenden Strom kann dazu anregen, sich schreibend *mitreißen* zu lassen.

- Es sind u. a. die „Uneigentlichkeit" und die in ihm verborgenen „tieferen Wirklichkeiten" (BAUDLER 1984, 91 ff.), die aus Wasser ein *Symbol des Lebens* machen. Die Bibel spricht von der lebensspendenden Kraft des Wassers. Die Erfahrung dieser Kraft regt an, sich dem Symbol Wasser kreativ schreibend anzunähern.
- Durch seine Konsistenz und seine Bewegung kann das Wasser Gegenständen *Gestalt* verleihen. Die Gestalt der Gegenstände bietet Anlass, ihre Lebensgeschichten schreibend zu *(er-)finden*.
- Das Wasser ist häufig ein Thema in der Literatur. Der Anfang eines *literarischen Textes* zum Wasser soll Auslöser sein, sich in einer bestimmten Stilhaltung kreativ schreibend damit auseinanderzusetzen.

Neben der Bedeutungsvielfalt ermöglicht Wasser ein Anknüpfen an den *Erfahrungs- und Erlebnisbereich* der Kinder. Das Thema eignet sich also auch zum Fördern von Schreibprozessen, ist doch die Schreibkompetenz „aufs Engste mit der Sachkompetenz verknüpft" (BECKER-MROTZEK/BÖTTCHER 2006, 59). Kindern gelingen häufig dann Texte, wenn sie sich auch auf „inhaltliches Wissen" stützen können (BAURMANN/POHL 2009, 84).

Ziele
Ausgewählte Stimuli zum Phänomen *Wasser*, kombiniert mit handlungsorientierten Verfahren und/oder kreativen Schreibanleitungen (s. o.), bilden in diesem projektorientierten Unterrichtsvorhaben die Kreativität auslösenden Schreibgrenzen. Je nach Schreibanlass können die Begrenzungen enger oder weiter sein.

Im Umgang mit Schreibstimuli soll ein handlungsorientiertes Arbeiten leitend sein (z. B.: zur Musik malen/tanzen), das den „vielfältigen, durch praktisches Handeln und den aktiven Gebrauch der Sinne bestimmten Umgang" meint (HAAS/MENZEL/SPINNER 1994, 18). Die Wahrnehmung kann vertieft und das Phänomen *Wasser* noch intensiver als Auslöser von Empfindungen, Imagination und Fantasie erfahren werden.

Während der Unterrichtsarbeit sollte eine Atmosphäre der Stille herrschen. Erst dann wird ein gedankliches *Sich-forttragen-Lassen* möglich, was den Schülern nicht nur inhaltlich, sondern auch sprachlich hilft, (für sich) Neues zu entdecken. Um die Schreibzugänge und die sprachlichen Ausdrucksmöglichkeiten zu variieren, bietet sich das Schreiben von Prosatexten *und* lyrischen Kurzformen an. Einige Kinder sind anfangs noch gehemmt, Vorstellungen und Empfindungen zuzulassen oder ihnen kreativ schreibend Ausdruck zu geben. In diesem Fall hilft es, alternative Aufgaben anzubieten, so z. B. das Malen von Bildern oder den Einsatz assoziativer

*Schreiben als individuelle Aufgabenbewältigung*

*Textbearbeitung*

Verfahren (Sammeln von Stichworten). Ein evtl. *verspäteter* Schreibeinstieg wird so auch ermöglicht. Durch Individualisierung von Schreibrhythmus, Planung und Zeiteinteilung können die Schüler das Schreiben als ein selbstgestaltetes und motiviertes Bewältigen von Aufgaben begreifen (S. 145).

Besonders für umfangreichere Unterrichtsvorhaben bietet sich das Einbeziehen von Verfahren der *Textbearbeitung* an. Es werden Reflexionsphasen geschaffen, die sowohl Rückschlüsse auf Planungselemente des Unterrichtsvorhabens als auch auf den eigenen Schreibprozess zulassen. Ein Wissen über „kognitive und emotionale Erkenntnisse beim Schreiben" wird angebahnt (ABRAHAM/KUPFER-SCHREINER 2007, 21), und prozessbezogene Schreibkompetenzen können gezielter thematisiert bzw. gefördert werden. Der Lehrer gilt dabei immer als Berater, der begleitet, kommentiert und strukturiert (BECKER-MROTZEK/BÖTTCHER 2006, 100 f.).

Um die Motivation über einen längeren Zeitraum zu sichern und den Schülern die Relevanz des Schreibens zu verdeutlichen, werden abschließend alle Schülertexte in einem „Buch zum Wasser" veröffentlicht. Die Schreibergebnisse erhalten somit einen sinnlich wahrnehmbaren Ausdruck, und den Kindern wird deutlich, dass ihre Texte ernst genommen werden, einen Adressaten haben.

Tabellarischer Überblick
Die Schreibanlässe zum Thema Wasser bauen aufeinander auf, können aber auch vom Projektrahmen losgelöst im Unterricht Anwendung finden.

*Aufbau der Schreibanlässe*

Dem *Aktualisieren* individueller Erfahrungen mit Wasser folgt eine Sensibilisierung für seine *Wandelbarkeit*. Das Interesse an Wasser ist geweckt. Daran anschließend soll die *Bewegungskraft* des Wassers zum Tanzen, dann zum Schreiben anregen. Wasser reißt mit, es bewegt/erfrischt. Das Wasser in seiner *lebensspendenden* Kraft zu erfahren, regt eine „ehrfürchtige Haltung" und zum Nachdenken an. Vom Wasser verformte Steine verdeutlichen daraufhin die *Wirkung der Wasserkraft* in der Umwelt. Das Wasser formt Geschichten. Um abschließend die Wasser-Erfahrungen *schreibend reflektieren* zu können (vgl. Exkurs „Portfolio", S. 159), bietet sich das Schreiben eines *Briefes* an das Wasser an.

Für die jeweilige Einheit nenne ich nur die prägnantesten Lernziele. Teilziele des Sprachunterrichts wie das mündliche Werten, das Erzählen, Besprechen und Vortragen von Texten werden nicht mehr gesondert aufgeführt.

| Planungseinheiten | Fächerübergreifende Ziele | Kreative Schreibmethoden/Stimuli |
|---|---|---|
| **Das Wasser in unserer Umgebung**<br>Unterrichtsgang zum Bach | **Sachunterricht**<br>• Wasserproben entnehmen<br>• über den Wasserkreislauf sprechen<br>**Sprache**<br>• Assoziationen zu Wasser in einem Gruppencluster sammeln | **1. Cluster**<br>Zum Kernwort Wasser in Gruppen von vier bis fünf Kindern Cluster anfertigen |
| **Wasser ist wie …**<br>Stationenbetrieb zum Phänomen Wasser als Stimulus zum kreativen Schreiben | **Musik**<br>• mit Instrumenten Wassergeräusche verklanglichen<br>• sich in Wassergeräusche einhören<br>**Kunst**<br>• mit den Farben des Wassers spielen<br>• Wasserbilder betrachten<br>**Sprache**<br>• die Eindrücke in einem Gedicht mit allen Sinnen verschriftlichen | **2. Gedicht mit allen Sinnen**<br>**3. Stationenbetrieb**<br>Fühlstation:<br>• Fühlkartons mit unterschiedlich temperiertem Wasser<br>• Aquarium mit Wasser füllen: mit geschlossenen Augen Hände eintauchen<br>• mit Gießkanne Wasser über Hände laufen lassen<br>• mit Sprühdose Hände/Gesicht leicht mit Wasser besprühen<br>Sehstation:<br>• Glasvasen (z. B. Kugelvasen) mit Wasser füllen, von außen rot/blau anstrahlen, Lichtkegel bewegen<br>• Wassertropfen auf verschiedenfarbigem Glas mit der Lupe beobachten<br>• eindrucksvolle Dias zum Wasser auf Leinwand anschauen<br>Hörstation:<br>• sich mit geschlossenen Augen auf Wassergeräusche (z. B. Meeresrauschen, Frühlingsregen) einlassen<br>• Wassergeräusche mit Instrumenten verklanglichen<br>Schmeckstation:<br>• stilles Wasser, Sprudel, Eiswasser, Teesorten bereitstellen<br>Riechstation:<br>• Wasser mit Parfum versetzen/verschiedene dampfende Teesorten/Wasserproben aus Teich, Bach … |

*Kreatives Schreiben im projektorientierten Unterricht*

| Planungseinheiten | Fächerübergreifende Ziele | Kreative Schreibmethoden/Stimuli |
|---|---|---|
| **Ich zaubere mir ein Wasser**<br>Malen mit Musik als Stimulus zum kreativen Schreiben | **Kunst**<br>• ein Bild zum Zauberwasser „Nass in Nass" malen<br>**Sprache**<br>• durch das Malen mit Musik angeregt zu seinem Zauberwasserbild schreiben | **1. Kurze assoziative Texte**<br>**2. Malen mit Musik als Stimulus**<br>• großer mit weißem Tonpapier bespannter Bilderrahmen als Anregung zum Malen eines Zauberwasserbildes, das später in den Bilderrahmen kommt |
| **Wir gestalten unsere Texte um**<br>Verfahren: Zeilenumbrechen zur Textbearbeitung | **Sprache**<br>• durch den aktiv-spielerischen Umgang mit Texten erste Einsichten in die Machart von Lyrik gewinnen<br>• durch Umstellen, Weglassen, Ergänzen und Reduktion den eigenen Text kreativ bearbeiten | **1. Das Verfahren Zeilenumbrechen zur kreativen Textbearbeitung**<br>• Die Schülertexte zur Bearbeitung drucken; jedes Wort einrahmen, damit das Verfahren über das Zerschneiden und das veränderte Zusammenlegen und -kleben des Textes eingeführt werden kann. |
| **Ich bin ein Wassertropfen in der Moldau**<br>Tanz/Bewegung zur Musik als Stimulus zum kreativen Schreiben | **Musik**<br>• sich durch subjekt- und musikbezogenes Zuhören auf das Musikstück „Die Moldau" (F. Smetana) einlassen<br>• Musik tänzerisch umsetzen<br>**Sport**<br>• sich mit Tüchern nach der Musik improvisatorisch bewegen<br>**Sprache**<br>• durch Tanz zu Musik angeregt perspektivisch schreiben | **1. Perspektivisches Schreiben aus der Ich-Perspektive eines Wassertropfens**<br>**2. Tanz/Bewegung nach Musik als Stimulus**<br>• ein blaues Schwungtuch zur Umsetzung der Musik in Tanz/Bewegung, um die Entwicklung des Flusses durch ansteigende wellenartige Bewegungen nachzustellen. Um den Kindern genügend Freiraum für eigene Bewegungsimprovisationen zu lassen, auch kleine Tücher (z. B. aus Futterseide in den Farben des Wassers) zur Verfügung stellen. |

| Planungseinheiten | Fächerübergreifende Ziele | Kreative Schreibmethoden/Stimuli |
|---|---|---|
| **Den Text unter die Lupe nehmen** Bearbeitung kreativer Texte | **Sprache** <br>• sich auf die Texte der Mitschüler wertend einlassen und dazu schriftlich Stellung nehmen <br>• den eigenen Text nach bestimmten Kriterien überarbeiten <br>**Sprache untersuchen** <br>• Verständnisschwierigkeiten formulieren | 1. **Die Bearbeitung kreativer Texte nach dem Verfahren „Den Text unter die Lupe nehmen"** <br>• Als Textlupen dienen Tabellen, in die nach bestimmten Kriterien Anmerkungen zu den Texten der anderen eingetragen werden. |
| **Wasser ermöglicht Leben** Kontrasterfahrung „Trockenheit – Wasser" als Stimulus zum kreativen Schreiben | **Religion** <br>• Verständnis für das Wasser als Symbol des Lebens anbahnen <br>**Sport** <br>• sich nach Anleitung und improvisatorisch zu Musik bewegen <br>**Kunst** <br>• zu den Erfahrungen ein Bild malen <br>**Sprache** <br>• den Erfahrungen in einem Schneeballgedicht Ausdruck geben | 1. Schneeballgedicht aus der Ich-Perspektive einer Blume <br>2. Schreiben zu Gegenständen (vertrocknete/blühende Blume) <br>3. Halbgelenkte Fantasiereise zur Kontrasterfahrung Trockenheit und Wasser mit Tanz/Bewegung als Stimulus |

| Planungseinheiten | Fächerübergreifende Ziele | Kreative Schreibmethoden/Stimuli |
|---|---|---|
| **Steine aus dem Wasser erzählen Geschichten** Gegenstände aus dem Wasser als Stimulus zum kreativen Schreiben | **Kunst** <br>• die Struktur des Steins auf Seidenpapier frottagieren <br>**Sprache** <br>• zu einem Stein erzählend schreiben | **1. Schreiben zu einem Gegenstand/Stein** <br>**2. Halbgelenkte Fantasiereise „Eine Reise ins Wasser"** <br>• Die Fantasiereise soll den Bezug von Wasser und Stein herstellen: Die Schüler werden in ihrer Fantasie auf den Meeresgrund geführt, von dem aus sie ihren Stein mit an Land nehmen. Nach der Fantasiereise sollen sie sich unter vielen Steinen den Stein aussuchen, der ihren Vorstellungen am nächsten kommt. Um sich intensiv in die Lebensgeschichte des Steins vertiefen zu können, kann man vor dem Schreiben die Struktur des Steins auf Papier frottagieren. |
| **Viele Spezialisten besprechen Texte** Textbearbeitung nach dem Verfahren „Spezialisten" | **Sprache** <br>• Texte nach bestimmten Kriterien untersuchen/werten und <br>• Verbesserungsvorschläge formulieren/umsetzen | **1. Textbearbeitung nach dem Verfahren Spezialisten** |
| **Wasser du ...** Textanfang als Stimulus zum Schreiben eines Briefes an das Wasser | **Kunst** <br>• zu dem erstellten Text ein Bild malen <br>**Sprache** <br>• nach dem Verfahren Automatisches Schreiben Assoziationen sammeln <br>• einen Text reduzieren <br>• einen Brief an das Wasser fortsetzen | **1. Ein Briefanfang als Stimulus zum Schreiben eines Textes in der Du-Form** <br>**2. Automatisches Schreiben** <br>**3. Schreiben mit Kernwörtern** |
| **Abschließende Reflexion** | **Sprache** <br>• Erstellen eines Klassenclusters | **1. Erstellen eines Klassenclusters** <br>• Sammeln von Assoziationen zum Kerngedanken „Wasser und Schreiben" |
| **Dichterlesung für ein 1. Schuljahr** | **Sprache** <br>• Texte vor einem Publikum vortragen | |

## Ich zaubere mir ein Wasser ... – Malen als Stimulus

Das *Malen zu Musik* (S. 103) ermöglicht wie bei assoziativen Schreibverfahren ein vorübergehendes gedankliches Abschalten von der Umwelt und das Einlassen auf ein Thema. Man unterscheidet das musikalisch-themengebundene Malen von einem freien *assoziativen Musikmalen* (TISCHLER 1990, 46). Bei dem für diese Einheit relevanten assoziativen Musikmalen tritt die Musik als Gegenstand zurück, sie hat anregende und zugleich entspannende Funktion. Für diese Art des Musikmalens bietet sich der Einsatz meditativer Musik an (z. B. VOLLENWEIDER, *Behind the gardens*). Die entstehenden Assoziationen und Imaginationen werden verbildlicht, und es kann schon hier eine Schreibidee entstehen. Das Malen kann den Schreibprozess zugleich „entlasten", da es „zusätzliche Ausdrucksmöglichkeiten eröffnet, die eine unbefriedigende Verbalisierung ergänzen können" (WERMKE 1995a, 38). Im Text von Juliane wird die entlastende Funktion des Malens deutlich (S. 154).

*Malen als Entlastung*

Die Maltechniken sind so zu wählen, dass sie der Sprunghaftigkeit der Fantasie genügend Raum lassen. In dieser Planungseinheit wird die „Nass-in-Nass-Maltechnik" (MÜLLER-HIESTAND 1990, 50) angewendet. Auf angefeuchtete Aquarellblätter lässt man Wasserfarben tropfen und es beginnt ein faszinierendes *Wasser-Farben-Schauspiel*. Indem man jederzeit mit einem Schwamm die Farben beseitigen und von neuem beginnen kann, bleibt man in seiner Fantasie beweglich.

Neben der thematischen Eingrenzung wird zusätzlich vereinbart, zu seinem Bild maximal sechs Sätze zu schreiben. Diese „Reduktion" fördert nicht nur ein präziseres Arbeiten, sondern stellt i. S. eines schreiber-differenzierten Unterrichtes (S. 145) auch eine Erleichterung für leistungsschwächere Schüler dar.

Realisierung
Da die Schreibaufgabe „Ich zaubere mir ein Wasser" schematische Erwartungen und alltägliche Erfahrungen mit Wasser durchbricht, provoziert sie Originalität. Zur Schreibmotivation stelle ich den Kindern einen verschnörkelten alten Bilderrahmen vor, der mit ihren Zauberwasser-Bildern gefüllt werden soll. Später, beim Vortragen der Texte, wird das Bild eines jeden Autors in den leeren Bilderrahmen gehängt. Die Schreibanweisung wird vor dem Malen besprochen, damit der Übergang zum Schreiben fließend ist. Bei der Besprechung können schon mögliche Namen für ein Zauberwasser an der Tafel gesammelt werden („Farbenwasser", „Wunschwasser ..."). Auf dieses Wortmaterial können die Kinder während des Schrei-

bens, wenn nötig, zurückgreifen. Auch das Anfeuchten der Aquarellblätter (A3-Format) erfolgt vor dem Einsatz der Musik, um evtl. auftretende Schwierigkeiten mit der Maltechnik (zu viel, zu wenig Wasser) zu vermeiden.

Die Musik läuft während des gesamten Mal- und Schreibprozesses, um einen Stimmungsbruch zu vermeiden. Bei Schreibschwierigkeiten können die Kinder auf ein Beschreiben des selbst gemalten Zauberwassers ausweichen („*Mein Wasser hat die Farben …*").

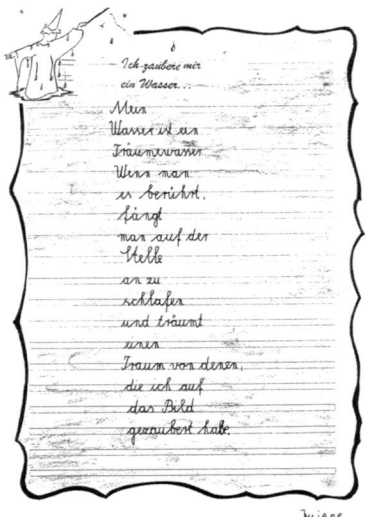

Ergebnisse
In ihren Texten zaubern die Schüler Wortbildungen wie *Regenbogenwasser, Glückswasser, Sommerwasser, Zirkuswasser, Träumewasser, Lebenswasser* oder *Unproblemwasser*. Einige beschreiben detailliert die Farben ihres Zauberwassers, wohingegen andere den Schwerpunkt auf die Wirkung legen (Bsp: „Wenn man mein Wasser anfasst, kriegt man eine Gänsehaut …"). Als sehr hilfreich, aus den Prosatexten den inhaltlichen Schwerpunkt herauszuarbeiten, stellte sich das Verfahren **Zeilenumbrechen** heraus (S. 58).

*Zeilenumbrechen*

Die entlastende Funktion des Malens wird auch an den bildlichen Vergleichen deutlich, auf die sich viele Schüler beim Schreiben stützen. So schreibt Pia: „*Es fühlt sich so an, als würde man (…) in einen Wattebausch fassen, der groß und weich ist.*" Interessant ist in anderen Texten ein inhaltlicher Gegensatz, der eine kreative Spannung bewirkt: „*Es ist so bunt (…) es macht sehr froh, aber viele Quellen sind verstopft.*" Bildlich wurde die Spannung schon durch die Auswahl der Farben (hell, ganz dunkel) angedeutet.

**Wasser ermöglicht Leben**
Das Wasser ist ein fester Bestandteil des Lebensalltags; und erst durch Kontrasterfahrungen wie Trockenheit und Durst werden wir auf seine lebensspendende Kraft aufmerksam. Diese Grunderfahrung imaginativ nach zu erleben und sprachlich zu fassen, soll ein Ziel dieser Einheit sein.

Als Schreibstimuli dienen zwei *Gegenstände* und eine *halbgelenkte Fantasiereise* mit Bewegung/Tanz. Es handelt sich um eine vertrocknete und eine blühende Blume, die repräsentativ für die lebenerhaltende Kraft des Wassers stehen. Der Einsatz der Fantasiereise soll den visuellen Reiz „Trockenheit-Wasser" erfahrbarer machen und einen zusätzlichen Anreiz zum Schreiben schaffen. Der Text ist so angelegt, dass sich eine aktive Mitgestaltung durch Bewegung und Tanz anbietet.

*Halbgelenkte Fantasiereise*

> Knie dich hin. Atme zweimal ein und aus. Dann breite deine Arme aus. Du bist eine schöne Blume. Noch geht es dir gut. Doch dann: nur Sonne – kein Regen. Die Blätter an deinem Stiel werden schlapp, dein Blütenköpfchen fällt zur Seite. Die Sonne brennt ganz heiß. Kein Tropfen Regen. Du hast keine Kraft mehr. Langsam sinkst du in dich zusammen, fast vertrocknet. (Wechsel der Musik) Was ist das? Regentropfen, ganz zart und ganz leise. Sie berühren deine müden Blätter. Fühlst du die Frische? Die Regentropfen werden dicker. Du reckst dich und du streckst dich. Deine Wurzeln saugen Wasser aus der Erde. Das Wasser steigt höher und höher durch deinen Stiel. Du bekommst wieder Kraft. Du richtest dich auf, ganz langsam, ganz vorsichtig. Jetzt erreicht das Wasser deine Blätter. Ganz sachte breiten sie sich aus. Du bekommst wieder Leben, kannst es spüren, bis in die Fingerspitzen hinein. Du richtest dein Blütenköpfchen hoch. Mitten in deine Blüte hinein tropft das Wasser. Es ist schön, wenn man Kraft hat, wenn genug Wasser da ist zum Leben. Langsam öffnest du die Augen. Wenn du möchtest, kannst du leise durch den Raum tanzen.

Als Schreibverfahren wird eine lyrische Kurzform, das *Schneeballgedicht* (S. 55) eingesetzt. In die erste Zeile soll jeder Schüler eine Art *Zauberwort* schreiben, welches das Befinden nach der Fantasiereise zusammenfassend beschreibt. Die restlichen Zeilen werden von den Schülern frei gestaltet. Die formale Vorgabe des Gedichtes unterstützt die Schreibplanung und regt zusätzlich das Entfalten von Kreativität an. Da in der Reihe zuvor Prosatexte geschrieben wurden, bietet sich auch von daher eine Variation der Textform an.

*Schneeballgedicht*

### Realisierung
Die Blumen dienen zunächst als Gesprächsimpuls über die Bedeutung des Wassers. Schon hier können Ausdrücke an der Tafel gesammelt werden, die später als Schreibstütze dienen. Die anschließende Fantasiereise leitet zuerst dazu an, die Sehnsucht nach Wasser nachzuempfinden. Der Einsatz eines meditativen Musikstücks (z. B. DEUTER 1988, *Silver Air*) verstärkt die Wirkung. Aus dieser Erfahrung heraus sollen die Kinder sich ein Gefühl von einsetzendem Regen vorstellen. Ein Musikwechsel unterstützt die Vorstellung. Die tänzerische Umsetzung fördert ein ganzheitliches Einlassen, sollte jedoch freiwillig erfolgen.

*Denke darüber nach, was du fühltest, als endlich das Wasser kam.*
*Dann schreibe deine Gefühle auf.*

Dominik

| Leben |

in    mir.

Ich    blühe    wieder.

Jetzt    habe    ich    Kraft.

Mein    Leben    hat    neu    begonnen.

*Individueller Schreibeinstieg*

Nach der Fantasiereise können die Kinder in der Vorstellung einer Blume weitertanzen, den Zeitpunkt des Schreibeinstiegs wählen sie selbstständig. Sollten die Kinder Schwierigkeiten haben, ihren Erlebnissen schreibend eigene Gestalt zu verleihen, können sie erneut zur Musik tanzen oder auf einem Malblatt ihre Erfahrungen zunächst bildlich ausgestalten. Eventuell finden sie dann später den Schreibeinstieg. Umgekehrt können die Malblätter als Differenzierung eingesetzt werden.

Ergebnisse
Die präzise, ausdrucksstarke Wahl des *Zauberwortes* in der ersten Zeile vieler Schülergedichte lässt darauf schließen, dass der Schreibstimulus die Kinder stark anspricht. Ausdrücke wie *wunderbar, überglücklich, gerettet* oder *Leben* beschreiben in vielen Gedichten zusammenfassend die Vorstellung von fallendem Regen nach einer Dürreperiode. Auffallend sind weitere Sprachbildungen wie *Aussicht auf Leben, Kraft und Macht des Wassers* sowie das *Regengefühl*. Auch zeigt sich hier die ‚schreibstützende Funktion' des *Schneeballgedichtes* (S. 55): Die Schüler können sich offensichtlich auf den sprachlichen Ausdruck konzentrieren, mit Sprache „experimentieren".

## Wasser, du ...

Ein Textanfang als Stimulus zum Schreiben eines Briefes
Inhaltlich und formal wird das Schreiben eines Briefes durch einen literarischen Textanfang stimuliert. Er stammt – leicht verändert – aus einem Text von SAINT-EXUPÉRY, in dem er sich in einer Art Liebeserklärung in Du-Form an das Wasser wendet (BAUDLER 1984, 91, 146). Durch den Teiltext zu Anfang und die Vorgabe eines Schluss-Satzes findet wieder eine Reduktion des

komplexen Schreibvorganges statt (s. o.). Die Schüler brauchen sich nicht auf die äußere Briefform (Anrede, Schluss) oder einen Schreibanfang zu konzentrieren. Sie beginnen direkt mit dem Schreiben einer eigenen „Liebeserklärung". Ich kombiniere das Weiterschreiben des Briefes zusätzlich mit einem assoziativen Verfahren, dem *automatischen Schreiben*: In meditativer Stille wird innerhalb eines bestimmten Zeitraums einem Gedankenfluss folgend unaufhörlich geschrieben. Beim Aufschreiben werden weder Syntax, Zeichensetzung oder Orthografie berücksichtigt. Stockt der Assoziationsfluss, wird das letzte Wort so lange aufgeschrieben, bis er wieder in Gang kommt. Durch Einkreisen oder Unterstreichen soll der so entstandene Text auf drei Wörter reduziert werden. Die drei *Kernwörter* werden in dem anschließenden Brief an das Wasser – evtl. leicht verändert (z. B. erzählen – erzählt) – verarbeitet. Für den Brief wird die Monologform gewählt (BOTHE/WALDMANN 1992). Durch das Arbeitsblatt gilt wieder eine begrenzte Zeilenanzahl. Die Schreibgrenzen sind bewusst enger gewählt, damit die Kinder beim Schreiben Schwerpunkte setzen. ·

*Automatisches Schreiben*

*Textreduktion*

Realisierung
*„Wasser, du hast weder Geschmack noch Farbe, noch Aroma. Es fällt mir schwer, dich zu beschreiben. Man schmeckt dich, ohne dabei einen bestimmten Geschmack nennen zu können. Und doch ...*
*Wasser, du bist für mich ...*
*Dein(e) ...* (BAUDLER 1984, 146)

   Inhaltliche oder formale Fragen zur Stilhaltung (*Wasser, du ...*) werden mit den Schülern im Vorfeld geklärt. Der fließende Übergang von automatischem Schreiben zum Schreiben des Briefes wird somit möglich. Innerhalb von acht Minuten sollen die Schüler dann nach dem Verfahren des automatischen Schreibens sämtliche Assoziationen zum Thema *Wasser* aufschreiben. Hilfreich ist es, den Kindern zuvor einen vom Lehrer nach diesem Verfahren erstellten Text zu zeigen, der möglichst unstrukturiert wirkt. So können Schreibhemmungen genommen werden. Nach Ablauf der acht Minuten beginnen die Kinder mit der *Textreduktion* auf drei Kernwörter. Die Kernwörter verarbeiten sie dann in ihrem Brief an das Wasser.

Ergebnisse
Die meisten Briefe spiegeln sprachlich und inhaltlich sehr starke Empfindungen und eine innige Beziehung zum Wasser wider. Es fällt den Kindern nicht schwer, die Stilhaltung der literarischen Vorlage einzunehmen, d. h., sich auf das Wasser als fiktionalen *Briefpartner* einzulassen. Äußerten sich

*Kernwörter als Schreibhilfe*

die Kinder sehr positiv zum Verfahren des automatischen Schreibens, so fiel ihnen die *Textreduktion* auf *nur* drei Wörter anfangs schwerer. Der Rückgriff auf diese Wörter beim Schreiben wurde jedoch später als Schreibhilfe bewertet, sodass der Einsatz dieses Verfahrens der Prozesshaftigkeit des Schreibens gerecht wird.

Es finden sich unter den Briefen appellierende Texte, in denen das Wasser aufgefordert wird, etwas Bestimmtes zu tun. Dabei handelt es sich entweder um Bitten, die uns alle betreffen (z. B.: *„Du musst frisch bleiben!"* oder *„Reise in arme Länder!"*) oder um Bitten, die sich auf einen ganz persönlichen Lebensbereich beziehen (*„Hoffentlich erzählst du mir noch mal eine Geschichte!"*). Demgegenüber stehen Texte, in denen die Kinder eine ganz innige, persönliche Beziehung zum Wasser ausdrücken, es als wichtig für ihre Stimmung empfinden (s. Text von Manuel). Man gewinnt sogar den Eindruck, dass Manuel erst über das Briefschreiben eine eigene Einstellung zum Wasser herausgefunden hat.

*Einschätzung des Unterrichtsvorhabens*

Das Unterrichtsvorhaben zum kreativen Schreiben erfordert von den Kindern einen hohen Schreibeinsatz, der sich jedoch bewährt. Schreibend werden Eindrücke, Einstellungen, Erfahrungen und Gefühle verarbeitet oder erst gefunden. Die Texte erlangen eine Authentizität, die auch den Leser ergreift. Man gewinnt den Eindruck, dass sich die Schüler in die Schreibaufgaben mit ihrer ganzen Person einbringen können (ABRAHAM/KUPFER-SCHREINER 2007, 19). Letzteres erfordert immer auch ein entsprechendes *Schreibklima* und einen *personalen Rückhalt*. Die Kinder müssen spüren, dass ihre innersten Empfindungen, Wünsche und Fantasien vom Lehrer und den Mitschülern ernst genommen werden.

Durch den ständigen Schreibeinsatz gewinnen die Schüler einen Ansatz von „Schreibroutine": Sie lernen Anleitungen nicht als normative Vorgaben kennen, sondern als Schreibhilfen, die ihnen beim Überwinden von Schreibblockaden ein Stück „Selbsthilfe" bieten. Dabei können die assoziativen Verfahren als Schreibhilfen durchaus noch zahlreicher und flexibler eingesetzt werden (z. B. neben automatischem Schreiben Angebot des Mindmapping etc.), um dem Einzelnen noch besser gerecht zu werden. Die Angst vor dem leeren Blatt wird geringer, Schreibkompetenz kann sich entwickeln.

**Wasser,**

du hast weder Geschmack noch Farbe, noch Aroma. Es fällt mir schwer, dich zu beschreiben. Man schmeckt dich, ohne dabei einen bestimmten Geschmack nennen zu können. Und doch... *mein ist froh. Du hast mich zum Leben erweckt. Du machst mich froh. Alles drei ist nur wegen dir. Du, Wasser, hast mich wirklich froh gemacht.*

Wasser, du bist für mich *wundervoll*

## Exkurs: Das Portfolio

Das Ziel einer Schreibförderung muss es *auch* sein, die Schüler zum *reflexiven Schreiben* zu befähigen, damit sie das eigene Schreibverhalten langfristig besser verstehen und darauf einwirken können (ABRAHAM/KUPFER-SCHREINER 2007, 17). Wie im Abschnitt „Ziele" bereits erwähnt, sehe ich *eine* gute Möglichkeit in den Verfahren zur Textbearbeitung, da über das Schreiben gesprochen und innerlich ablaufende Prozesse nach außen gebracht werden können. Nach Häcker ist ein „Grundbaustein im reflexiven Schreibprozess" der Einsatz von *Portfolios* (HÄCKER 2004, 144). Das Portfolio, eine spezielle Sammlung schriftlicher Arbeiten, ist eine aus dem angloamerikanischen Raum übernommene Idee, die inzwischen auch in Deutschland in den Schulen zunehmend verbreitet ist. Die Schüler sammeln nach zuvor entwickelten Kriterien repräsentative Lernergebnisse in Mappen. BRÄUER (1998a, 1998b, 2000) entwickelte speziell für die *Schreibdidaktik* ein Portfoliokonzept, bei dem die Schüler in so genannten Schreibmappen ihre Schreibprodukte sammeln. Er unterscheidet dabei zwei Grundmodelle der Portfolioarbeit (BRÄUER 1998b, 179): Die *exemplarischen Portfolios*, in denen Textendfassungen zur Dokumentation der schriftlichen Entwicklung des Schreibers gesammelt werden, und die *Schreibprozess-Portfolios*, die sowohl Planungselemente, erste Entwürfe, Materialien, sonstige Zwischenergebnisse als auch Textendfassungen enthalten. Durch diese Art der Dokumentation wird der Weg des Schreibers zum Schreibprodukt transparenter, sodass sich die Schreibprozess-Portfolios gerade für einen prozessorientierten Schreibunterricht anbieten. Die Fokussierung liegt auf den „individuellen Lernentwicklungsprozessen" (SCHWARZ 2004, 166). Die Schreibleistung wird „integraler Bestandteil" eines Schreibprojektes (BRÄUER 98a, 89), eine „prozessorientierte Leistungskontrolle" wird möglich (HECKER 2001, 22). Wichtig ist der Einwand von Schwarz, nach dem durch den prozesshaften Charakter des Lernens nicht nur den Schülern Lernzusammenhänge deutlicher werden, sondern die Portfolioarbeit zugleich auch ein „Evaluationsinstrument für Lehrende" ist (SCHWARZ 2004, 166). Portfolios dienen als „Brücke zwischen Lehren, Lernen und Beurteilen". Die Beurteilung bildet zur zusätzlichen Dokumentation einen Bestandteil der Sammelmappe und kann in Form von „Beobachtungsprotokollen" (vereinfachte Lernziellisten; BRUNER-SCHMIDINGER 2000, 13) oder „Selbst-Beobachtungsprotokollen" (ebd. 2000, 14) erfolgen.

Da die Raum-, Zeit-, Inhalts- und Bewertungsvorgaben des Schulalltags oft einschränkend auf ein prozessorientiertes Arbeiten wirken, bietet sich die Durchführung von Portfolios bei der *projektorientierten Unterrichts-*

*Portfoliokonzept für die Schreibdidaktik*

*Prozessorientierter Schreibunterricht*

*arbeit* geradezu an. Portfolios sollen dem Anspruch nach die „Selbststeuerung" und „Eigenverantwortung" im Lernen erhöhen (Häcker, 146). Beides ist aber gerade ein wesentlicher Bestandteil der Projektarbeit und auch des **kreativen Schreibens** (S. 145).

*Konkrete Umsetzung der Portfolioarbeit*

Die Umsetzung der Portfolioarbeit in dem Schreibprojekt zum Thema „Wasser" bedeutet, die Schüler aufgrund gemeinsam festgelegter Vereinbarungen anzuregen, ihre Schreibergebnisse in sogenannten *Wassermappen* zu sammeln. Mit Wassermappen sind einfache Papphefter gemeint, die zuvor mit Wasserbildern (von den Schülern selbst erstellt oder gesammelt) kunstvoll ausgestaltet werden. Die Vereinbarung ist, alles zu sammeln, was von der ersten Planung bis hin zur Endfassung entstanden ist. Darunter zählen auch Texte, die in der außerschulischen Arbeit erstellt oder gesammelt werden (Bsp.: Abschreiben von Wassergedichten), denn Letzteres gibt auch Aufschluss über das Interesse/die Motivation der Schüler. Teilweise haben die Schüler anfangs Hemmungen, Notizzettel, Erstentwürfe oder Wörtersammlungen abzuheften, was immer wieder neue Ermutigung seitens der Lehrperson erfordert.

Gezielte Rückfragen oder Ermutigungen zum Sammeln während des Unterrichtsprozesses haben durchaus schon reflexiven Charakter. Der Idealfall wäre es, mit jedem Schüler seine selbsterstellte Portfoliomappe durchzusprechen, um zur Reflexion aufzufordern bzw. anzuleiten (Bräuer 1998a, 85) und evtl. „Bedürfnisse und Notwendigkeiten zukünftigen Lernens" daraus abzuleiten (Bräuer 1998b, 179). Da Letzteres einen enormen Zeiteinsatz erfordert, schlage ich ein Verfahren vor, das die Schüler erneut zur Reflexion auffordert und dem Lehrer zusätzlichen Aufschluss über ihre Schreibhaltung geben kann (Böttcher/Becker-Mrotzek 2003, 185 f.): Die Schüler sollen nach Fertigstellung ihrer Portfoliomappe mit einem farbigen Klebepunkt die Texte markieren, die sie in unserem „Buch zum Wasser" veröffentlichen möchten. Zur Beratung können der Lehrer oder Mitschüler hinzugezogen werden. Die Schüler setzen sich erneut mit ihren Texten auseinander, ein Sprechen über das Schreiben wird angeregt sowie Reflexion und Beurteilungsfähigkeit geübt. Die Begründung der Textauswahl kann aufschlussreich sein. Im Anschluss daran biete ich den Schülern einen „Selbstbeobachtungs-Bogen" an, der ebenso zur Reflexion anregen und Bestandteil der Portfoliomappe sein soll (ebd., 180). Der Fragebogen bietet für Schüler und Lehrer eine weitere Möglichkeit, das Reflektieren und Werten der Portfolioarbeit zu steuern und gezielter an das evtl. daraus folgende Gespräch heranzugehen.

*Schülerfragebogen*

## Fragebogen zum Schreiben

**Hat dir das Schreiben zum „Wasser" Spaß gemacht?**

☒ Ja, immer  ○ Mehr zum Ende hin  ☒ _Ich mag Wasser_

○ Nicht so sehr  ○ Mehr zu Beginn

**Was hat dir beim Schreiben geholfen (du kannst mehrere Sachen ankreuzen)?**

○ gar nichts
☒ Sammeln von Wörtern (Cluster, automatisches Schreiben...)
○ Malen eines Bildes
☒ Hören der Musik/ tanzen zur Musik
○ Betrachten/ anfassen des Gegenstandes
○ Textanfang
☒ Schneebaldgedicht
○ Überarbeiten der Texte
☒ _Man konnte immer fragen_

**Was habe ich beim Schreiben gelernt?**

○ Gar nichts. Alles ist wie vorher.
○ ich schreibe lieber als früher.
☒ Ich weiß besser, was ich tun kann, wenn ich mal nicht weiter weiß (was machst du dann?).
_Ich frage, ich sammele Wörter_
○ _____

**Was hat dir beim Überarbeiten deiner Texte gut gefallen?**

☒ Ich fand das Überarbeiten schwer.
☒ Zerschneiden und neue Ordnen meines Textes (Zeilenumbruch)
○ Arbeiten mit der Textlupe.
○ Arbeiten mit den Spezialisten.
○ _____

**Hast du an deinem Text noch viel geändert?**

○ Ja, einiges  ☒ Ja, ein wenig  ○ Nein, gar nichts
○ _____

**Was wünschst du dir, wenn wir das nächste Mal Texte schreiben?**

_Wieder zu einem Thema so lange schreiben_

# Medienbezogenes kreatives Schreiben

*Karin Vach*

Eines der Leitziele des Deutschunterrichts ist die Grundlegung und Vertiefung der Kommunikationsfähigkeit. Kommunikation vollzieht sich direkt als Face-to-Face-Kommunikation oder über zeitliche und räumliche Distanzen hinweg (EHLICH 1994; BECKER-MROTZEK 2003). Für die Distanzkommunikation benötigen wir Medien, die raum- und zeitübergreifend Inhalte speichern und übertragen.

Deutschunterricht und Medien gehören zusammen. Traditionellerweise wird im Deutschunterricht der Schwerpunkt auf (Schrift-)Sprache und Literatur gelegt. Somit stehen vor allem geschriebene und gedruckte Texte im Mittelpunkt. Kommunikationsfähigkeit beschränkt sich in der modernen Medienwelt aber nicht allein auf sprachliche und schriftliterarische Fähigkeiten, sondern erfordert auch den kompetenten Umgang mit unterschiedlichen Semiotiken und ihren Kombinationen, mit unterschiedlichen Sinnesmodalitäten und technischen Geräten. Darauf sollte der Deutschunterricht bereits in der Grundschule vorbereiten, ohne seine herkömmlichen Aufgaben, die Vermittlung von Sprache und Schrift, zu vernachlässigen (vgl. auch KMK 2005; BREMERICH-VOS 2009).

Sinnhafte, authentische Lernkontexte setzen darauf, die Kinder im Umgang mit Medien zu stärken (BERTSCHI-KAUFMANN u. a. 2004; VACH 2005). Die Kinder können selbsttätig sein, ausprobieren, experimentieren, ganzheitlich mit allen Sinnen lernen. Auf diese Weise werden die Kinder Fähigkeiten entwickeln, ihren Umgang mit Medien eigenverantwortlich zu gestalten und zu steuern. Sie werden sich gegebenenfalls von Medienangeboten distanzieren, aber sich auch auf den kulturellen Ausdrucksreichtum einlassen und diesen genießen. Das kreative Schreiben bietet einen Ansatz dafür, den Kindern einen Zugang zu den verschiedenen Medien zu eröffnen und sie in ihrer Medienkompetenz zu fördern. Dies soll im weiteren Verlauf vorgestellt werden.

> *Kreatives Schreiben eröffnet Zugang zu Medien und fördert Medienkompetenz*

Dazu wird zunächst der Begriff der Medienkompetenz mit seinen Teilkompetenzen skizziert. Medienbezogene Genussfähigkeit ist eine Teilkompetenz, die in diesem Kontext von besonderem Interesse ist. Mit der Förderung von medienbezogener Genussfähigkeit können kreative Lernprozesse angeregt werden. Umgekehrt fördert das kreative Schreiben medienbezogene Genussfähigkeit. Wie diese Verknüpfung im Unterricht realisiert werden kann, zeigen exemplarisch die Medienprojekte zu Hörmedien und zur digitalen Bildbearbeitung. Die multimediale Präsentation der Ergebnisse wird abschließend vorgestellt.

**Medienkompetenz**
Medienkompetenz ist Teil einer umfassenden Kommunikationskompetenz und soll auf eine souveräne Teilhabe an den Medien vorbereiten. Sie ist eine Qualifikation, die nicht auf technische Fähigkeiten und Kenntnisse beschränkt ist, sondern auch emotionale, kognitive, ästhetische und soziale Dimensionen einschließt. Teilkompetenzen von Medienkompetenz sind z. B. medienbezogene Genussfähigkeit, Produktionsfähigkeit, Medienwissen und medienbezogene Kritikfähigkeit (Groeben/Hurrelmann 2002).

Medienbezogene Genussfähigkeit
Bei Mediengenuss denkt man schnell an passive Rezipienten, die dem Dargebotenen ausgesetzt sind bzw. den Medienwirkungen überlassen bleiben. Mediengenuss wird hier hingegen konstruktivistisch verstanden. Danach knüpft ein genussvolles Medienerleben an vorausgegangene Erfahrungen, an die jeweiligen Bedürfnisse und an das eigene Wissen an. Genuss entwickelt sich im Kontext der Mediensituation und in der Auseinandersetzung mit dem Medienangebot. Mediengenuss bereitet Vergnügen, ist Ohrenschmaus und Augenweide. Für Kinder im Grundschulalter ist das Erleben von medienbezogenem Genuss entscheidend für die Aufnahme und Aufrechterhaltung der Medienrezeption und -produktion. Haben die Kinder Freude an dem Gesehenen bzw. Gehörten, erleben sie das Medienangebot als spannend, lustig oder anregend, dann sind sie auch motiviert, sich weiter damit zu beschäftigen und auseinanderzusetzen.

Mediengenuss und kreatives Schreiben
Die Konzepte des Mediengenusses und des kreativen Schreibens weisen viele Gemeinsamkeiten auf. Was für die Kreativität gilt, kann auch auf den Mediengenuss übertragen werden: Genuss wird erlebt, „wenn der Weg, der zum Produkt führt, neuartig ist; wenn wir etwas auf neuartige Weise wahrnehmen, fühlen, erkennen und denken" (Brodbeck 1995, 30). Der Ansatz des kreativen Schreibens setzt auf Methoden, die eingeschliffene Vorstellungsmuster durchbrechen und die zunächst Irritationen hervorrufen. Ähnlich kann gerade auch der Mediengenuss durch Unerwartetes und Widerständiges geweckt werden. Die Kinder sind überrascht von dem, was sie hören und sehen. Es passt nicht zu dem Gewohnten und Vertrauten. Die Kinder werden neugierig auf die sinnlichen Angebote, sie lauschen, betrachten,

fühlen, assoziieren. Das kreative Schreiben regt zudem zur Auseinandersetzung mit der eigenen Subjektivität an und fördert die individuelle Expression sowie die Imagination. Diese Prozesse sind ebenfalls beim genussvollen Medienerleben zu beobachten. Die Schüler sind bei der Medienrezeption emotional beteiligt, fühlen mit den Protagonisten, versetzen sich selbst in deren Situation und tauchen in deren Welt ein. Und schließlich hat das kreative Schreiben wie der Mediengenuss eine soziale Dimension. Der gemeinsame Schreibprozess und die gemeinsame Medienrezeption bzw. -produktion können gleichermaßen kreative wie genussvolle Prozesse sein (BÖTTCHER, Erstausgabe *Kreatives Schreiben* 1999, 11 ff.) Kinder identifizieren sich ganz mit ihrem Vorhaben, werden selbsttätig, überwinden Schwierigkeiten und bringen sich im Produktionsprozess selbst zum Ausdruck. Das Involviert-Sein in die eigene Handlung führt mitunter zu einem Glücksgefühl und so zum genussvollen Erleben (CSIKSZENTMIHALYI 1985; VACH 2009).

Unterrichtsbeobachtungen zeigen, dass genussvolles Hören und Sehen bei den Kindern fast immer den Wunsch erweckt, die sinnlichen Eindrücke mündlich und schriftlich zum Ausdruck zu bringen. Gerade die schriftliche Verarbeitung des Gehörten und Gesehenen unterstützt ein vertiefendes Verstehen. Das kreative Schreiben bietet dafür vielfältige Verfahren, die hier an ausgewählten Medienprojekten vorgestellt werden.

### Hörmedien: Klanglandschaften

*Eigene Wahrnehmungen und Vorstellungen zu Klanglandschaften in Sprache fassen und aufschreiben*

Unter dem Begriff „Klanglandschaft" werden Geräusche, Musik und Sprache gefasst, wie sie im Lebenszusammenhang erscheinen (WINKLER 1998, 12). Bei dem Begriff handelt es sich um die deutsche Übersetzung des englischen Kunstwortes „soundscape", das Ende der 1960er-Jahre von dem kanadischen Komponisten RAYMOND MURRAY SCHAFER und dem Stadtplaner MICHAEL SOUTHWORTH eingeführt wurde (ebd., WERMKE 1995c, 19). Klanglandschaft bezeichnet die Gesamtheit der klingenden Umgebung. Sie ist dabei nicht nur außen, denn sie entsteht immer auch mit den Hörenden und deren Assoziationen und Imaginationen. Die Hörenden sind dabei in besonderer Weise in ihrer Wahrnehmungs- und Vorstellungstätigkeit gefordert. Da eine Anleitung zur Deutung der akustischen Phänomene fehlt, sind die Hörenden auf sich selbst verwiesen, auf bestimmte Klänge und Geräusche ihre Aufmerksamkeit zu richten, zu ordnen, auszuwählen und innere Bilder zu entwickeln. Das kreative Schreiben zu Klanglandschaften unterstützt die Kinder dabei, die eigenen Wahrnehmungen und Vorstellungen in Sprache zu fassen und aufzuschreiben.

Die Aufnahme „Subtropische Nacht in den Sumpfwäldern Südfloridas" (SCHMITTHENNER 1990) eignet sich für den Einsatz im Unterricht besonders gut. Bereits Schüler in der Schuleingangsphase (1. und 2. Schulbesuchsjahr) lassen sich auf diese Klanglandschaft ein. Sie liegen entspannt und mit geschlossenen Augen auf dem Boden. Möglicherweise wirken die Töne, Klänge und Geräusche zunächst irritierend. Sie machen aber auch neugierig auf das akustisch Präsentierte und regen dazu an, sich genussvoll in die Klanglandschaft hineinzuversetzen. Nach dem Hören erhalten die Kinder durch assoziative Verfahren die Möglichkeit, ihre Wahrnehmungen und Vorstellungen zu äußern und zu vertiefen. Diese Angebote wirken besonders auf die Kinder motivierend, die nicht unmittelbar Schreibideen haben und zunächst das Gehörte ordnen müssen. Außerdem sind die Verfahren für Schreibanfängerinnen/Schreibanfänger entlastend, da zunächst keine umfangreichen Texte erwartet werden und das Schreiben zum Teil gemeinsam erfolgt. Mit ihren Assoziationen entwickeln die Kinder dann einen Text.

Es ist sinnvoll, bei allen Schreibaufgaben zur Klanglandschaft so vorzugehen, dass zuerst das Verfahren erläutert und dann die Klanglandschaft erneut vorgespielt wird. So können die Kinder sich das Gehörte im Hinblick auf ihren Schreibauftrag besser vergegenwärtigen.

Zum Einstieg bietet sich der *Reihum-Roman* an (MOSLER/HERHOLZ 1991). In Gruppen von bis zu zehn Schülern nennt jedes Kind nacheinander ein Wort zu der erlebten Klanglandschaft und seinen Vorstellungen. Es kann sich dabei um Verben, Adjektive oder Nomen handeln (im Beispiel: *quaken, plätschern, bellen, Grillen, Bäume, Blätter, Stimmen, Lianen*). Alle schreiben mit. In der Reihenfolge der genannten Wörter entwickelt dann jedes Kind für sich einen Text. Schüler im 1. Schuljahr, die noch Mühe beim Lautieren haben, diktieren einer kompetenten Schreiberin/einem kompetenten Schreiber (z. B. der Lehrerin) ihren Text oder erzählen mündlich.

> **Entdeckungen in den Sumpfwäldern**
> Das Boot fährt über das weite Sumpfland.
> Frösche quaken,
> das Wasser plätschert.
> Ein paar Kröten fühlen sich gestört
> und hüpfen am Ufer entlang.
> Die Vögel flattern kreischend auf.
> Ein paar Affen schwingen sich bellend

> von Baum zu Baum.
> Überall sind <u>Grillen</u> zu hören.
> Die <u>Bäume</u> rauschen im Wind
> und <u>Blätter</u> fallen auf das Boot.
> Es flüstert und tönt
> mit vielen <u>Stimmen</u>.
> Das Boot gleitet
> unter den herabhängenden <u>Lianen</u> hindurch.
> *Lewin, 6 Jahre (diktiert)*

Für das *Wörterboot*, in Anlehnung an den *Wörtersack* (S. 45), erhält jedes Kind ein aus Karton ausgeschnittenes Boot – passend zu ihrem imaginären Ausflug auf dem Boot durch die Sumpfwälder Südfloridas. Darauf schreiben sie – je nach Schreibsicherheit – fünf bis zehn Wörter zu ihren Höreindrücken und Vorstellungen. Das Boot wird dann an ein Kind weitergegeben. Dieses Kind liest die Wörtersammlung und ergänzt sie mit einem zusammenfassenden, ergänzenden oder kontrastierenden Wort. Danach gibt es das Boot wieder zurück. Die gesammelten Wörter werden dann in eine Geschichte eingebunden. Das hinzugefügte Wort muss in der Überschrift der Geschichte vorkommen.

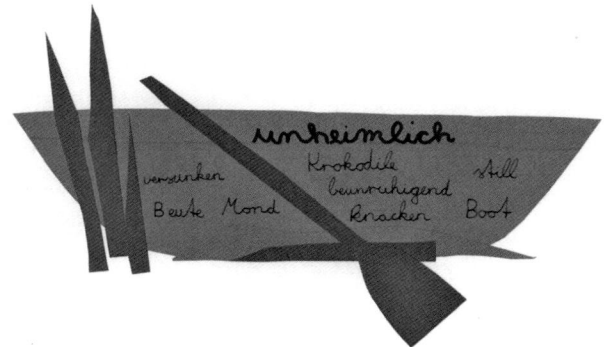

*Karoline, 8 Jahre und Lisa, 9 Jahre*

**Automatisches Schreiben**

Das *automatische Schreiben* (S. 46) ist ebenfalls eine Methode, die Höreindrücke und Assoziationen zu der Klanglandschaft fließen zu lassen. Hier ist keine bestimmte Anzahl von Wörtern vorgegeben. Der Schreibfluss innerhalb eines Zeitrahmens ist entscheidend. Für Schreiber, die noch viel Mühe beim Lautieren haben, ist diese Methode mitunter recht anspruchsvoll. Kinder mit mehr Schreibsicherheit werden hingegen viel Freude daran haben, unaufhörlich zu schreiben. Eine weitere Methode des automatischen Schreibens ist das *Schreiben in der Gruppe*. Dazu lesen die Kinder sich ihre Wörtersammlungen, die nach der Methode des automatischen Schreibens entstanden sind, gegenseitig vor. Jedes Kind notiert von jeder Wörtersammlung die für es bedeutsamsten Wörter. Mit diesen Kernwörtern schreibt es dann seinen eigenen Text (vgl. *Textreduktion*, S. 54). Weitere Schreibanregungen bieten die Wörterbörse und das Cluster.

*Schreiben in der Gruppe*

Zum Abschluss des Schreibprozesses lesen die Kinder ihre Texte einander vor und hören die Klanglandschaft noch einmal. Dabei werden sie vermutlich neue Entdeckungen machen und das Gehörte vertiefen.

---

**Für den Unterricht empfehlenswerte Aufnahmen:**
SCHMITTHENNER, HANSJÖRG (1990): Subtropische Nacht in den Sumpfwäldern Süd-Floridas. In: Schmitthenner, Hansjörg: Welthören CD 1: Amerika, Afrika. Network Medien-Cooperative
SCHMITTHENNER, HANSJÖRG (1990): Welthören CD 2: Europa, CD 3: Asien. Network Medien-Cooperative

---

## Hörspiele

Hörspiele sind bei Kindern im Grundschulalter sehr beliebt und können gut im Deutschunterricht eingesetzt werden. Für den Einstieg in die Hörspielrezeption bieten sich solche Hörspiele an, die durch die verwendeten Gestaltungsmittel die Vorstellungstätigkeit anregen und die emotionale Beteiligung herausfordern. Kinder in der Schuleingangsphase (1. und 2. Schulbesuchsjahr) können einfach gebauten Hörspielen, in denen nur ein Erzählstrang entfaltet wird und sich Erzähler und Szenen abwechseln, gut folgen. Bei der Auswahl sollten für die Schüler inhaltliche Anknüpfungspunkte mitbedacht werden. Für erfahrenere Zuhörer sind mitunter anspruchsvollere Hörspiele attraktiver, in denen parallel zwei bis drei Erzählstränge entwickelt werden und die durch Geräusche, Stimmen und Musik eine vielgestaltige Welt entstehen lassen. Je nach narrativer und dramaturgischer Gestaltung sowie Präsentation der Figuren und Räume werden die Kinder zum Zuhören verlockt und erleben Spannung, aber auch Wohlgefühl. Sie genießen es, sich mit den Protagonisten zu identifizieren, mitzufühlen und sich in die Handlung einbinden zu lassen. Ihre Höreindrücke können die Kinder durch verschiedene Verfahren des Schreibens zu und nach (literarischen) Texten bzw. hier Medientexten vertiefen. Diese Verfahren fördern es, das Gehörte nachklingen zu lassen, andere Perspektiven einzunehmen sowie auch Unverstandenes im Schreiben zu klären. Die Kinder

*Schreiben zu Medientexten*

erzählen etwa aus der Perspektive des Protagonisten oder einer Randfigur. Sie können Leerstellen ausfüllen, Nachfolgendes antizipieren und sich selbst in die Geschichte hineinversetzen. Diese Verfahren sind nicht nur bei Hörspielen möglich, sondern können ebenso bei Filmen und sogar bei Computerspielen eingesetzt werden (Dehn u. a. 2004). Voraussetzung ist, dass die Kinder die dargebotenen Geschichten einigermaßen gut kennen.

**Beispiel: Inneres Sprechen/Untertext**
zu einem Ausschnitt aus dem Hörspiel „Die drei Räuber"
Erzähler:  Da geschah es einmal, dass sie in einer tiefschwarzen Nacht eine Kutsche überfielen, in der nur ein einziger Reisender saß.
Räuber 1:  Her mit dem Gold!
*Jetzt kriegen wir wieder Gold. Diese Reisenden haben doch ihre ganzen Taschen voll davon. Da können die uns auch mal was abgeben.*
Räuber 2:  Her mit dem Geld!
*Es wurde auch Zeit, dass hier eine Kutsche vorbeikam. Endlich können wir jemanden mal wieder richtig Angst machen. Mir war schon langweilig seit dem letzten Überfall.*
Räuber 3:  Und her mit den Perlen!
*Ich liebe Perlenketten, Armbänder, Ohrringe. Ich kann gar nicht genug davon kriegen. Welche Kostbarkeiten erwarten uns wohl heute?*
Räuber 2:  Her mit den ...
*Hoppla, irgendwas ist anders. Aber was? Es ist nicht so wie sonst! Wer sitzt denn da drin? Wo sind denn die Reisenden?*
Alle:  Was ist das?
*Das ist ja nur ein kleines Mädchen! Gibt es denn heute kein Gold, kein Geld und keine Perlen? Können wir die denn ausrauben? Die guckt gar nicht ängstlich! Hat die etwa keine Angst vor uns Räubern!!*
Tiffany:  Guten Abend!
*Die sehen ja lustig aus! Was sind das denn für Typen? Und was machen die hier mitten in der Nacht?*
Räuber 2:  Ein kleines Mädchen! ...

Mit dem Verfahren des *Inneren Sprechens (Untertext)* (Mosler/Herholz 1991) kann begonnen werden. Hier geht es darum, dass die Kinder zu einem ausgewählten Dialog das ausführen, was die jeweiligen Figuren bei ihrem Gespräch mitgedacht haben könnten. Exemplarisch kann ihnen die Einbeziehung des inneren Monologs an dem Hörspiel „Sonntagskind" veranschaulicht werden, das zu den Dialogen Passagen des inneren Monologs enthält. Den Kindern kann durch diese Schreibaufgabe deutlich werden, dass Dialoge oftmals mehr beinhalten als die ausgesprochenen Worte. Für die unterrichtliche Umsetzung bietet es sich an, wenn die Klasse sich auf einen, höchstens zwei Dialogausschnitte beschränkt. Die Lehrerin setzt dann diese Passagen für die darauffolgende Stunde in einen Schrifttext um. Mit der schriftlichen Darbietung der Äußerungen haben es die Kinder leichter, die inneren Monologe zu entfalten. Beim Schreiben sollte zu zweit oder in kleinen Gruppen gearbeitet werden, sodass jedes Kind eine Rolle übernehmen kann.

Daran anknüpfend kann mit dem Verfahren des *perspektivischen Schreibens* (vgl. auch Fritzsche 1989, 52–58) die Gestaltung von inneren Monologen weiter ausgebaut werden. Dazu wählt jedes Kind aus den im Unterricht vorgestellten Hörspielen eine Figur aus und notiert kurz ihre Kennzeichen (Geschlecht, Alter, Aussehen, Charakter, Aufgaben). Danach finden sich immer zwei Kinder zusammen und entwickeln für ihre beiden Figuren eine mögliche Situation oder Handlung. Gemeinsam gestalten sie ihre Vorgaben zu einer Geschichte aus, die jeweils abwechselnd innere Monologe der Figuren zur Situation und zum Verhalten des Partners enthält. Es können neue, hörspielübergreifende Verknüpfungen entstehen.

Eine Variante des *perspektivischen Schreibens* ist das Schreiben in der *Ich-Du-Er-/Sie-Form* (vgl. auch Fritzsche 1989, 68–73). Die Kinder finden sich dazu in Dreier- oder Sechser-Gruppen zusammen und nehmen sich einen Abschnitt eines Hörspiels vor. Je nach Gruppengröße schreiben die Kinder allein oder zu zweit das Hörspiel in eine Erzählung um, indem sie die Hauptfigur vorstellen und eine Episode darstellen. Dabei wird der Abschnitt aus drei verschiedenen Perspektiven erzählt: So wird bei der Erzählhaltung in der Er-/Sie-Form der Schwerpunkt auf die Fakten und den Handlungshergang gelegt, während die Hauptfigur aus der Ich-Perspektive ihr persönlich Erlebtes darstellt sowie ihre Gedanken und Gefühle schildert. In der Du-Perspektive wird das Geschehen erinnert bzw. reflektiert.

*Perspektivisches Schreiben*

**Beispiel: Literarischer Dialog zu „Sonntagskind"**
**Produzent**: Ich wollte gerne ein Hörspiel machen über Leute, die etwas anders sind als andere. Die haben es dadurch vielleicht ein bisschen schwerer, aber sie sind auch interessanter.
**Sonntagskind**: Am Anfang wäre ich schon gerne wie die anderen Kinder im Heim. Ich beneide die anderen, weil die sonntags meistens abgeholt werden. Und ich bin dann fast alleine im Heim. Ich will aber auch was ganz Besonderes sein und deshalb auch anders als die anderen. Deshalb stelle ich mir so eine tolle Sonntagsmutter vor und bin erst mal enttäuscht, weil die gar nicht so aussieht.

**Produzent**: Ja, das sollte deutlich werden. Das manche Leute für uns gar nicht toll aussehen, aber dann wirklich nett sind und vielleicht sogar besser als die anderen, die äußerlich besser ankommen.
**Sonntagskind**: Das meiste, was ich in dem Hörspiel sagen muss, sind meine eigenen Gedanken. Ich rede eigentlich gar nicht richtig mit den anderen Leute. In dem Hörspiel reden die und ich denke dann immer was dazu. Was ich richtig sage und tue, erzähle ich nur. Ich habe eine Rolle und bin eigentlich auch die Erzählerin.
**Produzent**: Dadurch soll das Hörspiel spannender werden. Es gibt sozusagen zwei Geschichten: Der normale Ablauf mit allen Personen und dann die Geschichte im Kopf vom Sonntagskind.
*Anna und Sebastian, 10 Jahre*

*Literarischer Dialog*

Eine weitere Anregung zur Vertiefung der Hörspielrezeption im Unterricht ist der *literarische Dialog* (MOSLER/HERHOLZ 1991). Hier finden sich die Kinder in Gruppen zusammen, wählen jeweils eine Figur des Hörspiels bzw. die Rolle des Hörspielproduzenten und erstellen zu ihrer Person ein *Cluster* (S. 49). Mit Hilfe der Cluster entwickeln dann die Gruppen ein fiktives Gespräch zwischen ihren Personen: Die Produzenten berichten über die Gestaltung des Themas und des Hörspiels. Die Figuren erzählen, was sie charakterisiert und mit welchen Mitteln sie dargestellt werden. Mit Hilfe dieses Verfahrens können die Kinder sich die Gestaltung des Hörspiels und den Einsatz der medienspezifischen Mittel bewusst machen. Sie erwerben Medienwissen und reflektieren zumindest ansatzweise die Hörspiele kritisch.

---

**Für den Unterricht empfehlenswerte Hörspiele:**
UNGERER, TOMI (1998): Die drei Räuber. Eine Aufnahme des Westdeutschen Rundfunks Köln. Düsseldorf: Patmos. (Audio-CD) [nur noch antiquarisch erhältlich]
MEBS, GUDRUN (1986): Sonntagskind. Hamburg: Polygram. (Hörkassette) [nur noch antiquarisch erhältlich]
GIESEKING, BERND (2013): KiRaKa – Trolle nach Süden. WDR mediagroup. (MP3-Download)
PREUßLER, OTFRIED (2007): Die kleine Hexe. Berlin: Der Audio Verlag. (Audio-CD)
ZIMMERMANN, CHRISTA MARIA (2005): Gefangen im Packeis. München: Der Hörverlag. (Audio-CD)

---

### Bildmedien: digitale Bildbearbeitung

Durch eigene digitale Bildbearbeitungen im Unterricht erleben die Kinder, dass sie Fotos verändern können und dass ganz neue Versionen des ursprünglichen Bildes entstehen. Dazu fotografieren die Kinder sich zunächst gegenseitig mit einer Digitalkamera. Es ist sinnvoll, wenn sie bereits bei der Aufnahme die spätere Umsetzung des Porträts mitbedenken. So können sie eine bestimmte Körperhaltung einnehmen oder bereits eine Kulisse mit Utensilien inszenieren. In einem zweiten Schritt bringen die Kinder von zu Hause ihre Bildersammlungen in den Unterricht mit. Das können Fotos sein, aber auch Sammelbilder, Sticker, Abbildungen ihrer Lieblingsfiguren, Tierbilder o. Ä. Die Kinder wählen zwei bis drei Bilder aus, die sie mit ihrem Porträt komponieren wollen und scannen diese ein. Selbst mit einfachen Bildbearbeitungsprogrammen haben die Kinder verschiedene Funktionen, ihr neues digitales Bild zu erstellen. Mit der Schneidefunktion „schneiden" sie ihr Porträt aus, verändern den Hintergrund, fügen ihre eingescannten Bilder ein, wechseln Farben, ergänzen mit Schriftzügen oder nutzen Bildeffekte. Organisatorisch bieten sich verschiedene Wege an. Es ist möglich, zu zweit oder in kleinen Gruppen nacheinander in der Computerecke in der Klasse zu arbeiten. In einem Computerraum können die Kinder parallel in kleinen Gruppen ihre Bilder bearbeiten.

*Schreiben zu digital bearbeiteten Bildern*

Die fertigen Bilder werden ausgedruckt und ausgestellt. Die Kinder stellen fest, dass die ursprünglichen Bildaussagen völlig verfremdet werden können, weil Bildelemente aus dem Zusammenhang genommen, neue Bildelemente hinzugefügt oder bestimmte Effekte genutzt werden. Ihre Bildeindrücke können sie in verschiedenen Schreibaufgaben verdichten und erweitern. Gegebenenfalls hilft es den Kindern, wenn sie zu zweit arbeiten.

Zum Einstieg – besonders auch für Schreibanfänger – bietet es sich an, die bearbeiteten Bilder auf die Kinder zu verteilen, sodass jedes Kind ein anderes erhält. Zu jedem Bild wählen die Kinder *Sprech- oder Denkblasen* und füllen sie mit einem Text. Im Anschluss daran lesen die Kinder ihre Texte vor. Gemeinsam wird überlegt, ob die Texte den Figuren entsprechen, ob sie die Bildarrangements erweitern oder verfremden.

Die Arbeit mit den durch die bearbeiteten Bilder ausgelösten Assoziationen wird mit dem Verfahren der *Wundertüte* (MOSLER/HERHOLZ 1991) vertieft. Die Kinder bringen Zeitschriften und Tageszeitungen mit, schneiden spannende oder stimmungsvolle Überschriften aus und legen diese in eine Kiste. Die bearbeiteten Bilder werden in eine andere Kiste gelegt. Jedes Kind zieht nun jeweils eine Überschrift und ein Bild. Es entwickelt mit diesen beiden Vorgaben einen Text. Da vermutlich Text und Bild nicht zusammenpassen, ist es für die Kinder eine Herausforderung, sich mit den Bildern vertiefend auseinanderzusetzen und Verbindungen herzustellen.

*Wundertüte*

Medienbezogenes kreatives Schreiben | 171

**Metaphern-baukasten**

Ähnlich anregend ist der *Metaphernbaukasten* (Mosler/Herholz 1991), der hier für die Arbeit mit den digital erstellten Bildern abgewandelt wird. Dazu finden sich die Kinder in Gruppen mit sechs Beteiligten zusammen. Jedes Kind erhält ein Bild sowie je sechs blaue und rote Zettel. Auf die blauen Zettel werden jeweils ein Nomen und auf die roten jeweils ein Adjektiv oder Verb zum vorliegenden Bild geschrieben. Die Bilder und Zettel werden in der Gruppe eingesammelt, jeweils gemischt und neu verteilt. Jedes Kind hat nun ein anderes Bild sowie je sechs andere blaue und rote Zettel. Es nummeriert die neu erhaltenen Zettel von eins bis sechs durch. Mit einem Würfel würfelt es jeweils eine Zahl für ein Nomen und eine Zahl für ein Adjektiv bzw. Verb. Auf diese Weise werden mindestens vier Wörterkombinationen erwürfelt (z. B. rote Nr. 1 und blaue Nr. 4). Jedes Kind wählt zu dem ihm vorliegenden Bild das spannungsreichste Wortpaar. Dies ist Ausgangspunkt für ein Gedicht in freien Versen.

Metaphernbaukasten: erwürfelte Wortkombinationen
**Schreie – bunt**, Menschen – nass, Hilfe – rauschen, Regenschirm – groß

Freier Vers zum Metaphernbaukasten:
**Bunte Schreie**
Pokemons überall
bunt und wild
schreiend
kleine Monster
Schnapp sie dir alle!
*Mena, 9 Jahre*

Freiere Texte entstehen, wenn jedes Kind zu einem der produzierten Bilder z. B. eine *Geschichte*, ein *Elfchen* oder eine *Wörterliste* schreibt. Zum Abschluss werden die Texte vorgelesen.

Bei der Präsentation der Texte, die z. B. durch die Verfahren Wundertüte, Metaphernbaukasten und Bildtexte entstanden sind, lassen sich die ursprünglichen Bildintentionen der Produzenten mit den ausgelösten Assoziationen vergleichen. Die Fragen können dabei lauten: Passt der Text zu meinen ursprünglichen Bildideen? Welche Bildeffekte wirken für die Textproduktion besonders anregend? Erweitern die Assoziationen die ursprünglichen Bildideen oder verfremden sie diese? Regt der Text zur genaueren Bildbetrachtung an?

Zum Abschluss kann der Bildproduktionsprozess reflektiert werden. Dazu bietet sich das *Akrostichon* an, da es Möglichkeiten zum Assoziieren eröffnet, aber auch eine Einordnung in den Kontext verlangt. Die Form des Akrostichons spiegelt zudem das Thema des Visuellen wider (S. 46). Die Kinder erhalten hier z. B. den Begriff „Bilder". Dazu bringen sie in der vorgegebenen Form ihre Freude am eigenen Können und ihr erworbenes Medienwissen, möglicherweise auch ihre kritische Haltung gegenüber den Computerbildern, zum Ausdruck. Für die Veröffentlichung gestaltet jedes Kind sein Akrostichon auf einem Computerbildschirm aus Karton.

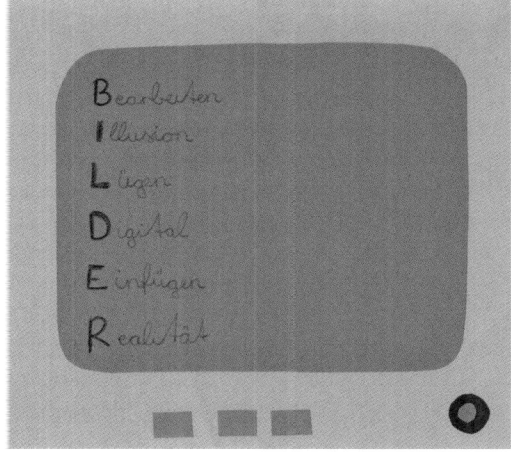

*Akrostichon*

### Multimedia: Präsentieren mit Multimedia

Mit dem Computer können die im Laufe der Projekte entstandenen Texte nach der Rechtschreibkorrektur in einer ansprechenden und gut lesbaren Form ausgedruckt oder mit einem Beamer einer größeren Öffentlichkeit vorgeführt werden (BECKER-MROTZEK/BÖTTCHER 2006, 49 ff.). Für eine Beamer-Präsentation empfiehlt es sich, die Texte multimedial aufzubereiten (CICHLINSKI/GRANZER 2009). Zum Projekt ‚Klanglandschaft" können beispielsweise gemalte Urwaldbilder eingescannt und den Texten gegenübergestellt werden. Außerdem kann die Klanglandschaft digital eingebunden werden und im Hintergrund ablaufen, während die Texte und Bilder als Diashow mit einem Beamer projiziert werden. Für die Präsentation des Bilder-Projekts etwa können die entstandenen Texte gesprochen und mit einem Audioprogramm aufgenommen werden. Bei der Präsentation lassen sich dann Audio-Aufnahmen und Bilder gemeinsam vorführen.

*Texte multimedial aufbereiten*

Wem das technische Know-how für diese Form der Präsentation fehlt, kann sich an Medienstellen und Computerschulen wenden. Sie bieten Räumlichkeiten, technische Ausstattungen und pädagogische Mitarbeiter, die die Kinder bei ihren Vorhaben unterstützen und anleiten.

Einige Verfahren wurden hier der Sammlung von BETTINA MOSLER und GERD HERHOLZ entnommen, die wieder auf verschiedene Quellen zurückgreifen.

# Kreatives Schreiben bei Deutsch als Zweitsprache – die Chancen nutzen

*Gabriele Kniffka*

In städtischen Ballungsräumen sind Grundschulklassen häufig geprägt durch die hohe sprachliche und kulturelle Diversität ihrer Schülerschaft. In manchen Stadtvierteln beträgt der Anteil der Grundschulkinder, die eine andere Erst-/Muttersprache als Deutsch sprechen, ca. 40 %, an einzelnen Grundschulen kann er auch deutlich höher sein. Für die Stadt Köln wird z. B. der Anteil der ausländischen Grundschüler für das Jahr 2008/09 mit insgesamt 21,7 % angegeben, für Köln-Kalk mit 37 % (vgl. Kölner Statistische Nachrichten 1/2010, 154–156). Die Kompetenz in der Unterrichtssprache Deutsch kann von Kind zu Kind stark variieren: Viele der Grundschüler mit Migrationshintergrund sind in Deutschland geboren, sie haben einen deutschen Kindergarten besucht und können sich mühelos an Alltagsgesprächen auf Deutsch beteiligen. Manche Kinder verfügten unmittelbar vor Schuleintritt über unzureichende Deutschkenntnisse, und sie haben an vorschulischen Sprachfördermaßnahmen teilgenommen. Wieder andere sind erst kurz vor dem Eintritt in die Schule mit ihren Familien nach Deutschland eingewandert und sprechen so gut wie gar kein Deutsch (sogenannte „Seiteneinsteiger"). Kinder, die Deutsch als Zweitsprache (DaZ) sprechen, sitzen normalerweise gemeinsam mit muttersprachlich deutschen Kindern in Regelklassen – und sind diesen gegenüber in gewisser Weise benachteiligt: Sie erwerben die Zweitsprache Deutsch, während sie gleichzeitig gefordert sind, *durch* diese Sprache zu lernen.

Diese Situation stellt für Lehrer eine gewisse Herausforderung dar, sind sie doch für den Lernerfolg aller Kinder verantwortlich: Der Unterricht in sprachlich heterogenen Klassen verlangt zuweilen eine andere Unterrichtsplanung und eine andere Qualität der Unterrichtsführung. Generell gilt, dass nicht nur fachliche Inhalte vermittelt werden müssen, sondern dass gleichzeitig die Sprachkompetenz der Schüler, für die Deutsch Zweitsprache ist, erweitert werden muss, damit sie erfolgreich am Unterricht teilnehmen können. Auch Unterrichtsreihen und -projekte, in denen kreatives Schreiben im Mittelpunkt steht, bedürfen u. U. eines speziellen Zuschnitts, damit Zweitsprachenlernende angemessen berücksichtigt werden.

### Problemaufriss: Sprachliche Voraussetzungen

Bei Zweitsprachlernern, die erst im Alter von etwa vier bis fünf Jahren mit der deutschen Sprache in Berührung gekommen sind, ist damit zu rechnen, dass sie, vor allem zu Beginn der Grundschulzeit, in Teilbereichen des Deutschen, etwa im Wortschatz oder in der Grammatik, noch Rückstände haben. Neueren Untersuchungen zufolge (TRACY 2008) werden Aussprache, Syntax (Verbstellung), Verbflexion und Wortschatz relativ leicht erworben. Viele Kinder bringen aus dem Kindergarten bereits entsprechende Sprachkenntnisse mit. Sehr viel schwerer tun sich Lernende bei der Erschließung der grammatischen Teilbereiche Kasus, Genus und Numerus sowie beim Erwerb unregelmäßiger Verben und von Präpositionen. Dass die Artikel und Flexionsendungen so große Schwierigkeiten bereiten, liegt zum einen daran, dass sie im Deutschen nicht eindeutig sind. In einer Wortform sind Numerus, Kasus und Genus amalgamiert. Es kommt hinzu, dass es sich dabei um unbetonte Einheiten handelt, die in der gesprochenen Sprache häufig genug reduziert oder ganz weggelassen werden. Das heißt, sie werden von Lernenden in mündlich konstituierten Erwerbskontexten nicht oder nicht ausreichend wahrgenommen. Wenn der Erwerb dieser Strukturen gefördert werden soll, dann muss die Aufmerksamkeit der Lernenden auf diese Formen gelenkt werden, und zwar über die Konfrontation mit Schrift. In geschriebenen Texten sind die Formen sichtbar, hier bieten sich im Rahmen von kreativen Schreibarrangements also gute Möglichkeiten der Spracharbeit.

*Rückstände in Wortschatz und Grammatik*

Nachfolgend sind zwei Texte von Grundschülern gegeben (SCHENK 2009, 11, 14), die Deutsch als Zweitsprache lernen. Sie illustrieren, über welche Kompetenzen die Kinder zu Beginn des vierten Schuljahres verfügen. Beide Kinder sind in Deutschland geboren und besuchen seit dem 1. Schuljahr eine deutsche Grundschule.

Der Text von Görkem entstand auf der Grundlage von „Reizwörtern". Die Kinder waren gefordert, mit den Wörtern *schwimmen*, *König* und *Katze* eine Geschichte zu verfassen. Der Schüler Görkem schreibt motiviert und illustriert seinen Text mit einem Bild, das den Sachverhalt darstellt.

### Der König der laufenden Krone
An einen schönen tag stand der König auf. Auf einmal kamm aus der Krone. Beine heraus und er rand weg. Der König sagte stop er rand ima Noch. Seine katze rand hinter her. Aber war nicht schnell genug. Er rand zürück. *von Görkem*

Bei dem Text von Edvin handelt es sich um einen Brief, den der Schüler Edvin an seinen studentischen Förderlehrer geschrieben hat, nachdem das Thema *Briefe schreiben* im Förderunterricht behandelt worden war.

Koln, 26.09.08

Liebe(r) Sebasthan,
Liebe(r) Sebasthan wigetz dier was hast du in den Herbstferien gemacht hates du spaß was hast du gemmacht. was willst du in den Herbstferien machen. Wast du drausen hast du fußball hast du mit deine freunde gespielt. Wast du ins kino mit deine freune oder aleine hast du gelest. Wast du am pc.
Ciao. Sebahstian
*Edvin*

Die Texte machen deutlich, dass die beiden Schüler die Verbstellung des Deutschen beherrschen. Die Verbflexion ist ebenfalls weitgehend korrekt. Auch Merkmale der angestrebten Textsorten (Märchen, persönlicher Brief) sind realisiert. Abweichungen zeigen sich – abgesehen von der Orthografie – im Kasusgebrauch, bei Präpositionen und bei der Flexion unregelmäßiger Verben.

Görkems Text ist recht kurz, die Erzählung ist nicht detailliert ausgeführt. Das mag damit zusammenhängen, dass die Sprachkompetenz von Görkem noch nicht so weit ausgebildet ist, dass er das, was er auf Deutsch ausdrücken möchte, ausdrücken kann. Möglicherweise reicht sein Wortschatz für diese Aufgabe (noch) nicht aus. Er illustriert seine Geschichte durch eine Zeichnung. Edvin hingegen verwendet in seinem Brief überwiegend allgemeine, bedeutungsarme Verben (*machen, sein*). Er setzt Standardformeln ein (*Liebe(r) S.; wigetz dier*) und spricht Themen an, die an seinen Alltag anknüpfen (mit Freunden spielen, Fußball spielen, …).

*Lücken im Wortschatz*

Ein eingeschränkter Wortschatz ist für DaZ-Lernende, auch für in Deutschland geborene, nicht außergewöhnlich, im Gegenteil. Insbesondere jüngere Lerner/Schulanfänger haben, im Vergleich zu ihren muttersprachlich deutschen Mitschülern, häufig Lücken im verfügbaren deutschen Wortschatz. Eine Ursache für diesen Umstand liegt darin, dass Kinder, die zweisprachig aufwachsen, meist über domänenspezifische Wortschätze verfügen. Das heißt, dass in bestimmten Handlungsfeldern die eine Sprache stärker ausgeprägt ist, in anderen Handlungsfeldern die andere. Ein Kind, dessen Familiensprache Türkisch ist, wird in Handlungsfeldern, die mit dem Familienalltag zu tun haben, zunächst vermutlich über einen größeren Wortschatz in der türkischen Sprache verfügen als im Deutschen. Im Bezug auf Schulisches ist der Wortschatz vielleicht stärker durch die Zweitsprache Deutsch geprägt.

„Lücken im Wortschatz" können unterschiedlicher Natur sein: Manchmal fehlt einem Kind die deutsche Bezeichnung für einen Gegenstand oder einen Sachverhalt, das Konzept und die Bezeichnung sind ihm aber in der Herkunftssprache bekannt. Es kann aber auch vorkommen, dass ein Konzept nicht bekannt ist, etwa weil es in der Herkunftskultur und Herkunftssprache nicht existiert, z. B. *Gemütlichkeit*. Ein weiteres, häufig zu beobachtendes Phänomen ist mangelnde Differenzierung: DaZ-Lernende können auf einen Wellensittich mit dem Hyperonym *Vogel* referieren, nicht aber mit dem spezifischeren Terminus *Wellensittich*. Umgekehrt kennen Zweitsprachlerner gelegentlich die Oberbegriffe zu Wortfeldern nicht, beispielsweise den Begriff *Möbel* zu *Tisch, Stuhl* etc. oder den Begriff *Obst* zu *Apfel, Birne, Banane* etc.

Lehrer sollten sich also dessen bewusst sein, dass sie es bei einem Teil ihrer Schülerschaft mit DaZ-Lernenden zu tun haben. Sie sollten mit Lücken im deutschen Grund-/Alltagswortschatz ihrer zweisprachig aufwachsenden Schüler rechnen, sich über inkorrekte Formen und Konstruktionen nicht wundern – solche Phänomene sind dem Zweitspracherwerbsprozess zu eigen. Im Gegenteil: Inkorrekte Konstruktionen sind häufig Ausdruck der Bearbeitung zielsprachlicher Strukturen, ein Zwischenschritt in der Aneignung der neuen Sprache. Sie geben Hinweise auf den Sprachstand der Lernenden. Diesen sollten die Lehrer bei ihrer Unterrichtsplanung berücksichtigen und als Ausgangspunkt nehmen, um die Kinder aktiv in ihrem Spracherwerb unterstützen.

### „Stolpersteine" für DaZ-Lernende

Hilfreich bei der Planung von Unterrichtseinheiten zum kreativen Schreiben in sprachlich heterogenen Grundschulklassen können Vorgehensweisen sein, die aus dem Fremd- bzw. Zweitsprachenunterricht bekannt sind und sich dort bewährt haben. Dazu zählen u. a. Bedarfsanalysen. Bei einer Bedarfsanalyse wird angesichts einer geplanten Unterrichtseinheit, hier also bei einem Schreibarrangement, ermittelt, *welche sprachlichen Anforderungen* damit an DaZ-Lernende gestellt werden: Wird ein bestimmter Wortschatz benötigt? Werden bestimmte grammatische Strukturen vorausgesetzt? Soll eine Geschichte weitergeschrieben werden? Soll ein Text – als Stimulus – vorgelesen werden, etwa in Form einer Fantasiereise? Die ermittelten Anforderungen werden dem von der Lehrkraft eingeschätzten *Sprachstand der Schüler* gegenübergestellt. Sind die Kinder, die Deutsch als Zweitsprache sprechen, in der Lage, dem vorzulesenden Text zu folgen? Verfügen sie über ausreichendes Vokabular, um auf einem Bild Dargestelltes bezeichnen zu können? Können sie ein Abecedarium ausfüllen? Aus der Differenz zwischen den (sprachlichen) Anforderungen, die vom Gegen-

*Sprachliche Anforderungen*

stand selbst ausgehen, und dem eingeschätzten Sprachstand der Kinder wird der Bedarf, beispielsweise an zusätzlichen Wortschatz- oder Strukturübungen, abgeleitet (GIBBONS 2002).

Umfang und Gestaltung zusätzlicher sprachlicher Übungen hängen – außer vom Sprachstand der Schüler – auch von der anvisierten kreativen Methode ab: Eine *Fantasiereise* (S. 24) als erste Phase in einem Schreibarrangement erfordert u. U. mehr sprachliche Vorbereitung als eine Wörterbörse.

*Hörverständnis*

Eine **Fantasiereise** ist, in der Terminologie der Fremd-/Zweitsprachendidaktik, eine *Hörverstehensübung*. Hörtexte (vorgelesene Texte) stellen eine besondere Herausforderung für Nicht-Muttersprachler dar: Der Input erfordert wegen der Flüchtigkeit des akustischen Signals unmittelbare Verarbeitung – es handelt sich um einen „Echtzeitprozess". Von DaZ-Lernenden wird, insbesondere wenn ihre zweisprachliche Kompetenz noch nicht sehr fortgeschritten ist, ein hohes Maß an Konzentration verlangt, weil die kognitive Kapazität für akustische Signale deutlich geringer ist als für visuelle Signale. Die Verarbeitung von akustischen Signalen bedeutet, dass der/die Hörende gefordert ist, einen kontinuierlichen Lautstrom in Wörter zu segmentieren. Dies gelingt umso leichter, je größer der vorhandene Wortschatz ist. Gibt es aber Lücken/Rückstände im Wortschatz (S. 176), so ist der Verarbeitungsprozess, der in der Zweitsprache, in Abhängigkeit vom Kompetenzstand ohnehin langsamer abläuft, zusätzlich behindert (GROTJAHN 2005). Das muss bei der Auswahl eines Textes für eine Fantasiereise, neben anderen Kriterien, berücksichtigt werden. Um möglichen Verstehensproblemen vorzubeugen, kann es also ggf. sinnvoll sein, der Präsentation des Textes einige vorbereitende Übungen, z. B. zum Schlüsselwortschatz, voranzustellen (s. S. 180 ff.).

*Verstehensprobleme*

Ähnliches lässt sich zum **Schreiben zu und nach (literarischen) Texten** (S. 26 ff.) konstatieren. Auch wenn diese Texte in schriftlicher Form und damit als konstantes visuelles Signal vorliegen, so kann es aufgrund von Diskrepanzen zwischen Anforderung und Sprachstand ebenfalls zu Verstehensproblemen der DaZ-Lernenden kommen. Hier sind spezielle Leseverstehensaufgaben zu konzipieren, die das Verstehen erleichtern. Fazit: Die Lehrkraft sollte möglichst sicherstellen, dass die Texte, die als Anregung zum Selberschreiben eingesetzt werden, tatsächlich soweit verstanden worden sind, dass die Schreibaufgabe begonnen werden kann. Bei den kreativen Methoden, die der Wörterfindung dienen, wie *Akrostichon* (S. 46), *Abecedarium* (S. 51 f.), *Wörterbörse* (S. 48 f.) etc., ist damit zu rechnen, dass ein DaZ-Lerner nicht zu allen Buchstaben ein deutsches Wort findet bzw. nicht alle Kästchen der Wörterbörse in der geforderten Weise ausfüllen kann.

*Perspektivisches Schreiben*, z. B. von der Er- zur Ich-Form oder umgekehrt, verlangt von den Schülern Kompetenzen in der Verbflexion. Bei Seiteneinsteigern kann es der Fall sein, dass die entsprechenden Formen noch nicht oder bei bestimmten Verben (unregelmäßige Verben) nicht beherrscht werden. In diesem Fall benötigen die Kinder ebenfalls Hilfestellung.

Die *Bearbeitung* bzw. *Überarbeitung von Texten* fordert von den Schülern sowohl rezeptive als auch produktive Fähigkeiten: Der zu beurteilende Text muss verstanden worden sein – bei Einschränkungen im Wortschatz können auch bei vergleichsweise einfachen Texten von Mitschülern durchaus Verständnisschwierigkeiten auftreten. Im Gegensatz zu Hör- oder Lesetexten, die lehrerseits in einer bestimmten Phase vorgesehen sind, wird es in diesem Kontext jedoch schwierig sein, das Verstehen durch vorbereitende Übungen zu steuern. Hier bietet es sich vielmehr an, die Einübung von Strategien (und sprachlichen Wendungen) zu planen wie z. B. das Grundschulwörterbuch zu benutzen, Nichtverstehen zu äußern, um Erläuterung zu bitten etc.

Aufseiten der Produktion ist Folgendes zu berücksichtigen: Ein Kind, das Änderungsvorschläge zum Text eines Mitschülers machen oder im eigenen Text ein treffenderes Wort benutzen soll, muss über eine gewisse Variation im Wortschatz und bei syntaktisch-stilistischen Konstruktionen verfügen. Wenn es aber im Zweitspracherwerbsprozess noch nicht so weit vorangeschritten ist, kann es solchen Anforderungen nicht oder nur eingeschränkt nachkommen.

Zusammenfassung: Bei der Planung von Schreibarrangements, beim Einsatz kreativer Methoden sollten die sprachlichen Voraussetzungen und Bedürfnisse von Schülern, die Deutsch als Zweitsprache lernen, ermittelt und bei der Planung berücksichtigt werden. Das hat zur Folge, dass ggf. im Unterrichtsablauf und beim Einsatz kreativer Methoden Modifikationen vorgenommen werden müssen.

## Prinzipien des sprachsensiblen Unterrichts

Bei der Arbeit mit DaZ-Lernenden haben sich, unabhängig von kreativen Schreibarrangements und unabhängig vom Unterrichtsfach, Prinzipien des sprachsensiblen Unterrichts bewährt, von denen hier einige exemplarisch aufgeführt werden:

- Zunächst sollte bedacht werden, dass bei DaZ-Lernenden, je nach erreichtem Sprachstand im Deutschen, die Rezeptions- und Produktionsprozesse langsamer ablaufen als bei Muttersprachlern . Daher empfiehlt es sich, die Lehrer-Schüler-Interaktion insgesamt zu verlangsamen, d. h.,

*Prinzipien sprachsensiblen Unterrichts*

Schülern genügend Zeit zur Verarbeitung des Inputs und zur Planung ihrer Äußerungen zu geben.
- Auch sollten Lehrer sich dessen bewusst sein, dass sie ihren DaZ-Lernenden angemessenen Input anbieten. Er sollte verständlich sein, reich an Sprachmaterial und, insbesondere hinsichtlich der Aussprache, Vorbildfunktion haben.
- Lehrer sollten aktiv zuhören und authentische Antworten geben, selbst wenn die Schüleräußerung nicht dem Erwarteten entspricht.
- Die Lernenden sollten in der Interaktion sprachliche Hilfestellungen bekommen, z. B. kann ihnen ein korrektives Feedback in Form von rekodierten Äußerungen gegeben werden.

Unter Beachtung solcher Prinzipien kann der Spracherwerbsprozess effektiv unterstützt werden.

Im vorherigen Abschnitt wurde deutlich, dass im Kontext von Schreibarrangements in einzelnen oder allen Phasen bzw. bei einigen Methoden über die erwähnten allgemeinen Prinzipien hinaus spezielle Zuschnitte für DaZ-Lernende erforderlich sind. Dazu werden im Folgenden einige Beispiele skizziert.

### Spezieller Daz-Zuschnitt

Wenn ein Hör- oder Lesetext vorgesehen ist, als Fantasiereise oder als Ausgangspunkt für das Weiterschreiben einer Geschichte, so sollte der Rezeptionsprozess mit Übungen vor dem Hören bzw. Lesen vorbereitet werden, um Zweitsprachlernenden den Zugang zu erleichtern. Ziel ist es, das Vorwissen der Lernenden zu aktivieren und/oder (sprachliche) Wissensgrundlagen zu schaffen. Um Vorwissen zu aktivieren, kann man Stichwörter oder den Titel des Textes vorgeben und die Schüler spekulieren lassen, worum es im zu lesenden oder zu hörenden Text wohl gehen mag. Die Antworten der Schüler können an der Tafel notizartig festgehalten werden. Gibt es zu einer Geschichte Bilder, können diese ausgeschnitten und gemischt werden. Aufgabe der Lernenden ist es, die Geschichte zu rekonstruieren, indem die Bilder in eine sinnvolle Reihenfolge gebracht werden. Beim ersten Hören/Lesen kann dann überprüft werden, inwieweit die von den Schülern ermittelte Reihenfolge mit der der Geschichte übereinstimmt.

*Vorwissen aktivieren*

Soll vorab Wortschatz erarbeitet werden, so kann man *Bild-* und *Wortkarten* einsetzen. Hier eignen sich Zuordnungsübungen oder Memory-Spiele. Statt Bildern lassen sich, je nach Gegebenheit, auch *reale Gegenstände* einsetzen. Diese können direkt benannt (von Muttersprachlern oder von der Lehrerin) und mit Wortkarten versehen werden.

Zur Festigung oder zur Re-Aktivierung von Wortschatz kann die Lehrerin Tastspiele einsetzen. Dazu zwei Varianten: Sie kann eine Auswahl von Gegenständen, die mit Hinblick auf ein Schreibarrangement relevant sind, unter einem Tuch arrangieren. Die Kinder sind dann aufgefordert, die Gegenstände abzutasten und zu raten, um was es sich wohl handeln mag. Eine weitere Alternative bieten *Fühlkästen* (geschlossene Kästen mit ein oder zwei Öffnungen zum Einstecken der Hände), die man recht gezielt bestücken kann. Es können unterschiedliche Gegenstände erfühlt werden, aber auch Eigenschaften von Dingen (hart, weich, flauschig, rau, rund, eckig, aus Holz/Metall/Plastik etc.). Die Gegenstände oder Eigenschaften werden zunächst mündlich benannt, in einem weiteren Schritt sollten die Wörter aufgeschrieben werden – so werden sie besser behalten, und auch das Schriftbild prägt sich ein.

*Fühlkasten*

Vielleicht entschließt sich eine Lehrerin für die Dauer eines Schreibarrangements bzw. der Bearbeitung eines Themas eine *Wörterwand* zu erarbeiten. Auf die Wörterwand werden Karten mit Schlüsselwörtern in alphabetischer Anordnung geheftet. Bei Bedarf können die DaZ-Lernenden schnell auf die Wörter zugreifen. Es ist allerdings darauf zu achten, dass (a) die Wörterwand übersichtlich bleibt und nicht zu viele Wörter darauf vermerkt werden und (b) nicht mehrere Wörterwände gleichzeitig erarbeitet werden, damit keine Verwirrung entsteht.

*Wörterwand*

Akrostichon und Abecedarium können von DaZ-Lernenden möglicherweise unter Verwendung eines (zweisprachigen) Wörterbuchs oder eines Bildwörterbuchs bearbeitet werden, wenn der Umgang mit diesen Medien bereits bekannt ist. Es ist aber auch gut vorstellbar, dass Formen wie diese – und auch Verfahren wie *Elfchen* (S. 52 ff.) *Schneeball* (S. 55 ff.) – genutzt werden, um sprachkontrastiv bzw. zweisprachig zu arbeiten. Es wäre sicher reizvoll, z. B. ein Elfchen so zu konzipieren, dass das erste Wort ein deutsches und das letzte die muttersprachliche Entsprechung ist.

*Sprachkontrastiv und zweisprachig arbeiten*

Beim Weiterschreiben von *Satzanfängen* ist es ggf. erforderlich, insgesamt etwas langsamer vorzugehen, um den DaZ-Lernenden mehr Zeit zur Planung ihrer schriftlichen Äußerung einzuräumen. Häufig ist nach einer Vorgabe, etwa einer Zeitangabe, im zu ergänzenden Satz Inversion notwendig (wegen der obligatorischen Zweitstellung des finiten Verbs im Deutschen kommt es zu einer Umkehrung der Subjekt-Verb-Abfolge: „*Bald kommt er.* vs *Er kommt bald.*") – eine Konstruktion, die relativ spät erworben wird.

*Weiterschreiben von Satzanfängen*

Beim Weiterschreiben von Texten, das wurde oben bereits erwähnt ist zunächst sicherzustellen, dass der vorgegebene Text – vielleicht nicht in jedem Detail – verstanden wurde, damit eine Grundlage zur Weiterarbeit gegeben ist. Auch kann dieses Verfahren sinnvollerweise erst dann eingesetzt werden, wenn die Lernenden mit der erwarteten Textsorte vertraut sind. Dieser Gesichtspunkt ist insbesondere bei Seiteneinsteigern aus anderen Kulturen zu berücksichtigen. Wenn die Deutschkenntnisse noch nicht sehr fortgeschritten sind, kann es angebracht sein, DaZ-Lernende stufenweise an das selbstständige Schreiben in der Zweitsprache heranzuführen. In der ersten Stufe könnte zur Fortsetzung des vorgegebenen Textes von den Lernenden zunächst eine Bildergeschichte gezeichnet werden, die anschließend (Stufe 2) mündlich präsentiert wird. Dabei kann die Lehrerin fehlendes Vokabular etc. ergänzen und auf einer Wörterwand festhalten. Auf der nächsten Stufe versehen die Lernenden ihre Bildergeschichte mit Untertiteln und/oder Sprechblasen. Zur Formulierung können sie dabei auf das Material der Wörterwand zurückgreifen. Auf Stufe vier kann der Text dann, evtl. in Partnerarbeit, weiterentwickelt werden. Auch Lernenden, die schon ein wenig mehr können, ist es möglich, über gestütztes mündliches Erzählen und unter Einsatz der Wörterwand sowie über Leitfragen und/oder Satzgerüste zum schriftlichen Erzählen zu kommen.

*Stufenweise an das selbstständige Schreiben in der Zweitsprache heranführen*

## Kreatives Schreiben als Chance zum Spracherwerb

Methoden des kreativen Schreibens, das haben die vorangegangenen Abschnitte gezeigt, stellen bestimmte Anforderungen an DaZ-Lernende, denen diese, je nach Sprachstand, nicht immer gewachsen sind. Lehrer müssen dies bei ihrer Unterrichtsplanung berücksichtigen. Auf der anderen Seite eignen sie sich aber auch ausgezeichnet dazu, den (Zweit-)Spracherwerbsprozess gezielt und effektiv zu unterstützen.

*Den Lernprozess beim Erwerb der Sprache gezielt und effektiv unterstützen*

Zunächst gilt es noch einmal festzuhalten, dass kreatives Schreiben kein freies, sondern ein angeleitetes Schreiben ist (S. 25). Davon profitieren alle Schüler, die sich noch im Schreiberwerbsprozess befinden, aber besonders auch DaZ-Lernende, die sich gleichzeitig neue Inhalte und die Unterrichtssprache Deutsch aneignen müssen.

Wie in den vorangegangenen Abschnitten mehrfach gezeigt wurde, eignen sich fast alle Verfahren/Methoden des kreativen Schreibens bei entsprechender Adaptation dazu, den Wortschatz von DaZ-Lernenden zu erweitern und somit die Sprachkompetenz insgesamt zu erhöhen. Wenn mehr Wortschatz zur Verfügung steht, wird die generelle Teilhabe am Unterricht erleichtert, der Weg für weiteres Lernen geebnet.

Mit kreativem Schreiben ist es aber auch möglich, Formen der Aufmerksamkeitslenkung zu realisieren. Gerade die Bereiche der Sprache, die in der mündlichen Kommunikation nicht deutlich wahrgenommen werden, können in bestimmten Phasen von Schreibarrangements ins Blickfeld gerückt werden: Flexionsendungen (am Verb, im Nominalbereich), aber auch Kohäsion stiftende Mittel wie anaphorische Referenz, Konnektoren etc. In einem Schreibarrangement sind derartige Überarbeitungsprozesse motiviert; wichtiger noch: Sie werden von den Lernenden vermutlich als authentisch wahrgenommen, vielleicht eher akzeptiert als isolierte Grammatikübungen und zeitigen möglicherweise einen besseren Lernerfolg als diese.

*Schreibarrangements wirken authentisch und führen zu besseren Lernerfolgen*

Nicht zuletzt bieten verschiedene kreative Verfahren die Möglichkeit, DaZ-Lernende zur Anwendung von Lernstrategien und Arbeitstechniken anzuleiten, z. B. die Arbeit mit dem Wörterbuch, Wortbedeutungen aus dem Kontext zu erschließen, Schlüsselwörter zu finden, wichtige von unwichtiger Information in einem Text zu trennen etc. Die Beherrschung solcher Strategien und Techniken macht Lernende unabhängiger und gibt ihnen Gelegenheit, den Lernprozess auf längere Sicht selbst zu steuern.

# Literatur

ABRAHAM, ULF (2007): Sechs Thesen zur Schriftlichkeit. Kinder schreiben Texte. In: Grundschulmagazin 5, 8–11

ABRAHAM, ULF (2008): „Fräulein Niemand". In: METZGER, KLAUS (Hg.) (2008), 37–40

ABRAHAM, ULF (2005): Von der „Stylübung" zum Schreiben als „Arbeit am Stil". In: ABRAHAM u. a. (Hg.), 58–66

ABRAHAM, ULF/BAURMANN, JÜRGEN/FEILKE, HELMUTH/KAMMLER, CLEMENS/MÜLLER, ASTRID (2007): Kompetenzorientiert unterrichten. In: Praxis Deutsch 2003, 6–14

ABRAHAM, ULF/KUPFER-SCHREINER, CLAUDIA (Hg.) (2007): Schreibaufgaben für die Grundschule. Berlin

ABRAHAM, ULF/KUPFER-SCHREINER, CLAUDIA/MAIWALD, KLAUS (Hg.) (2005): Schreibförderung und Schreiberziehung. Eine Einführung für Schule und Hochschule. Donauwörth

AHRENHOLZ, BERNT (2010): Bildungssprache im Sachunterricht der Grundschule. In: ebd. (Hg.): Fachunterricht und Deutsch als Zweitsprache. Tübingen, 1–35

ALVIN, JULIETTE, (1984): Musiktherapie. München

ANDRESEN, UTE (1993): Versteh mich nicht so schnell: Gedichte lesen mit Kindern. Weinheim, Basel

AUER, MARTIN (1986/1991): Was niemand wissen kann. Weinheim, Basel

BAUDLER, GEORG (1984): Korrelationsdidaktik: Leben durch Glauben erschließen. Paderborn

BAURMANN, JÜRGEN (2002): Schreiben, Überarbeiten, Beurteilen. Ein Arbeitsbuch zur Schreibdidaktik. Seelze

BAURMANN, JÜRGEN/LUDWIG, OTTO (1986): Aufsätze vorbereiten – Schreiben lernen (Basisartikel). In: Praxis Deutsch 80, 16–22

BAUERMANN, JÜRGEN (1994): Kindergeschichten zu einem bild der frühen moderne. In: RANK, BERNARD (Hg.): Erfahrungen mit Phantasie. Festschrift für Gerhard Haas. Hohengehren, 145–158

BAURMANN, JÜRGEN/LUDWIG, OTTO (1996a): Praxis Deutsch und der neuere Schreib- und Aufsatzunterricht. Schreiben: Konzepte und schulische Praxis. In: Praxis Deutsch (Sonderheft 1996), 3–4

BAURMANN, JÜRGEN/LUDWIG, OTTO (1996b): Schreiben: Texte und Formulierungen überarbeiten. In: Praxis Deutsch 137, 13–21

BAURMANN, JÜRGEN/POHL, THORSTEN (2009): Schreiben – Texte verfassen. In: BREMERICH-VOS u. a. (Hg.), 75–103

BECKER-MROTZEK, MICHAEL (1997): Schreibentwicklung und Textproduktion. Opladen

BECKER-MROTZEK, MICHAEL (2003): Mündlichkeit – Schriftlichkeit – Neue Medien. In: BREDEL u. a. (Hg.): Didaktik der deutschen Sprache. Ein Handbuch, 1. Teilband. Paderborn, München, Wien, Zürich. 69–89

BECKER-MROTZEK, MICHAEL (2004): Schreibkonferenzen in der Grundschule. In: BRÄUER (Hg.), 105–119

BECKER-MROTZEK, MICHAEL/BÖTTCHER, INGRID (2006): Schreibkompetenz entwickeln und beurteilen. Berlin

BECKER-MROTZEK, MICHAEL (2007): Planungs-und Verarbeitungskompetenzen entwickeln. In: ide (2007), H. 1, 25–34

BECKER-MROTZEK, MICHAEL/SCHINDLER, KIRSTEN (Hg.) (2007): Texte schreiben. Duisburg (KöBeS 5)
BECKER-MROTZEK, MICHAEL/SCHINDLER KIRSTEN (2007): Schreibkompetenzen modellieren. In: Dies., 7–26
BEISBART, ORTWIN (2002): Kreatives Schreiben/Schreibmeditation/Personales Schreiben. In: ADAM, GOTTFRIED/LACHMANN, RAINER (Hg.): Methodisches Kompendium für den Religionsunterricht. 2. Aufbaukurs. Göttingen, 175–191
BEREITER, CARL (1980): Development in Writing. In: GREGG, C. W./STEINBERG, E. R. (Hg.): Cognitive Process in Writing. Hillsdale, 73–93
BEREND, CARMEN (2004): Der Zahlenteufel – Dreieckszahlen entdecken. In: CHRISTIANI, REINHOLD/METZGER, KLAUS (Hg.): Die Grundschul-Fundgrube für Vertretungsstunden. Berlin
BERNING, JOHANNES (2002): Schreiben als Wahrnehmungs- und Denkhilfe. Elemente einer holistischen Schreibpädagogik. Münster
BERTSCHI-KAUFMANN, ANDREA/KASSIS, WASSILIS/SIEBER PETER (2004): Mediennutzung und Schriftlernen. Analysen und Ergebnisse zur literalen und medialen Sozialisation. Weinheim, München
BITTER, GOTTFRIED/ENGLERT, RUDOLF/MILLER, GABRIELE/NIPKOW, KARL ERNST (2002): Neues Handbuch religionspädagogischer Grundbegriffe. München
BLUM-HEISENBERG, BARBARA (1988): Die Symbolik des Wassers: Baustein der Natur – Vielfalt der Bedeutung. München
BOENCKE, HEINER (1993): Oulipo. Texte aus dem Französischen von Heiner Boencke, Bernd Kuhne und Lilo Schweizer. Bremen
BÖTTCHER, INGRID (Hg.) (1999): Kreatives Schreiben. Berlin
BÖTTCHER, INGRID/HILGER, HEIDE (1993): Bewegt getanzt und kreativ geschrieben. In: Praxis Deutsch 119, 28–37
BÖTTCHER, INGRID/WAGNER, MONIKA (1993): Kreative Texte bearbeiten. In: Praxis Deutsch 119, 24–35
BÖTTCHER, INGRID/BECKER-MROTZEK, MICHAEL (2003): Texte bearbeiten, bewerten und benoten. Berlin
BÖTTCHER, INGRID/CZAPLA, CORNELIA (2002): Repertoires flexibilisieren. Kreative Methoden für professionelles Schreiben. In: PERRIN, D. u. a (Hg.): Schreiben. Von intuitiven zu professionellen Schreibstrategien. Wiesbaden, 183–201
BÖTTCHER, INGRID/SCHRÖDER, MONIKA (2005): Lesen lernen – Leben lernen. Aachen
BOETTCHER, WOLFGANG (1982): Schreiben im Deutschunterricht der Sekundarstufe I – Bilanz, Neuansätze. In: Mitteilungen des Deutschen Germanistenverbandes, 1, 4–17
BOETTCHER, WOLFGANG/FORGES, JEAN/SITTA, HORST (1973): Schulaufsätze – Texte für Leser. Düsseldorf
BOTHE, KATRIN (2005): Vom „Elfchen" zum Textlektorat. Wendepunkte des Kreativen Schreibens in Deutschland. In: ERMERT u. a. (Hg.), 22–33
BOTHE, KATRIN/WALDMANN, GÜNTER (1992): Erzählen. Eine Einführung in kreatives Schreiben und produktives Verstehen von traditionellen und modernen Erzählformen. Stuttgart
BRÄUER, GERD (1996): Warum Schreiben? Schreiben in den USA: Aspekte, Verbindungen, Tendenzen. Frankfurt am Main
BRÄUER, GERD (1998a): Portfolios. Lernen durch Reflektieren. In: Informationen zur Deutschdidaktik H4, 80–91

Bräuer, Gerd (1998b): Schreibend lernen: Grundlagen einer theoretischen und praktischen Schreibpädagogik. Innsbruck
Bräuer, Gerd (2000): Schreiben als reflexive Praxis. Tagebuch, Arbeitsjournal, Portfolio. Freiburg i. B.
Bräuer, Gerd (2004): Schreiben(d) lernen. Ideen und Projekte für die Schule. Hamburg
Bremerich-Vos, Albert (2009): Die Bildungsstandards Deutsch. In: Dies. u. a. (Hg.), 14–42
Bremerich-Vos, Albert/Granzer, Dietlinde/Behrens, Ulrike/Köller, Olaf (Hg.) (2009): Bildungsstandards für die Grundschule: Deutsch konkret. Berlin, 75–103
Brenner, Gerd (1990): Kreatives Schreiben. Ein Leitfaden für die Praxis. Berlin
Breton, André (1977): Die Manifeste des Surrealismus. Hamburg
Brodbeck, Karl-Heinz (1995): Entscheidung zur Kreativität. Darmstadt
Bruner, Ilse/Schmiedinger, Elfriede (2000): Gerecht beurteilen. Portfolio – die Alternative für die Grundschulpraxis. Linz
Bucher, Anton A./Büttner, Gerhard/Freudenberger-Lötz, Petra/Schreiner, Martin (Hg.) (2008): „Mittendrin ist Gott". Kinder denken nach über Gott, Leben und Tod. Jahrbuch für Kindertheologie Band 1. Stuttgart
Christiani, Reinhold (Hg.): Auch die leistungsstarken Kinder fördern. Berlin, 46–60
Cichlinski, Gerd/Granzer, Dietlinde (2009): Bildungsstandards Deutsch – Lernen mit Medien. In: Bremerich-Vos u. a. (Hg.), 202–216
Csikszentmihalyi, Mihaly (1985): Das Flow-Erlebnis. Jenseits von Angst und Langeweile: im Tun aufgehen. Stuttgart
Dehn, Mechthild (2007): Kinder lesen und schreiben. Seelze
Dehn, Mechthild/Hoffmann, Thomas/Lüth, Oliver/Peters, Maria (2004): Zwischen Text und Bild. Schreiben und Gestalten mit neuen Medien. Freiburg i. B.
Der Kultusminister des Landes Nordrhein-Westfalen (Hg.) (1985): Richtlinien und Lehrpläne für die Grundschule in Nordrhein-Westfalen. Sachunterricht. Düsseldorf
Dieterle, Bernhard (1988): Erzählte Bilder. Zum narrativen Umgang mit Gemälden. Marburg
Dröge, Rotraut (1991): Kinder schreiben Sachaufgaben selbst. In: Die Grundschulzeitschrift 42, 14–15
Ehlich, Konrad (1994): Funktion und Struktur schriftlicher Kommunikation. In: Günther, Hartmut/Ludwig, Otto (Hg.): Schrift und Schriftlichkeit. Ein interdisziplinäres Handbuch internationaler Forschung, Band 1. Berlin, New York, 18–41
Ermert, Karl/Kutzmutz, Olaf (Hg.) (2005): Wie aufs Blatt kommt, was im Kopf steht. Über kreatives Schreiben. Wolfenbüttel
Esterl, Ursula (Hg.) (2007): Schreiben – (k) eine Kunst?!. In: Kultur des Schreibens, ide, 5–9
Feilke, Helmut (2003): Beschreiben und Beschreibungen. In: Praxis Deutsch 182, 6–14
Fix, Martin (2006): Texte schreiben. Schreibprozesse im Deutschunterricht. Paderborn
Fix, Martin (2008): Lernen durch Schreiben. In: Praxis Deutsch 210, 6–15
Fix, Martin/Melenk, Hartmut (2002): Schreiben zu Texten – Schreiben zu Bildimpulsen. Hohengehren
Frisch, Hermann-Josef (1992): Leitfaden Fachdidaktik Religion. Düsseldorf
Fritzsche, Joachim (1989): Schreibwerkstatt. Stuttgart
Fuß, Hans-Ulrich (1995): Analyse von Musik. In: Helms, Siegmund/Schneider, Reinhard/Weber, Rudolf (Hg.) (4. Auflage 2008): Kompendium der Musikpädagogik. Kassel, 5–135

Gibbons, Pauline (2002): Scaffolding Language, Scaffolding Learning. Teaching Second Language Learners in the Mainstream Classroom. Portmouth
Glinz, Hans (1952): Die innere Form des Deutschen. Eine deutsche Grammatik. Bern
Groeben, Norbert/Hurrelmann, Bettina (Hg.) (2002): Medienkompetenz. Voraussetzungen, Dimensionen, Funktionen. Weinheim, München
Grotjahn, Rüdiger (2005): Testen und Bewerten des Hörverstehens. In: Ó Dúill, Michael/Zahn, Rosemary/Höppner, Kristina D. C. (Hg.): Zusammenarbeiten. Festschrift für Bernd Voss. Bochum, 115–144
Grygier, Patricia/Hartinger, Andreas (2009): Gute Aufgaben im Sachunterricht. Naturwissenschaftliche Phänomene begreifen. 48 gute Aufgaben. Für die Klassen 1 bis 4. Berlin
Haas, Gerhard/Menzel, Wolfgang/Spinner, Kaspar H. (1994): Handlungs- und produktionsorientierter Literaturunterricht. In: Praxis Deutsch 123, 17–25
Häcker, Thomas (2004): Selbstbestimmung fördern. Portfolioarbeit in Schreib- und Lesezentren. In: Bräuer (Hg.), 144–158
Hagstedt, Herbert (1996): Mathematik ist überall. In: Die Grundschulzeitschrift 92, 8–13
Hanke, Eva (1989): Zum Gedicht kommen. In: Forytta, Claus/Hanke, Eva (Hg.) (1989): Lyrik für Kinder – gestalten und aneignen. Frankfurt am Main, 134–149
Hecker, Ulrich (2001): Den Leistungen ein Gesicht geben. In: nds 1/2, 2001, 22–25
Hengartner, Elmar/Hirt, Ueli/Wälti, Beat (2006): Lernumgebungen für Rechenschwache bis Hochbegabte. Zug
Hilger, Georg/Ritter, Werner H. (2006): Religionsdidaktik Grundschule. Handbuch für die Praxis des evangelischen und katholischen Religionsunterrichts. München
Hofmeier, Johann (1994): Fachdidaktik Katholische Religion. München
Humpert, Monika (1999): Religion – sein Leben zur Sprache bringen. In: Böttcher, Ingrid (Hg.): Kreatives Schreiben. Berlin, 116–128
Indianerkartei (2007): Unterrichtsmaterialien zu Ursula Wölfels *Fliegender Stern*. Ab 3. Klasse. Persen Verlag
Ingendahl, Werner (1991): Umgangsformen. Produktive Methoden zum Erschließen poetischer Literatur. Frankfurt am Main
Ivo, Hubert (1992): Projekt – das Wort für einen ‚besseren' Unterricht. Anmerkungen zu einem Fachdiskurs. In: Fritzsche, J. u. a.: Projekte im Deutschunterricht, 118–128
Jakobs, Eva-Maria (Hg.) (2005): Schreiben am Arbeitsplatz. Wiesbaden
Jank, Werner (2005): Musikdidaktik, Praxishandbuch für die Sekundarstufe I und II. Berlin
Kniffka, Gabriele/Siebert-Ott, Gesa (2009²). Deutsch als Zweitsprache. Lehren und Lernen. Paderborn
Koelbl, Herlinde (1998): Im Schreiben zu Haus Wie Schriftsteller zu Werke gehen. Frankfurt am Main
Kohl, Eva Maria (1993): Zauberstift. Schreib-Spiele Nr. 2. Berlin
Kraemer, Rudolf-Dieter (2003): Gedichtvertonung. Ein Beitrag zum Erwerb musikalischer Kompetenzen. In: Praxis Grundschule, 6/2003, 280–29
Kranz, Gisbert (1973): Das Bildgedicht in Europa. Paderborn
Kruse, Otto (1997): Kreativität als Ressource für Veränderung und Wachstum. Bonn
Kruse, Otto (2007): Schreibkompetenz und Studierfähigkeit. In: Becker-Mrotzek u. a. (Hg.), 117–143

Kuntze, Sebastian/Prediger Susanne (2005): Ich schreibe, also denke ich – Über Mathematik schreiben. In: Praxis der Mathematik in der Schule, 5, 1–6
Landa, Norbert/Winkler, Ludwig (1996): Das große Kinderlexikon. Bindlach
Ludwig, Otto/Spinner, Kaspar H. (1992): Schreiben zu Bildern. Basisartikel. In: Praxis Deutsch 113, 11–16
Mattenklott, Gundel (1979): Literarische Geselligkeit – Schreiben in der Schule, Stuttgart
Mattenklott, Gundel (2007): Kulturen des Schreibens. In: Esterl, Ursula (Hg.), ide, 1, 10–17
Meerbuscher Kulturkreis e.V. (Hg.) (2007): Schreibtalente. Ein Literaturwettbewerb für Kinder und Jugendliche im Rhein-Kreis Neuss. Düsseldorf
Mendl, Hans (2008), Religion erleben. Ein Arbeitsbuch für den Religionsunterricht. München
Menzel, Wolfgang (1994): Erzählen und Beschreiben. In: Praxis Deutsch 126, 23–48
Merz-Grötsch, Jasmin (2000): Schreiben als System. Band 1. Schreibforschung und Schreibdidaktik. Ein Überblick. Freiburg i. B.
Merz-Grötsch, Jasmin (2010): Texte schreiben lernen. Seelze
Metzger, Klaus (Hg.) (2008): Gute Aufgaben Deutsch. Berlin
Metzger, Klaus (2008): Asterix. In: Ders. (Hg.), 10–12
Ministerium für Schule und Weiterbildung des Landes Nordrhein Westfalen (Hg.) (2008): Richtlinien und Lehrpläne für die Grundschule in Nordrhein-Westfalen, Düsseldorf. Lehrplan Deutsch, 21–36; Lehrplan Sachunterricht, 37–51; Lehrplan Musik, 85–95: Lehrplan Mathematik, 53–67; Lehrplan Kunst, 97–110; Lehrplan Religion, 165–182
Molitor, Sylvie (1984): Kognitive Prozesse beim Schreiben. Deutsches Institut für Fernstudien an der Universität Tübingen (Forschungsbericht 31)
Molitor-Lübbert, Sylvie (1998): Schreiben und Lernen im Lichte der Neuen Medien und Informationstechonologie. In: Klinzing, Hans-Gerhard (Hg.): Neue Lernverfahren. 2. Festschrift für Walter Zifreund. Tübingen, 205–221
Molitor-Lübbert, Sylvie (2002): Schreiben und Denken. Kognitive Grundlagen des Schreibens. In: Perrin, Daniel/Böttcher, Ingrid/Kruse, Otto/Wroble, Arne (Hg.): Schreiben. Von intuitiven zu professionellen Schreibstrategien. Wiesbaden, 33–46
Mosler, Bettina/Herholz, Gerd (1991): Die Musenkussmischmaschine. Essen
Müller, Doris (1997[5]): Phantasiereisen im Unterricht. Braunschweig
Müller-Hiestand, Ursula (1990): Erde, Wasser, Luft, Feuer. Aarau
Niehl, Franz Wendel/Thömmes, Arthur (2005): Methoden für den Religionsunterricht. München
Oberthür, Rainer (1992): „… wer nicht fragt, bleibt dumm!" „Philosophieren mit Kindern" als Impuls für den Religionsunterricht. In: Katechetische Blätter 117 (1992), 783–792
Oberthür, Rainer (1995): Kinder und die großen Fragen. München
Oberthür, Rainer (1998): Kinder fragen nach Leid und Gott. München
Ortheil, Hanns-Josef (2005): Der Studiengang „Kreatives Schreiben und Kulturjournalismus" an der Universität Hildesheim. In: Ermert u. a. (Hg.), 61–75
Otto, Gunter und Maria (1987): Auslegen. Ästhetische Erziehung als Praxis des Auslegens in Bildern und des Auslegens von Bildern. Seelze
Payrhuber, Franz-Josef (1998): Schreiben lernen. Aufsatzunterricht in der Grundschule. Baltmannsweiler

Perrin, Daniel (2005): „Den Leuten die Sache verdichten". Kreatives Schreiben unter Druck. In: Ermert u. a. (Hg.), 34–54

Pommerin, Gabriele u. a. (1996): Kreatives Schreiben. Handbuch für den deutschen und interkulturellen Sprachunterricht in den Klassen 1–10. Weinheim, Basel

Popp, Kristina (2007): Wegbeschreibung: Auf der Suche nach dem verschwundenen Schatz. In: Abraham u. a., 38–48

Porombka, Stephan (2009): Das neue kreative Schreiben. In: gfl-journal, 2–3/2009, 167–193

Propson, Ingeborg (2006): Xa-Lando 4. Lernen als Abenteuer. Deutsch und Sachbuch. Paderborn

Rasch, Renate (2003): 42 Denk- und Sachaufgaben – Wie Kinder mathematische Aufgaben und diskutieren. Seelze

Rendle, Ludwig (Hg.) (2008): Ganzheitliche Methoden im Religionsunterricht. München

Reinhardt, Steffi/Ullrich, Carla (2005): Fang dir einen Traum! In: Grundschule 9/2005, 54–57

Reiss, Gunter (2004): Zwei aktuelle Konzepte musikalischer Bildung. In: Grundschule 9/2004, 22–23

Rico, Gabriele (1984): Garantiert Schreiben lernen. Reinbek b. Hamburg

Rodari, Gianni (1992): Grammatik der Phantasie. Leipzig

Rolf, Hans (1987): Wege zur Belebung einer ungeliebten Aufsatzform. Beschreibung und Kommunikation. In: Westermanns Pädagogische Beiträge 2, 30–35

Rösch, Heidi (Hg.) (2005): Kompetenzen im Deutschunterricht. Frankfurt am Main

Ruf, Urs/Gallin, Peter (1995): Man kann so, aber auch anders. In: Ich mache das so! Wie machst du es? Das machen wir ab. 1.–3. Schuljahr. Zürich, 119–157

Sauter, Ludwig (2007): Kreatives Schreiben im Religionsunterricht. Stuttgart

Schenk, Sebastian (2009): Förderbericht. Universität zu Köln IDSL II, 11, 14

Schmitt, Rainer (1995): Musik und Bild – Mehr als ein Projektthema. In: Grundschule 7–8/1995, 23–29

Schulz, Gudrun (2008): Umgang mit Gedichten. Berlin

Schwarz, Johanna (2001): Die eigenen Stärken veröffentlichen. Portfolios als Lernstrategie und alternative Leistungsbeurteilung. In: Becker, Gerold/Ilsemann, Cornelia J./Schratz, Michael (Hg.): Qualität entwickeln: evaluieren. Friedrich Jahresheft 2001, 24–27

Schwarz, Johanna (2004): Zusammenarbeit entwickeln durch und mit Portfolios. In: Bräuer (Hg.), 159–168

Sekretariat der Deutschen Bischofskonferenz (Hg.) (2004): Kirchliche Richtlinien zu Bildungsstandards für den katholischen Religionsunterricht in den Jahrgangsstufen 5–10/Sekundarstufe I (Mittlerer Schulabschluss). Bonn; (2006): Kirchliche Richtlinien zu Bildungsstandards für den katholischen Religionsunterricht in der Grundschule/Primarstufe. Bonn

Sekretariat der Ständigen Konferenz der Kultusminister der Länder in der Bundesrepublik Deutschland (Hg.) (2005): Bildungsstandards im Fach Deutsch für den Primarbereich – Beschluss vom 15.10.2004. München

Selter, Christoph (1993): Eigenproduktionen im Arithmetikunterricht der Primarstufe. Wiesbaden

Sennlaub, Gerhard (1980): Spaß am Schreiben oder Aufsatzerziehung. Stuttgart

Spinner, Kaspar H. (1992): Schreiben zu Bilderbüchern. In: Praxis Deutsch 113, 17–20

Spinner, Kaspar H. (1993): Kreatives Schreiben. In: Praxis Deutsch 119, 17–23
Spinner, Kaspar H. (1994): Anstöße zum kreativen Schreiben. In: Christiani, Reinhold (Hg.): Auch die leistungsstarken Kinder fördern. Berlin, 46–60
Spinner, Kaspar H. (2005a): Gibt es eine Didaktik des kreativen Schreibens? In: Ermert u. a. (Hg.), 82–93
Spinner, Kaspar H. (2005b): Kreatives Schreiben zu literarischen Texten. In: Abraham u. a. (Hg.), 109–119
Spinner, Kaspar H. (2000): Kreatives Schreiben für Forschung und Praxis. In: Nussbaum, Regina (Hg.): Wege des Lernens im Deutschunterricht. Braunschweig, 105–113
Spitta, Gudrun (1992): Schreibkonferenzen in Klasse 3 und 4. Ein Weg vom spontanen Schreiben zum bewußten Verfassen von Texten. Berlin
Spitzer, Manfred (2002): Lernen – Gehirnforschung und die Schule des Lebens. Heidelberg
Stiller, Barbara (2002): Inhalte und Dramaturgie. Kriterien einer altersgerechten Planung für verschiedene Zielgruppen. In: Stiller, B. u. a. (Hg.): Spielräume Musikvermittlung. Konzerte für Kinder entwickeln – gestalten – erleben. Regensburg, 35–50
Sundermann, Beate/Selter, Christoph (2006): Beurteilen und Fördern im Mathematikunterricht. Berlin
Tischler, Björn (1998[4]): Musik aktiv erleben. Frankfurt am Main
Thalmayr, Andreas (1985): Das Wasserzeichen der Poesie oder Die Kunst und das Vergnügen, Gedichte zu lesen. Nördlingen
Thalmayr, Andreas (2008): Lyrik nervt! Erste Hilfe für gestreßte Leser. München
Tracy, Rosemarie (20082): Wie Kinder Sprachen lernen. Tübingen
Vach, Karin (2005): Medienzentrierter Deutschunterricht. Konzeptualisierung, unterrichtliche Erprobung und Evaluation. Berlin
Vach, Karin (2009): Medien genießen. Zur Bedeutung des Genusses bei Medienangeboten. In: Deutsch differenziert, 1, 4–7
Voigt, Gerhard (1983): Beschreibung: Raum Zeit und Ort. In: Praxis Deutsch 61, 12–18
Waldmann, Günter (1988): Produktiver Umgang mit Lyrik. Baltmannsweiler
Weidmann, Fritz (Hg.) (1992): Didaktik des Religionsunterrichts. Donauwörth
Wermke, Jutta (1995a): Grenzerfahrungen am Wasser. In: Praxis Deutsch 130, 37–41
Wermke, Jutta (1995b): Hören – Horchen – Lauschen. In: Spinner, Kaspar H. (Hg.): Imagination und emotionale Lernprozesse im Deutschunterricht. Frankfurt am Main, 193–215
Wermke, Jutta (1995c): O-Töne hören. Vom Klang der Welt im Klassenzimmer. In: ide 19, 4, 17–29
Winkler, Justin (1998): Umwelthören. Instrumente für eine „kunstlose Kunst". In: medien praktisch 22, 85, 12–14
Winter, Claudia (1998): Traditioneller Aufsatzunterricht und kreatives Schreiben. Augsburg
Winter, Heinrich (1991): Anwenden und Entdecken – Probleme des Sachrechnens in der Grundschule. In: Die Grundschulzeitschrift 42, 28–30, 35
Wrobel, Arne (1995): Schreiben als Handlung. Überlegungen und Untersuchungen zur Textproduktion. Tübingen

# Methodenregister

### A
Abecedarium 89
Akrostichon 46, 101, 118, 132, 173
Assoziatives Musikmalen 153
Assoziative Verfahren 24, 108
Automatisches Schreiben 46, 108, 157, 166

### B
Beschreiben 124
Bilderbuch 34, 64
Bild und Musik 107

### C
Cluster 29, 37, 89, 104, 106, 170

### D
Den Text unter die Lupe nehmen 75
Digitale Bildbearbeitung 170
Dokumentation 101

### E
Eigene Schreibarrangements 70
Eigenes Bilderbuch 88
Eine Geschichte erweitern 66
Eine Geschichte zu Ende schreiben 64
Elfchen 29, 53, 92, 131, 172
Elfchen und Antwort-Elfchen 53
Erzählbilder – Bildgedichte 86
Exemplarische Portfolios 159

### F
Fantasiereise 24, 51, 63, 103, 108, 111
Fantasie-Tier 130
Fokussing 100
Fortschreiben einer Geschichte 117
Fortsetzen eines Werbetextes 131
Fühlkästen 181

### G
Gegensatz-Cluster 95
Gegensatz-Schneeball 96
Gemeinsames Museumsbuch 88
Geschichten erwürfeln 35, 62
Gestaltendes Verfahren 91

### H
Halbgelenkte Fantasiereise 154
Hörspiele 167

### I
Ich-Du-Er-/Sie-Form 169
Inneres Sprechen (Untertext) 168
Instrumentale Improvisation 110

### K
Kernwörter 54, 157
Kinderbücher 34
Klopfwörter 45
Komponieren 111
Kooperativ 31
Kreative Bearbeitungsverfahren 27, 70
Kreatives Schreiben zu Bildern 82
Kriterienorientierte Verfahren 28, 73, 75
Kürzest-Geschichte 66
Kurzroman 35, 98

### L
Landschaftsmalerei 62, 106
Literarischer Dialog 170
Literarischer Textanfang 156
Lücken im Wortschatz 176

### M
Malen nach und zu Musik 106, 153
Meditative Assoziationsverfahren 24
Meditative Musik 108
Metaphernbaukasten 172
Metaphernmeditation 120
Metaphorisches Schreiben 119
Methoden des Schreibens zu Gedichten 26
Museums-Buch 101
Musik 102
Musikalische Märchen 104
Musik verstehen 102

### P
Perspektivisches Schreiben 132, 169
Portfolio 123, 159
Präsentieren mit Multimedia 173

Prinzipien des sprachsensiblen Unterrichts 179
Programmatische Musik 103
Programm-Musik 104

### R

Reihum-Gedichte 31
Reihum-Geschichten 31, 62
Reihum-Roman 165
Reihum-Verfahren 92
Rondell 57, 100
Rückstände in Wortschatz und Grammatik 175

### S

Schatz-Regal 33
Schneeballgedicht 55, 155
Schreibarrangement 34, 70
Schreiben eines Briefes 156
Schreiben in der Gruppe 167
Schreiben nach Musik 103
Schreiben nach Vorgaben, Regeln und Mustern 26
Schreiben zu Klanglandschaften 164
Schreiben zu literarischen (Erzähl-)Texten 26, 61
Schreiben zu Medientexten 167
Schreiben zu Musik 103
Schreiben zu Stimuli 27
Schreibmethoden zu Regeln und Vorgaben 61
Schreibprojekt 144
Schreibprozess-Portfolios 159
Schreibspiele 25
Sehreise 89
Spezialisten 73
Spielerisch-experimentelle Assoziationsverfahren 24
Sprachliche Anforderungen 177
Sprech- oder Denkblasen 171
Stationenlernen 74
Steckbrief 132
Sternförmiges Denken 104, 116
Stimuli 63, 146
Subjektive Assoziationen 103
Sukzessives Ergänzen von vorgegebenen Satzanfängen 98
Szenisches Spiel 110

### T

Tanz 105
Textbearbeitung 148
Textreduktion 47, 54, 120, 157, 158, 167
Trauminsel 126

### U

Über den Rand hinaus schreiben 66, 72

### V

Verstehensprobleme 178
Vorlagegebundene Schreibaufgaben 146
Vorwissen aktivieren 180

### W

Wahrnehmendes und assoziatives Verfahren 91
Wahrnehmungs- und Assoziationsübungen 85
Warmschreiben 47
Wegbeschreibung 130
Weiterschreiben an kreativen Texten 27, 28, 70
Wörter – Sätze – Texte 62
Wörterboot 166
Wörterbörse 37, 48, 92, 93, 104, 106
Wörterkiste 62
Wörterkoffer 46, 63
Wörterliste 172
Wörtersack 45
Wörterwand 181
Wortkarten 95
Wundertüte 171

### Z

Zeilenumbrechen 37, 58, 70, 94, 154